建築の耐震設計

楠木紀男・高島英幸

編 著

渡部 洋　江波戸和正　中島康雅　牧野祐哉　三浦賢治　古山田耕司

関東学院大学出版会

序　文

　建築の耐震設計は，激動的ともいえるような大きな変動のさなかにある．
　まず，1995年阪神淡路大震災の惨状に直面し，我が国の耐震設計法になお欠けるところがあったのではないかという設計法の検証，つぎに，建築の耐震構造に対する信頼を揺るがした耐震設計偽装事件の発生である．そして，まったく，別の観点ではあるが，構造設計技術の発展と研究成果の蓄積，計算ツールとしてのコンピューターの容量や性能の向上である．
　これらは，一見全く無関係に見えながら，実は深くかかわりあっている．
　構造設計を担う構造設計者たちは，膨大かつ高度な技術的知識の習得が求められ，たくさんの法的制約を受け，さらには高性能のコンピューターの前で短時間に設計を完成しなければならない．

　本書は，幅広く構造の世界を紹介することを目的としていない．構造設計の良書はすでに無数といえるほど刊行されている．
　本書は，むしろ，構造設計に携わろうとする方々が，耐震設計（あるいは耐震構造計算というべきかもしれない）の現状を概説的に把握され，その上で，より幅広い，より高度な技術書に取り組まれ，構造設計の技術を修得されるきっかけとなることを願って編纂したものである．

　本書の特徴は次のようなものである．

(1) 設計の例題を実設計で利用実績のある市販ソフトを利用し，それを通して耐震設計（構造計算）の流れ，加えて，その背景となっている技術的な根拠，方法を解説している点である．また，現行の許容応力度等設計法と限界耐力計算による検証法のそれぞれに設計例を用意し，解説を加えている．なお，限界耐力計算の例題は，計算の流れを把握することを目的とし，略算法による表層地盤の増幅率で要求スペクトルを作成して検証した．

(2) 限界耐力計算は応答スペクトルを用いた，数学的には周波数（周期）の世界での地震応答計算である．地震動が本来時間に依存するものであることから，建築物の，地震動に対する挙動を解明するには，時々刻々の応答を計算（時刻歴地震応答計算）することになる．本書では，限界耐力計算で取り上げた設計例の1つについて，限界耐力計算で用いられているレベルの模擬地震動を作成した上で，時刻歴地震応答計算を行い，その結果と限界耐力計算の結果との比較を行い，双方の理解を深める．

(3) 現在，構造設計者に強く求められているものの1つが地盤震動についての理解であろう．これについては，下記『基礎編』に地震工学，地盤工学の基礎知識を紹介したが，さらに本書の最終章で，波動論に基づく地盤振動の理論を詳述した．偏微分の波動方程式は一見難解に見えるが，丁寧な式の展開で解説がなされており，熟読されれば，きわめて丁寧でわかりやすいことに気づかれるであろう．この章では，地震動をまず，時間関数で扱い，後に限界耐力計算との関連が分かるように，スペクトルでの理論を展開している．

なお，本書に先んじて，2007年10月に『建築と土木の耐震設計・基礎編—性能設計に向けて—』（関東学院大学出版会）を出版した．その序文において，基礎編に続いて応用編の刊行を約束していた．それからすでに3年余を経過した．

構造力学，振動学，地盤工学，地震工学などは建築と土木の耐震設計の共通の基礎であり，上記『基礎編』は多くの方々に受け入れられた．引き続き，『応用編』の執筆に着手したものの，設計対象が異なると建築と土木に共通する耐震設計の解説書の刊行は容易でないことが明らかとなった．

そのため，『建築の耐震設計』として土木とは切り離して出版することとなったが，本書は上記『基礎編』をベースにして，その続編として，位置づけられるものである．

本書と『基礎編』とを併せて読んでいただければ，より理解を深められるであろう．

2011年1月

楠木紀男
高島英幸

目　　次

第1章　現在の建築の耐震設計法の概要　　1

1.1　新耐震設計法（1981）とは……………………………………………………………1
　　1.1.1　概　　要……………………………………………………………………………1
　　1.1.2　地　震　力…………………………………………………………………………2
　　1.1.3　留　意　点…………………………………………………………………………5
1.2　性能指向の設計法…………………………………………………………………………5
　　1.2.1　概　　要……………………………………………………………………………5
　　1.2.2　応答スペクトルを用いた地震力評価……………………………………………6
1.3　エネルギー法………………………………………………………………………………7
1.4　耐震設計法の更新…………………………………………………………………………8

第2章　許容応力度設計と保有耐力設計法の解説　　11

ま え が き………………………………………………………………………………………11
2.1　許容応力度設計と保有耐力設計法の概要……………………………………………12
　　2.1.1　許容応力度設計法の概要…………………………………………………………12
　　2.1.2　保有耐力設計法の概要……………………………………………………………12
　　2.1.3　設計法の整理………………………………………………………………………13
2.2　架構・構造部材の設定…………………………………………………………………14
　　2.2.1　建築物概要…………………………………………………………………………14
　　2.2.2　構　造　計　画……………………………………………………………………16
　　2.2.3　構　造　設　計　方　針…………………………………………………………16
　　2.2.4　使用材料の許容応力度……………………………………………………………17
　　2.2.5　伏図・軸組図………………………………………………………………………17
2.3　構造計算ルートの決定…………………………………………………………………18
2.4　荷重・外力の設定………………………………………………………………………24
　　2.4.1　許容応力度設計……………………………………………………………………24
　　2.4.2　必要保有水平耐力…………………………………………………………………26
　　2.4.3　靭　性　評　価　法………………………………………………………………28
　　2.4.4　形　状　係　数……………………………………………………………………32
2.5　計算モデルの作成………………………………………………………………………32
2.6　応　力　計　算…………………………………………………………………………35
2.7　断面設計（許容応力度設計）…………………………………………………………35

- 2.8 層間変形角・剛性率・偏心率の検討 ……………………………………… 35
  - 2.8.1 層間変形角・剛性率 …………………………………………………… 35
  - 2.8.2 偏心率 …………………………………………………………………… 41
- 2.9 保有水平耐力計算 …………………………………………………………… 42
- 2.10 まとめ ……………………………………………………………………… 47

第3章 限界耐力計算による設計例 49

- 3.1 鉄筋コンクリート造10階建ての設計例 …………………………………… 49
  - 3.1.1 建築物の概要 …………………………………………………………… 49
  - 3.1.2 部材の配筋リスト ……………………………………………………… 52
  - 3.1.3 検証値の設定 …………………………………………………………… 52
  - 3.1.4 地震時損傷限界の検証 ………………………………………………… 59
  - 3.1.5 地震時安全限界の検証 ………………………………………………… 65
- 3.2 鉄骨造12階建ての設計例 …………………………………………………… 76
  - 3.2.1 建築物の概要 …………………………………………………………… 76
  - 3.2.2 構造モデル ……………………………………………………………… 81
  - 3.2.3 検証値の設定 …………………………………………………………… 82
  - 3.2.4 地震時損傷限界の検証 ………………………………………………… 83
  - 3.2.5 地震時安全限界の検証 ………………………………………………… 87

第4章 限界耐力計算を用いる耐震設計法の概説 99

- 4.1 限界耐力計算の概要—耐震性能設計の検証方法として— ……………… 99
- 4.2 損傷限界と安全限界 ………………………………………………………… 100
- 4.3 損傷限界と安全限界の検証 ………………………………………………… 101
- 4.4 限界耐力計算に用いられるいろいろの手法と用語 ……………………… 105
  - 4.4.1 Sa-Sd応答曲線 ………………………………………………………… 105
  - 4.4.2 多自由度振動系から1自由度振動系への縮約—等価線形化法— … 107
- 4.5 各階の損傷限界時,安全限界時の作用地震力と
  必要損傷耐力,必要安全限界耐力 ………………………………………… 112
  - 4.5.1 必要損傷限界耐力と必要安全限界耐力 ……………………………… 112
  - 4.5.2 損傷限界耐力 Q_d と安全限界耐力 Q_s ……………………………… 117
  - 4.5.3 要求スペクトルの低減 ………………………………………………… 119

第5章 時刻歴地震応答解析 125

- 5.1 設計用入力地震動の作成 …………………………………………………… 126
  - 5.1.1 入力地震波の作成方法 ………………………………………………… 126
  - 5.1.2 目標スペクトル ………………………………………………………… 127

	5.1.3 地震動継続時間と包絡関数 …………………………………………… 127

      5.1.3　地震動継続時間と包絡関数 …………………………………………… 127
      5.1.4　地 域 係 数 …………………………………………………………… 128
      5.1.5　スペクトルの適合条件 ………………………………………………… 128
      5.1.6　表層地盤を考慮した作成例 …………………………………………… 129
  5.2　鉄筋コンクリート構造の時刻歴応答解析例 ………………………………… 134
      5.2.1　建築物のモデル化 ……………………………………………………… 135
      5.2.2　応答解析結果 …………………………………………………………… 137
  5.3　複数の地震動・復元力の異なる複数のモデルに対する
     時刻歴地震応答解析 ……………………………………………………………… 141
      5.3.1　略算法要求スペクトルに適合する入力地震動 ……………………… 141
      5.3.2　いろいろの復元力特性 ………………………………………………… 143
      5.3.3　複数の入力地震動に対する1つの復元力モデルの
           時刻歴地震応答の比較 …………………………………………………… 143
      5.3.4　1つの入力地震動によるいろいろの復元力モデルの
           時刻歴地震応答の比較 …………………………………………………… 145
  5.4　ま　と　め ……………………………………………………………………… 147

第6章　限界耐力計算のための表層地盤の増幅特性　　　149

  6.1　2層地盤のS波の波動伝播 …………………………………………………… 149
      6.1.1　波動伝播方程式の誘導とその解 ……………………………………… 149
      6.1.2　波動方程式の解 ………………………………………………………… 150
      6.1.3　透　過　と　反　射 …………………………………………………… 152
      6.1.4　2層地盤の振動特性 …………………………………………………… 155
  6.2　地盤の非線形性を考慮した多層地盤のS波の伝播特性 …………………… 160
      6.2.1　複素せん断弾性係数 G^* と波動伝播方程式 ………………………… 160
      6.2.2　地層内の波動伝播 ……………………………………………………… 161
      6.2.3　多層地盤中の波動伝播 ………………………………………………… 163
      6.2.4　時　刻　歴　応　答 …………………………………………………… 165
      6.2.5　非線形応答解析 ………………………………………………………… 166
      6.2.6　解　析　例 ……………………………………………………………… 168
  6.3　応答スペクトル法による非線形表層地盤増幅 ……………………………… 171
      6.3.1　解　析　手　法 ………………………………………………………… 172
      6.3.2　入力地震動の加速度応答スペクトル変換 …………………………… 175
      6.3.3　地表面での加速度応答スペクトルの近似 …………………………… 176
      6.3.4　適用性の検討 …………………………………………………………… 177
     付　録 1) ……………………………………………………………………………… 181
     付　録 2) ……………………………………………………………………………… 181

索　引……………………………………………………………185
あとがき…………………………………………………………191

第1章　現在の建築の耐震設計法の概要

　建築物またその中で活動する人々を地震から守るため，大地震が生起するたびに耐震設計法は改定されてきた．本章ではその耐震設計法の変遷を簡単に振り返った上で，現在，建築物に対する耐震設計法がどのようなルートで行なわれるのかを概説したい．なお，歴史をひもとく際に，古い文献を紹介することも意義があると考え，絶版となったもの[1]も参考文献に含まれていることをご容赦願いたい．

　明治以降に絞れば，1923年の関東大地震による甚大な被害に伴い，1924年に市街地建築物法が改訂されている．その際に，世界で最初の耐震規定が置かれた．この規定に大きな変革をもたらすのは，50年近く経た，1981年のいわゆる，「新耐震設計法」となる．1981年6月の施行ではあるが，設計法にまとめ上げるために要した時間は5年に及んでいる．こちらの契機になったのは，新潟，十勝沖，宮城県沖と相次いで生起した大きな地震であった．ピロティ形式の建築物の増加，コンクリートブロック壁の脆弱性，更にはせん断破壊する短柱の問題などが地震被害から指摘され，これらを解消すべく，現在の耐震設計法の礎が確立されたと言える．

1.1　新耐震設計法（1981）とは[2, 3など]

1.1.1　概　　要

「新耐震設計法」の骨格は，
1) 耐震強度を有する建築物を設計するための略算方法の確立
2) 強度及び靭性（ねばり）の双方を兼ね備えた建築物
3) 部材配置バランスが良い設計
4) 靭性を適切に耐震強度に反映する設計法
5) 略算のみならず，個々の構造物の特性を配慮した設計法の選択
6) 設計者が構造規定を十分理解した上で設計すること

とある．これらを実現するために，以下のような3つのルートが用意された．

ルート1
木造等（小規模建築物）
- 許容応力度計算
- 自重，静的地震・風荷重等による「部材応力 < 許容応力度」を確認

ルート2

木造等以外で高さ 31 m ≧ H
- 許容応力度計算
- 層間変形角の計算
- 剛性率，偏心率の計算

ルート3

木造等以外で高さ 31 m ＜ H ≦ 60 m

木造等以外で高さ 31 m ≧ H に対して行なう場合もある
- 許容応力度計算
- 層間変形角の計算
- 剛性率，偏心率の計算
- 保有水平耐力の計算

許容応力度設計を一次設計，層間変形，保有水平耐力計算等を二次設計と呼ぶ．

さらに，60 m を超える構造物には，建設大臣（当時）確認が必要となっている．近年，その多くの場合で，大規模地震波を用いた時刻歴応答解析を行い，地震時応答をシミュレートすることが必須となりつつある．

許容応力度計算に基づく，部材強度の確認はすべてのルートに共通している．旧来からの設計法でも現行設計法でも，許容応力度設計は必須の事項であり，これについては多くの構造計算例題が教本[4]の中に取り上げられている．例として，基礎的な力学から各種材料による構造の設計手法が概観できるものや，構造設計例題が主眼となったものがある．本書の第2章では許容応力度等設計法を保有耐力設計の例題を用いながら解説し，第3章で限界耐力計算による2つの例題が示され，第4章で解説が加わるが，そこでフォロー仕切れなかった部分は上記のような文献で補完して戴きたい．一方で，使用する材料ごとに許容応力度は異なり，また応力度評価式も構造種別ごとに異なることから，『木質構造設計規準・同解説—許容応力度・許容耐力設計法』[5]，『鋼構造設計規準—許容応力度設計法』[6]，『鋼構造座屈設計指針』[7]，『鉄骨鉄筋コンクリート構造計算規準・同解説—許容応力度設計と保有水平耐力』[8]，『鉄筋コンクリート構造計算規準・同解説』[9]等を理解した上で，許容応力度算定を行なう必要がある．また，構造物にはたらく応力を計算する際の構造モデルを作成する際にも，構造物の実挙動を十分反映させることが可能なものを選定することになる．このモデルに問題があれば設計自体の信頼性を失うことになるので，特に注意が必要である．

1.1.2 地 震 力

耐震設計に際し仮定する地震力の計算が以下の係数を用いることにより，やや精密化された．

地震地域係数 Z

振動特性係数 R_t

1次固有周期 T

地震層せん断力係数 A_i

標準せん断力係数 C_0

を用いて算出する．本来の地震は時刻により変化し，複雑な力であるため，下記の式はあくまで略算であり，実地震の作用がこれと同様とは限らないことに留意する必要はある．但し，各層に入力される最大の層せん断力を押さえた値を採用すれば，安全側で設計は可能である．具体的には，i 層以上の層の重量の和を W_i と書けば，

$$Q_i = C_i \cdot W_i$$

であり，

$$C_i = Z \cdot R_t \cdot A_i \cdot C_0$$

である．荷重の分布形状は A_i の分布に従うことになる．各々の係数については下にまとめる．

地震地域係数 Z

日本国内の行政区分けに従って，各々の危険度を数量化したもの．最大で1であり，最小で沖縄県の0.7となっている．新潟県中越地震（2004年）が発生しながら，現行でも新潟県の地域係数は0.9であり，実態に沿った形で適宜，設計者が係数を安全側で取っていくことも念頭に入れておきたい．

振動特性係数 R_t

建築物が建っている地盤と建築物自身の振動特性から地震力の大きさを低減する係数で，1が最大である．第1種地盤（硬質），第2種地盤（普通），第3種地盤（軟弱）に対して，各々以下のように建築物の1次固有周期 T を用いて，数式化されている．

$$R_t = \begin{cases} 1\,(T \leq 0.4\,\mathrm{s}), & 1-0.2\left(\dfrac{T}{0.4}-1\right)^2 (0.4<T\leq 0.8\,\mathrm{s}), & \dfrac{0.64}{T}\,(0.8<T) & \text{第1種地盤} \\ 1\,(T \leq 0.6\,\mathrm{s}), & 1-0.2\left(\dfrac{T}{0.6}-1\right)^2 (0.6<T\leq 1.2\,\mathrm{s}), & \dfrac{0.96}{T}\,(1.2<T) & \text{第2種地盤} \\ 1\,(T \leq 0.8\,\mathrm{s}), & 1-0.2\left(\dfrac{T}{0.8}-1\right)^2 (0.8<T\leq 1.6\,\mathrm{s}), & \dfrac{1.28}{T}\,(1.6<T) & \text{第3種地盤} \end{cases}$$

1次固有周期 T

本来は，構造モデルに対して固有値解析等を行い算出すべきであるが，次のような略算式を用いて計算する．

$$T = h(0.02 + 0.01\alpha)$$

h：建築物の高さ [m]

α：柱および梁の大部分が鉄骨造である階の高さを合計したものの，h に対する比

構造モデルを解析した結果を用いる場合でも，この略算式で得られた固有周期によって計算された R_t の75%未満の値は採用できない．

地震層せん断力係数 A_i

建築物の各層における地震時層せん断力の分布を表す係数であり，建築物の高さ方向に比例し，上層になるに従い，勾配がきつくなり，大きな値を取ることになる．

$$A_i = 1 + \left(\frac{1}{\sqrt{\alpha_i}} - \alpha_i\right)\frac{2T}{1+3T}$$

$$\alpha_i = \frac{\sum_{j=i}^{n} W_j}{\sum_{k=1}^{n} W_k}$$

T は先の1次固有周期であり，α_i は，地上階の建築物全重量で，i 層から上の層の合計重量を除したものとなっている．この分布は固有値解析あるいは時系列の振動解析を通じて，当時までに得られてきた研究成果を基に定式化を行なっている．基本的に1次モードがベースになっていることから，高次モードが近接して存在する場合（1次，2次の固有周期が近い，など），必ずしも，実現象を反映できていない場合もあるため，使用する際の注意も必要となる．また，1次モード卓越の振動であっても，あくまで略算（公式には「設計用」と謳っている）であることも留意して置く必要がある．従って，現在の計算機環境からすれば，固有値解析を行った上で，上式を用いるかを判断することが望ましくなる．

式の性質として，カッコ内の値が，1階であれば0となり，A_1 は常に1となるように作成されている．また，建築物の水平剛性が極めて高く，T が0に近い構造物を対象とすれば，A_i 分布は1であり，全層で一定となる分布を与えることになる．

標準せん断力係数 C_0

ベースシア係数とも呼ばれ，耐震設計上特に留意の必要な係数である．これは，建築物第1層に対するせん断力係数であり（つまり，$A_i = 1.0$ の場合に計算された），建築物を1質点系に置き換えた場合の応答スペクトルに位置づけられる．1次モード卓越の構造物に対しては，2, 3次程度までの振動モードを配慮して，この1質点系の最大応答値（加速度，速度，変位，応力など）を振動周期別に計算した応答スペクトルを得ることで，精度の良い標準せん断力係数が求められる．

様々な強震に対する応答スペクトルが吟味され，おおよそ，入力地震動の最大加速度の 2.5 から 3 倍が加速度換算された標準せん断力係数（標準せん断力係数 × 重力加速度）となる．例えば，最大加速度 80 から $100\,\mathrm{cm/s^2}$ の地震波，大地震クラスの 300 から $500\,\mathrm{cm/s^2}$ のものに対しては，

$$C_0 = \begin{cases} 0.2 \sim 0.3 & (80 \leq A_{\max} \leq 100\,\mathrm{cm/s^2}) \\ 0.75 \sim 1.5 & (300 \leq A_{\max} \leq 500\,\mathrm{cm/s^2}) \end{cases}$$

という値を取ることになるので数値の幅を概略念頭に置いて設計に臨みたい．

1.1.3 留意点

より精度の良い設計を行なうためには「固有値解析」,「応答スペクトル解析」,「時刻歴応答解析」といった解析手法を理解した上で活用する技術が要求されることになる.さらに「静的・動的弾塑性解析」に至ることで,崩壊シミュレーションを実行でき,想定外力に対する安全性確認の信頼性が上がる.一方で,これらは,

- 適切な構造モデル化
- 解析手法の十分な理解
- 外力の適切な設定
- アプリケーションプログラムの利用方法の理解

の上に成り立つものである.各項目は構造力学,解析学,各種材料からなる建築構造の特徴,地盤工学,地震工学,情報処理など多分野の基礎知識が要求され,技術(設計)者に課せられるハードルは法改定ごとに高くなっている.

1.2 性能指向の設計法[10]

1.2.1 概 要

2000年6月に改正建築基準法が施行され,新たに性能指向型(呼称は性能型,性能規定型なども)の設計手法が規定された.これは,「限界耐力設計」と呼ばれ,前述の新耐震設計法の保有水平耐力設計と並立している.従って,設計者がどちらを選ぶのかは任意となるが,現状では限界耐力計算・設計が採用されることは少ないと言われている.基本的には,建築物の運用期間内に1回以上は作用する地震(損傷限界),更に,極稀に作用する大きな地震に対しても建築物が倒壊,崩壊しないこと(安全限界)を確認することが設計目標となる.

以下に大まかな流れを記述しておく.
1) 長期,積雪,風荷重に対しては従来通り,許容応力度設計を行なう
   ① 但し,積雪,風荷重時は更に大きな荷重を想定して,部材の終局耐力を超えないことを確認しておく
   ② 変形も十分に検証し,把握しておく
2) 地震力と各階の層せん断力は,新たな方法で求め,その際に部材が短期許容応力度以内であり,層間変形角が1/200以内であるようにする(従来の地震時一次設計と同じ位置づけと考えられる)
3) 地下階については従来通りの許容応力度設計とする
4) 地震による加速度によって各階に作用する地震力を新たな方法で求めて,その地震力が保有水平耐力を超えないようにする

6　第1章　現在の建築の耐震設計法の概要

5) 構造耐力に影響を大きく及ぼす主要部材の変形や振動で，建築物を利用する上での支障を来さないこと（大きな振動，変形が生じないこと）を確認する
6) 屋根葺材，エクステリア材料などは風や地震で落下したり壊れたりしないことを確認しておく（従来の許容応力度設計と同じ）

1.2.2　応答スペクトルを用いた地震力評価

限界耐力設計については，第3章以降でその具体的な計算方法を紹介することとなる．ここでは，2) にある「新たな方法」の具体的な計算方法を概略で述べておく．
① 多層の建築物を仮に等価な1質点系振動モデルに置換
　置換方法は第4章に述べるモード法に基づくものとなる
② 1質点系モデルの応答スペクトルを用いる
　ここで，時刻歴応答解析の知識が必要となる
　キーワード：振動方程式，減衰定数，ニューマークβ法，地震波
③ 地盤増幅率の仮定
　工学的基盤から建築物地表面に対してどれくらい地震が増幅されるのかを決める．
　加速度応答スペクトルの増幅率は略算法と精算法があり，理論的解説は第6章に示される．
　キーワード：安全限界耐力時スペクトル，損傷耐力限界時スペクトル

例えば，安全限界耐力時の固有周期（横軸）が決まれば，対象建築物に作用する加速度（縦軸）が決まる（図1.1参照）

限界耐力時の固有周期は，以下のように計算される．

- 損傷限界耐力時の固有周期：許容応力度設計から得られた耐力時の変形から算出

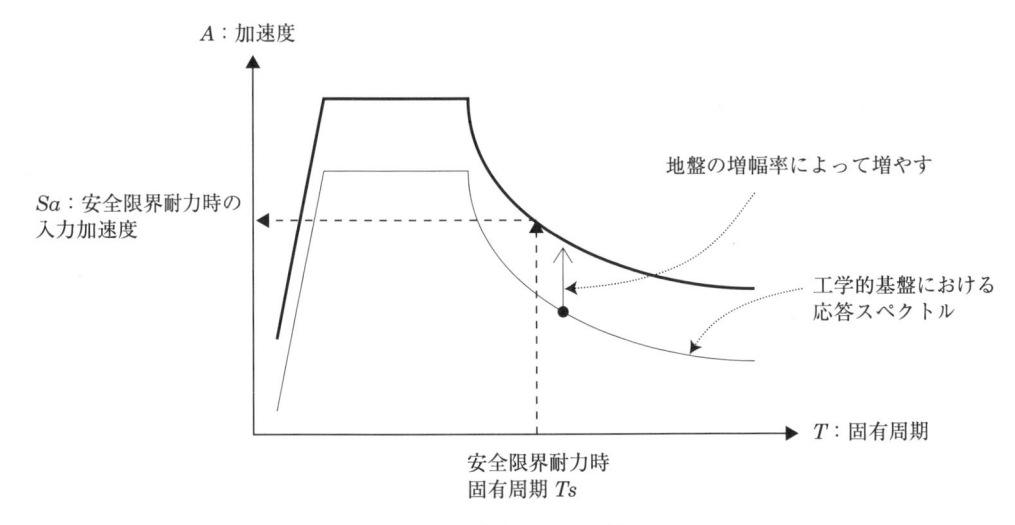

図1.1　安全限界耐力と加速度応答スペクトル

- 安全限界耐力時の固有周期：設定された安全限界時の層間変形角時の耐力，変形から算出

損傷限界耐力時であっても，変形レベルを捕捉できる解析を行うこととなり，一方の安全限界耐力時の固有周期は設計者が倒壊，崩壊時の層間変形角を設定し，倒壊・崩壊を見越した設計が要求されているが，現在，1/75 以下と規定されている．

この層間変形角の設定が設計時のキーとも言え，設定した変形レベルで建築物の安全性を測るロジックが必要となり，設計者の哲学が問われることとなる．そして，その変形に部材が耐え得るかを検討する材料学的非線形性を配慮した弾塑性解析の知識も必要となろう．

地盤増幅特性については地盤の特性を土質の種類，重さ，厚さや硬さ，入力地震波の特性などから精算することも可能である．地盤を2層の等価地盤に置き換えるために，多質点系の地盤モデルによる固有モード算定を行い，等価モデルで地盤のせん断応答を確認した上で，地盤の特性を表す材料定数を決定する．等価モデルで応答を評価して，妥当でないと判断されれば，再モデル化し，定数を再度決め直すことになる．このような繰り返し計算を通じて，等価地盤モデルを作成する手順も第5章で学修されたい．

キーワード：多質点系モデル，波動方程式，等価地盤モデル，インピーダンス，固有値解析

偏心のある構造物への対応

偏心を受ける場合，1階の層せん断力係数を偏心率によって低減させる必要がある．

一方で，偏心の影響を反映できる3次元モデルを用いて，静的弾塑性解析，応答解析できる場合，それに従えば良い．

弾塑性応答解析による精算

弾塑性応答解析を実行できれば，損傷限界，設定した安全限界時の応答を解析結果より直接検討できる．但し，弾塑性応答解析を行うには，応答解析の知識は元より，弾塑性時の履歴モデルを適切に選定，作成できるスキルも必要となる．1.1.3項で列挙した留意点はそのままここでの留意点となる．

既存のアプリケーションによる場合，採用する部材，履歴モデル，応答解析の解析時間幅の取り方，どのような収束計算手法が取られているのかを把握した上で，解析結果の敏感性（どのパラメータをどのように動かせば，解析結果がどのように変化するのか）を検証しておくべきであろう．

1.3 エネルギー法

「エネルギーの釣合いに基づく耐震計算等の構造計算」が2005年の国土交通省告示に記載され，2007年の建築基準法・施行令改定時に『技術基準解説書』[11]内で，「その他の計算方法」

として紹介されている．基本的に免震構造などを対象に，エネルギーの釣り合いに基づいて安全性を評価する手法で，構造物に入力される地震エネルギーに対して構造物が有するエネルギーが上回れば，安全性が確保できると言う考え方である．構造物の有するエネルギーは，
① 復元可能な弾性振動エネルギー（応力歪関係が正比例）
② 非線形性を有する履歴を伴うエネルギー（塑性変形時のエネルギー）
③ 個々の構造物が有する減衰エネルギー

の合算によって得られるとされている．現状で適用例が極めて少なく，計算手法自体に細かい部分で明瞭さがなく，普及するには至っていない．

構造物の一部が塑性化することによって吸収エネルギーが大きくなることを利用して，地震エネルギーを受け流せるメカニズムが想定できれば，許容応力度や保有水平耐力が指針とならなくても，地震時の耐荷力を保証できる．例として，制振構造に分類される「履歴ダンパー」が挙げられる．これは，ブレースや束のようなものをフレーム構造の中に配置し，地震時にその部材を早期に降伏させて，地震のエネルギーを吸収することで，構造物本体のダメージを軽減するものである．

このように従来の手法では許容されていなかった，部材降伏後の挙動を配慮した設計手法と捉えられる．従って，地震外力の特性は元より，構造物の変形能力を的確に把握することが必要で，履歴ループを含有した材料非線形性を的確に捉え，シミュレーションプログラムを利用できる素養が必要となる．非常に困難である反面，実挙動のシミュレートが必須とも言え，安全性の精査という意味では他の手法以上に信頼度が高いと言えよう．

1.4 耐震設計法の更新

「新耐震設計法（1981）」以降の木造構造物以外に適用される，構造規定の制限が強化された項目[12]は，

1995年：
- ルート2，3で，梁の曲げ耐力 ≦ 柱の曲げ耐力とする
- 剛性率に応じた形状特性係数 F_s の最大値を 1.5→2.0 に

2000年：
- 梁，床版等のたわみによって使用上の支障が来されないことの確認方法と基準
- 鉄骨造の柱脚部を基礎に緊結する構造方法の基準

2001年：
- 杭の水平力に対する許容応力度計算を義務化

2007年：
- 構造計算ルートによる仕様規定の適用除外を制限
（ルート1，2では鋼材の接合，鉄筋の継ぎ手・定着，RC造の柱の構造等の仕様規定が緩和できない）

1.4 耐震設計法の更新

- 方向別に構造計算ルートを適用する場合の制限
  （鉄骨造で1方向をルート1で計算する場合，直行方向のスパン長さも制限）
- RC造耐力壁の開口による耐力低減方法の提示
- 耐力壁のある建築物の剛接架構の応力を割増す
- 4本柱等の建築物の水平力に対する付加的検証
- 屋上突出部または外壁突出部の応力を割増す
- 片持ち部材の応力を割増す
- 層間変形角の計算法の提示
- 冷間成形角型鋼管を柱とした場合の計算法の提示
- 部材のせん断設計時の応力の割増方法の提示
- 塔状建築物の制限と計算法の提示
- 鉄骨部材の幅厚比の制限（緩和の削除）
- 部材のせん断設計時の応力の割増方法
- 限界耐力計算法の基準の強化・詳細化

また，鉄筋コンクリート構造の構造計算規準書は2010年2月末に刊行されており[9]，1999年のものから許容応力度設計というサブタイトルが除かれた．改定の内容をかい摘んで列挙する．

① 使用性，損傷制御性，安全性に関する本規準の立場の明示．
② 二次設計を行う建物の柱と梁のせん断検定時，短期荷重時のせん断力がそのまま使用可．
③ 二次設計を行う建物の柱と梁の付着検定時，短期荷重時の曲げ付着応力度と1988年版の許容付着応力度が使用可．
④ 非耐震部材の定着規定を柱・梁主筋より緩和．耐震部材の定着規定も単純化し，ディテールによっては緩和可．
⑤ 耐震壁に関する規定の拡充
  - 袖壁付き柱，腰壁付き梁，側柱のない壁の許容せん断力算定法の明示．
  - 縦横筋比が異なる場合の扱いの提示．
  - 縦長の開口，複数開口を考慮し得る開口低減率を提案．
  - 開口補強筋の算定方法を合理化．
⑥ 構造設計例を，腰壁付き梁や片側柱付き壁などを有する建物に変更
⑦ 長期荷重時の変形とひび割れに関して，高強度コンクリートへの適用を考慮．また，クリープ・収縮による曲率計算式を提示．
⑧ 保有水平耐力の計算，必要保有水平耐力の設定時に，危険側のモデル化がなされないように，チェックリストと解説を掲載．

このように規準の更新が行われることを留意して，最新の規準に則った耐震設計を心掛ける必要があると共に，細部のコードだけでなく，構造規定そのものの思想や哲学がどのように変遷して来たのかを眺めることも建築構造技術者として重要なこととなろう．但し，本書ではそ

の変遷への言及は控えており，耐震設計の流れを鉄筋コンクリート構造，鋼構造を対象とした設計例題より読者の方々に把握して戴くことが主目的となっている．

参 考 文 献

〔1〕 大築志夫，金井清『耐震設計』コロナ社，1961（現在絶版）．
〔2〕 梅村魁他『新版　新しい耐震設計—建築基準法新耐震設計基準—』日本建築センター，1981．
〔3〕 藤本一郎編『新耐震設計法入門』オーム社，1982（現在絶版）．
〔4〕 例えば，和田章，古谷勉監修『最新建築構造設計入門—力学から設計まで—』実教出版，2004．
〔5〕 『木質構造設計規準・同解説—許容応力度・許容耐力設計法』日本建築学会，2006．
〔6〕 『鋼構造設計規準—許容応力度設計法』日本建築学会，2005．
〔7〕 『鋼構造座屈設計指針』日本建築学会，2009．
〔8〕 『鉄骨鉄筋コンクリート構造計算規準・同解説—許容応力度設計と保有水平耐力』日本建築学会，2001．
〔9〕 『鉄筋コンクリート構造計算規準・同解説』日本建築学会，2010．
〔10〕 日本地震工学会・性能規定型耐震設計法に関する研究委員会『性能規定型耐震設計—現状と課題—』鹿島出版会，2006．
〔11〕 国土交通省住宅局建築指導課他監修『2007年度版建築物の構造関係技術基準解説書』全国官報販売協同組合，2007
〔12〕 （財）東京都防災・建築まちづくりセンター耐震改修計画評定委員会配布資料，2010．

第2章　許容応力度設計と保有耐力設計法の解説

まえがき

本章は，鉄筋コンクリート（以下RCと略記）造5階建て事務所建築の設計を例として，許容応力度設計と保有耐力設計法を解説する．

1981年の建築基準法の改正以来，大地震時の安全性を確認する設計が一般化した．ほぼ同時期より構造計算はコンピュータによる一貫計算で行われるようになり，さらに2007年には構造設計の詳細に及ぶ法規定化が行われた．これらを踏まえ，本設計例の特徴を以下に示す．

・地上5階建て，最大スパンは7mの事務所ビルとする．
・コンピュータによる一貫計算とする（ユニオンシステム(株)の一貫構造計算ソフトSuper Build/SS3 ver. 1.1.1.8を使用した）．
・一次設計，二次設計を行なう構造計算ルート3とする．

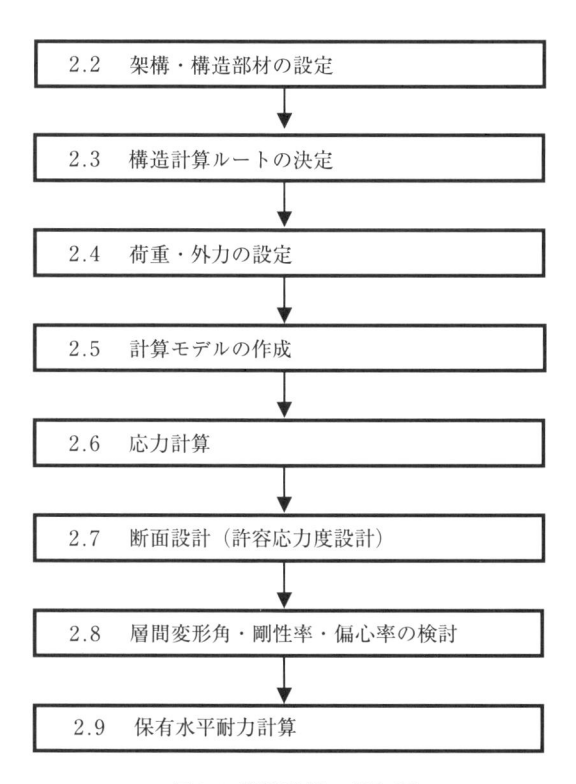

```
┌─────────────────────────────┐
│ 2.2　架構・構造部材の設定      │
└─────────────────────────────┘
              ↓
┌─────────────────────────────┐
│ 2.3　構造計算ルートの決定      │
└─────────────────────────────┘
              ↓
┌─────────────────────────────┐
│ 2.4　荷重・外力の設定          │
└─────────────────────────────┘
              ↓
┌─────────────────────────────┐
│ 2.5　計算モデルの作成          │
└─────────────────────────────┘
              ↓
┌─────────────────────────────┐
│ 2.6　応力計算                  │
└─────────────────────────────┘
              ↓
┌─────────────────────────────┐
│ 2.7　断面設計（許容応力度設計）│
└─────────────────────────────┘
              ↓
┌─────────────────────────────┐
│ 2.8　層間変形角・剛性率・偏心率の検討 │
└─────────────────────────────┘
              ↓
┌─────────────────────────────┐
│ 2.9　保有水平耐力計算          │
└─────────────────────────────┘
```

図2.1　構造計算の流れ図

図 2.1 に構造計算フローを示す.

2.1 許容応力度設計と保有耐力設計法の概要

2.1.1 許容応力度設計法の概要

許容応力度設計は，建築物中の各部材の応力を弾性範囲に留まるように材料の許容応力度に基づいて行われる．建築物を使い続けられるように，後述する「使用性」，「損傷制御性」を確保するための設計である．各部材に生じる応力が弾性範囲内，許容応力度の範囲にあることを弾性解析により確認する．建築物に対し入力する外力として，常時作用する長期荷重，さらには繰り返し遭遇する可能性のある規模の地震を想定し，一般に建築物重量の約 20〜30% に相当する水平荷重を地震力と考える．継続使用を図るために，地震力が建築物に作用している状況で，開口部や設備類に損傷を生じないように，層間変形角と呼ぶ各層の変形を目安として 1/200 以内であるかを確認する．

2.1.2 保有耐力設計法の概要

保有耐力設計は，要求される必要保有水平耐力を建築物が保有する耐力が上回ることを確認する．建築物の「安全性」を検証するための設計である．前述の許容応力度設計は一次設計，保有耐力設計は二次設計と呼ばれる．建築物に対し入力する外力として，稀に遭遇する可能性のある規模の地震を想定し建築物重量と同等の水平荷重を地震力と考える．ここで，設計に塑性化に伴う骨組みのエネルギー吸収，逸散減衰などによる建築物外へのエネルギー放出の概念を取り入れている．例えば，建築物を構成する骨組がある荷重を保持しつつ損傷しながらも大きく変形できる能力，すなわちねばり（靭性）に応じて，建築物中の部材が大きなねばりを有する場合には，建築物に要求される必要耐力を低減できると考える．骨組みの塑性変形能力に応じて，取り得る値は異なる．変形能力については詳しくは後述するが，部材の断面形状，長さ，作用軸力，作用せん断力，RC 造では鉄筋比に応じて判断する方法がある．

「安全性」を検証する際に，建築物の骨組が終局時に至る崩壊メカニズムを保証する．骨組全体に大きな変形能力を期待できれば，エネルギー吸収の点で，少ない使用材料で大きな建築物-地盤の系において建築物に生じた運動エネルギーを吸収させる上で有利である．骨組の各部材に塑性化を生じる壊れ方を全体崩壊形と呼ぶ．例えば，土を掘り起こしての修復が困難な地中梁以外は，梁が柱より先に塑性化，降伏するように設計する．柱を先行して壊さない設計をよしとする．

本設計例では，安全性検証時の水平変位を目安として階高の 1/75 とし，最大層間変形角が 1/75 に到達した時を保有水平耐力時としている．軸力による付加曲げモーメントが作用することなどを考慮すれば，過大な変形は要注意であり，ほどほどの変形で必要耐力を満たす必要

があることから，変形に制限を設けている．

　保有水平耐力とは，当該建築物の一部又は全体が地震力の作用によって崩壊メカニズムを形成する場合（特定の部材の破壊により鉛直荷重によって局部的な破壊を生じる場合を含む）において，各階の柱，耐力壁及び筋違(すじかい)が負担する水平せん断力の和として求められる値である．この場合，各方向について，各階の架構の崩壊メカニズムに応じて適切な解析法により計算を行なう．

　ここで，想定する外力分布は，地震力の作用を近似した水平方向の外力分布に基づくものである．作用荷重と建築物の各部の応力との釣合い条件が満たされているものであること，建築物の各部の応力はどの部分においても各部材の終局耐力を超えないこと，建築物の一部又は全体が崩壊メカニズムの形成条件を満たすこと，建築物の崩壊メカニズムとしては，次のような状態を想定するものとする．

(1)　建築物が全体として不安定な状態になるのに十分な塑性ヒンジが形成されたとき
(2)　建築物のある特定の階が部分的に不安定な状態になるのに十分な塑性ヒンジが形成されたとき
(3)　建築物のある特定の部材が破壊し，水平荷重についてはさらに大きな荷重まで耐えられる状態にあっても，鉛直荷重によって局部的な崩壊が生じる状態になったとき

　ここで，2010年版の『鉄筋コンクリート構造計算規準・同解説』に記述された「使用性」，「損傷制御性」，「安全性」の定義を以下に示す．

(a)　使　用　性：長期間作用する荷重によって，過大なたわみ，ひび割れ，建築物の沈下・傾斜など，使用上の支障が生じないという性能
(b)　損傷制御性：数十年に1回遭遇する程度の地震，台風，積雪後においても，建築物を補修せずに継続使用できるという性能
(c)　安　全　性：数百年に1回遭遇する程度の大地震時において，建築物の転倒・崩壊を防止することにより人命の安全を確保できるという性能

2.1.3　設計法の整理

　許容応力度設計では，最終的に断面，配筋などが決定されるが，保有耐力設計では，先に配筋などが決まらないと，部材の変形能力が決まらず，部材の性能が決まらないと崩壊メカニズムの保証ができない．したがって，許容応力度設計である程度部材の断面を決め，保有耐力設計に持ち込み建築物の変形性能を確認する，という流れを要する．

　一次設計が終了した時点で断面形状，配筋が妥当であると考えていても，二次設計において保有水平耐力が不足したり，部材の終局耐力が不足する，あるいは余裕度が足りない場合がある．そのような場合，配筋の変更だけではなく，部材断面の変更，耐震要素の配置の変更にまで遡る必要が生じる可能性がある．設計者は，建築物の構造計画に際して，手戻りをなくすた

めにその崩壊メカニズム，断面の耐力余裕度などあらかじめ二次設計を意識して計画する必要があるといえる．

2.2 架構・構造部材の設定

2.2.1 建築物概要

本建築物の平面形状は 35.0 m×18.0 m の長方形であり，中央部に 2 枚の壁を有する高さ 19.48 m の 5 階建て（地下なし）事務所ビルである．建設地は多雪区域でない一般地域とし，地盤は良質の関東ローム（第 2 種地盤）を想定した．表 2.1 に本設計例の建築物概要を，図

表 2.1　建築物概要

主要用途	事務所	階数	地上 5 階
延べ床面積	3150.00 m^2	最高高さ	19.480 m
建築面積	630.00 m^2	軒高さ	19.480 m
構造種別	鉄筋コンクリート造	基礎深さ	G.L.−1.8 m

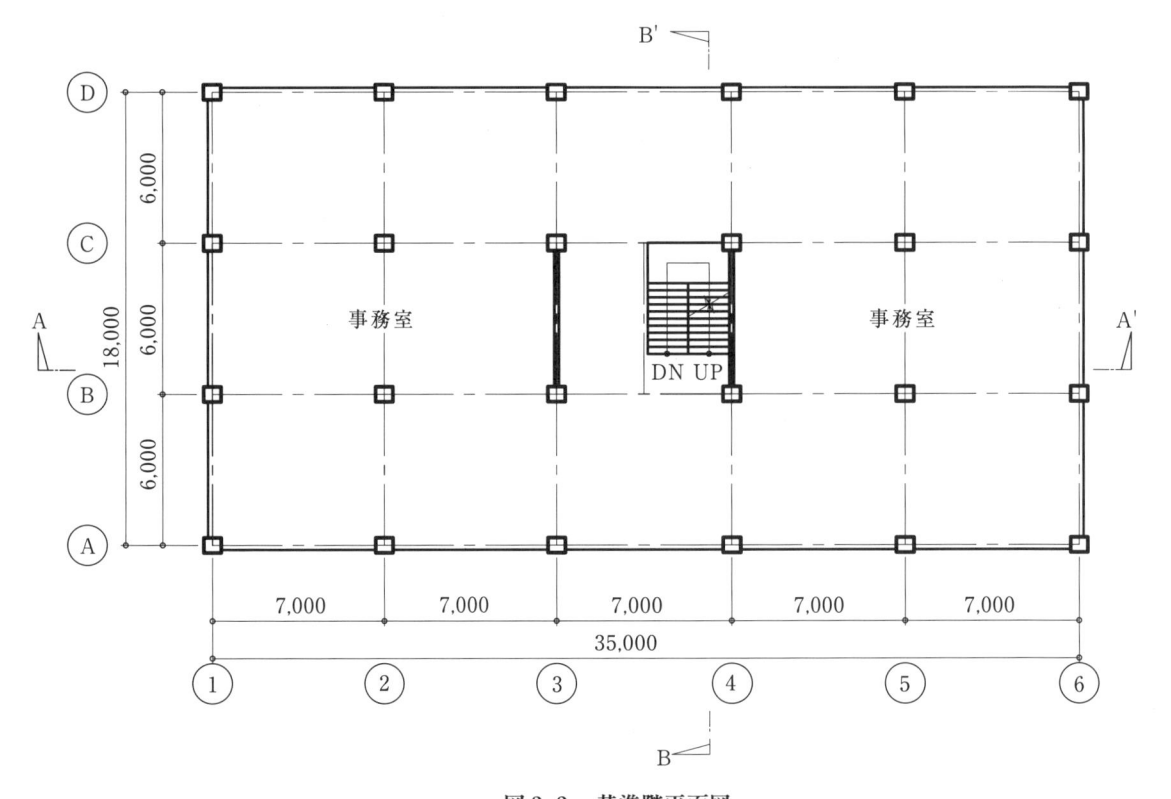

図 2.2　基準階平面図

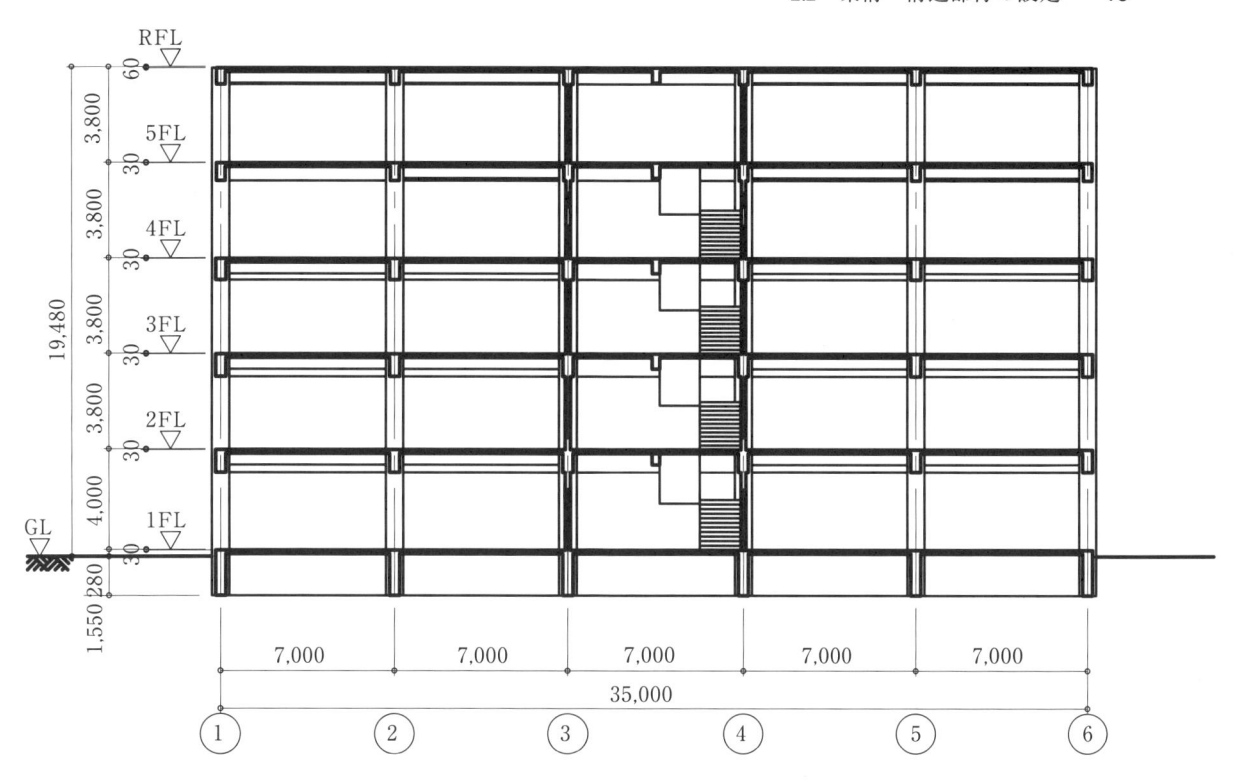

図 2.3（a） A-A'断面図

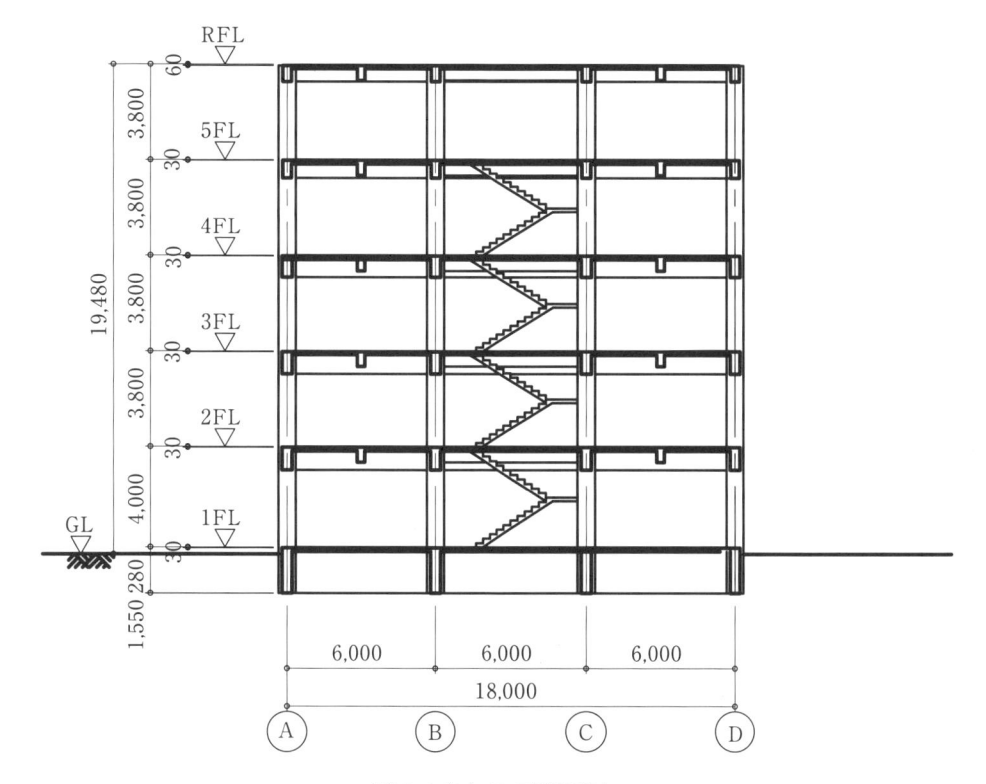

図 2.3（b） B-B'断面図

2.2, 2.3(a), (b)に基準階平面図および断面図を示す．

建築物各部の構造および仕上げの概要
- ⅰ） 屋　　　根：RC造　　床スラブ厚 150 mm，アスファルト防水層の上モルタル目地切り仕上げ，勾配はスラブでとり 1/100 および 1/200 とする．
- ⅱ） 各　階　床：RC造　　床スラブ厚 150 mm，アスファルトタイル張り
- ⅲ） 1　階　床：RC造　　土間コンクリート厚 150 mm，アスファルトタイル張り
- ⅳ） 各階天井：吸音テックス張り
- ⅴ） 耐　力　壁：RC造　　モルタル塗の上に多彩模様塗料スプレー塗
- ⅵ） 梁　・　柱：RC造　　内外ともコンクリート打放し

2.2.2　構造計画

本建築物は事務所ビルとしてフレキシブルな利用を可能とするため，比較的スパンが大きくなっている．そこで，以下の計画を採用した．
- ・ 柱・梁の骨組みに加えて壁により必要な強度を得る．
- ・ Y方向に2枚の連層壁を有し，X方向に壁を持たないことを考慮して，柱断面はX方向に長辺，Y方向に短辺をとるものとする．

以下に構造計画を示す．
1) 平面規模は，X方向は 7.0 m×5 スパン，Y方向は 6.0 m×3 スパンで，35.0 m×18.0 m の長方形平面である．
2) 構造種別はRC造とし，架構形式はY方向に耐力壁を有するラーメン構造とする．
3) X方向は純ラーメン架構であるが，柱を正方形断面ではなく，X方向に長辺をとる矩形断面とする．

2.2.3　構造設計方針

本計算は，鉄筋コンクリート構造計算規準および建築基準法・同施行令・関連告示に従って行う．

本計算書には，固定荷重 G，積載荷重 P および地震力 K に対する計算を示す．なお，積雪荷重 S，風圧力 W は断面を決定する荷重でないことを確認している．以下に，上部構造の設計方針を示す．

(1) 上部構造

（全体方針）
1) 構造計算は構造計算ルート 3 とする．大地震時には全体崩壊形のメカニズムを形成するように計画する．
2) $F_c=30$ N/mm² の普通コンクリートと SD295A，SD345 の鉄筋を使用する．

3) 地盤は2種地盤とし,告示式を用いて地震力を設定する.
4) 荷重計算,応力解析,断面設計には,一貫構造計算ソフトを使用する.

(断面設計)
1) 断面算定用応力は,長期荷重時,水平荷重時ともに節点ではなく,直交材の面位置(フェイス)の値とする.
2) 柱および梁は,せん断終局強度に基づいてせん断破壊に対する安全性を確認する.
3) 配筋詳細は,日本建築学会『建築工事標準仕様書・同解説 JASS5 鉄筋コンクリート工事(2009年版)』および日本建築学会『鉄筋コンクリート造配筋指針・同解説(2003年版)』に従う.

ここで,上部構造の設計を例示するため基礎の設計は省略している.また,避難階段,エレベーターなどは考慮していない.

2.2.4 使用材料の許容応力度

コンクリート:普通コンクリート,設計基準強度 $F_c=30\,\mathrm{N/mm^2}$
鉄　　筋:SD345(D16〜D32),SD295A(D13以下)

コンクリートと鉄筋の許容応力度は,表2.2および表2.3による.ここでは,建築基準法令・告示と整合させた数値を示す.梁,柱の主筋あるいは壁,スラブに用いられる鉄筋の基準強度には,1.1倍の割増を考慮する.

表2.2 コンクリートの許容応力度(単位:N/mm^2)

基準強度 F_c	長期				短期			
	圧縮 f_c	せん断 f_s	付着 f_a		圧縮 f_c	せん断 f_s	付着 f_a	
			上端筋	その他			上端筋	その他
30	10	0.80	1.70	2.55	20	1.20	2.55	3.83

表2.3 鉄筋の許容応力度(単位:N/mm^2)

径	種類	長期		短期	
		圧縮・引張	せん断	圧縮・引張	せん断
D13以下	SD295A	195	195	295	295
D16〜D32	SD345	215	195	345	345

2.2.5 伏図・軸組図

図2.4に各階伏図,図2.5(a)〜(e)に全フレームの軸組図を示し,梁・柱・壁などの記号を記入した.スパンの大きい大梁の負担低減のため,小梁はスパンの小さい大梁に架けている.ラーメンの階高は原則として上下の梁心間隔でとる.したがって,意匠図の床仕上間階高とは

記号　B：小梁，C：柱，G：大梁，S：床，W：壁

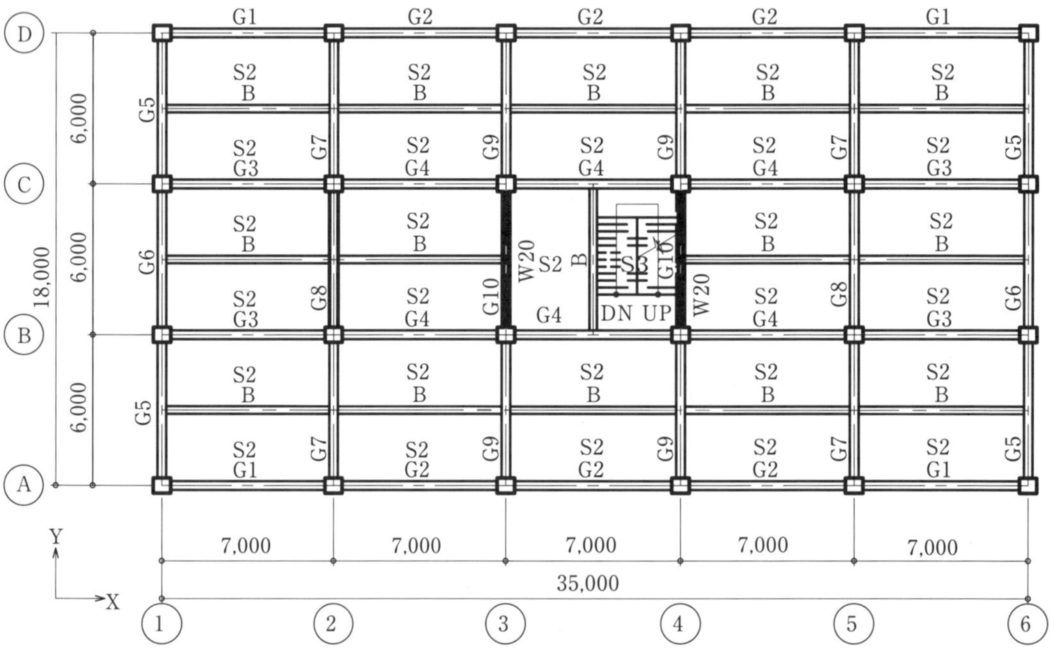

図 2.4　基準階床伏図（見上げ図）

一般に一致しない．本設計例では，各階スラブ位置にて階高を示している．

2.3　構造計算ルートの決定

ここでは，構造計算ルートについて説明する．1981 年以降，我国の建築物の耐震性能の確認は，新耐震設計法に基づき行われてきた．新耐震設計法における RC 造建築物の構造計算法は，主として壁の多寡と構造部材の配置とにより，計算方法が大別される．

また，2007 年 6 月 20 日に「建築物の安全性の確保を図るための建築基準法等の一部を改正する法律」が施行された．この改正により確認申請の審査がより厳格なものとなり，また一定の規模以上の建築物等は，建築主事または指定確認検査機関で確認審査をする際，都道府県または指定構造計算適合性判定機関による構造計算適合性判定（ピアチェック）が義務づけられた．

構造計算適合性判定の対象となる建築物を以下に示す．

(a)　一定規模以上の建築物（高さが 60 m を超える建築物（超高層建築物）以外の建築物で，木造で高さ 13 m または軒高 9 m を超えるもの，鉄骨（以下 S と略記）造で 4 階以上のもの，RC 造で高さ 20 m を超えるものなど）

(b)　許容応力度等計算（ルート 2），保有水平耐力計算（ルート 3）又は限界耐力計算（これらと同等以上に安全性を確かめることができる構造計算を含む）を行ったもの

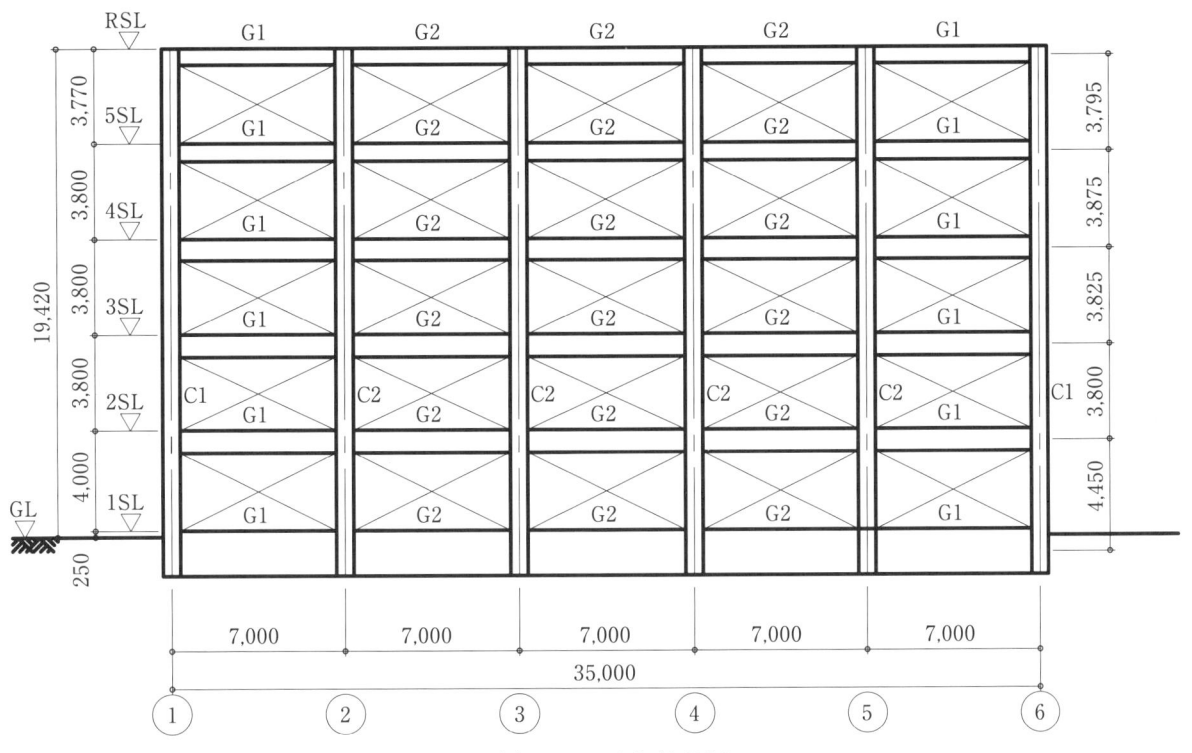

図 2.5(a) A, D通り軸組図

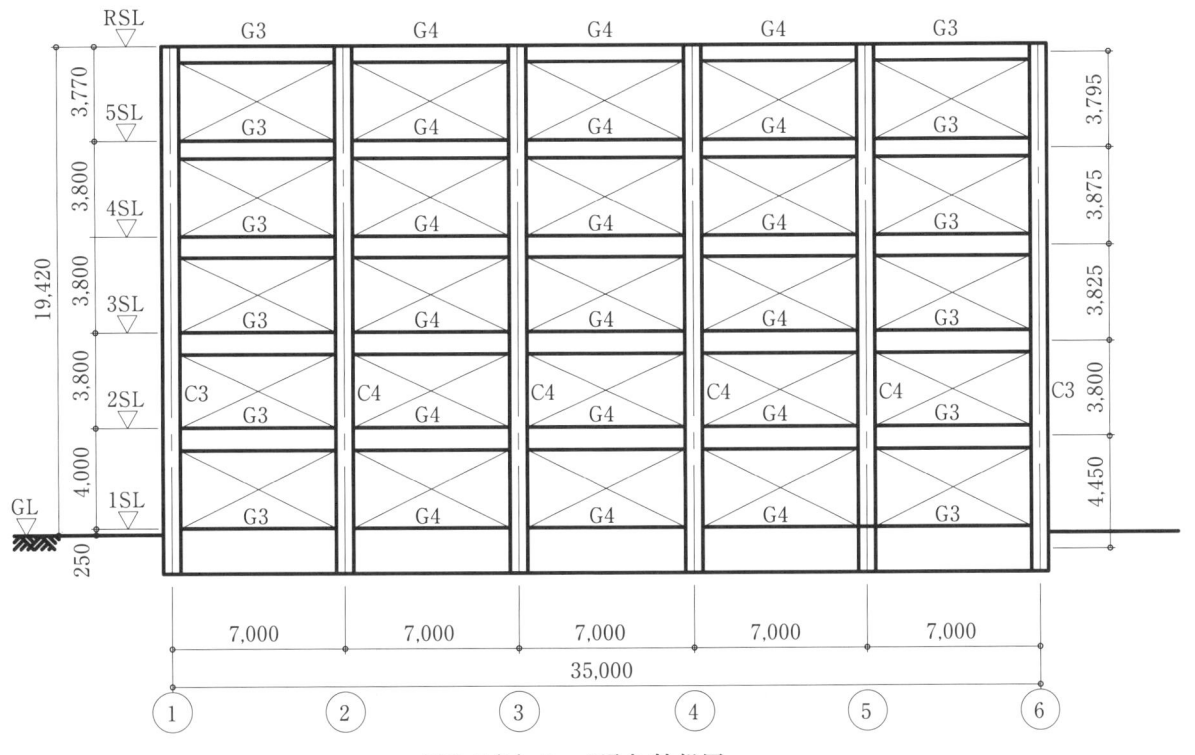

図 2.5(b) B, C通り軸組図

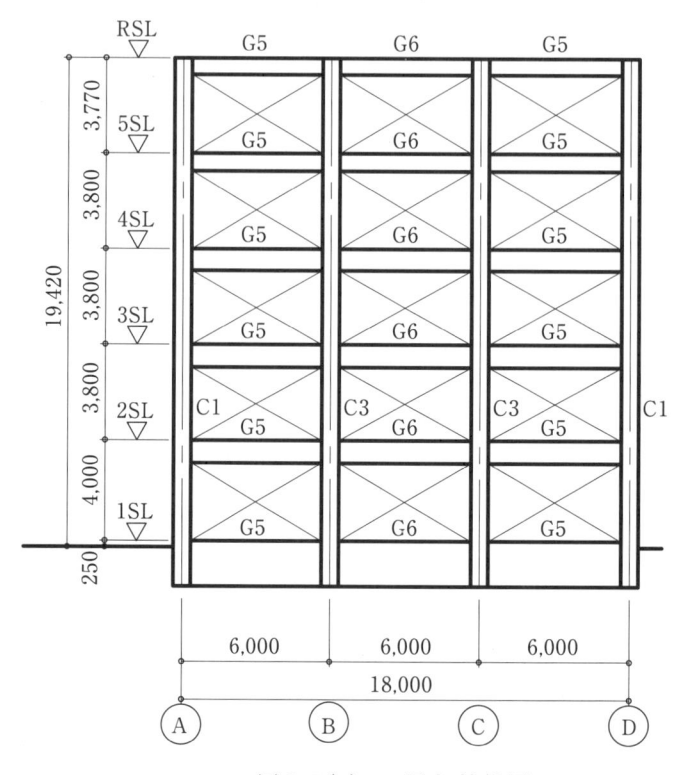

図 2.5(c) 1,6通り軸組図

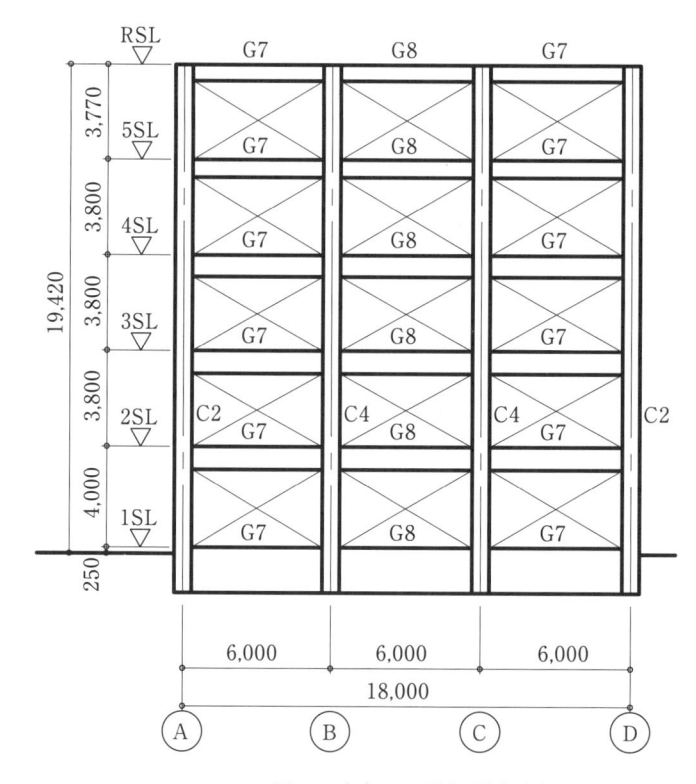

図 2.5(d) 2,5通り軸組図

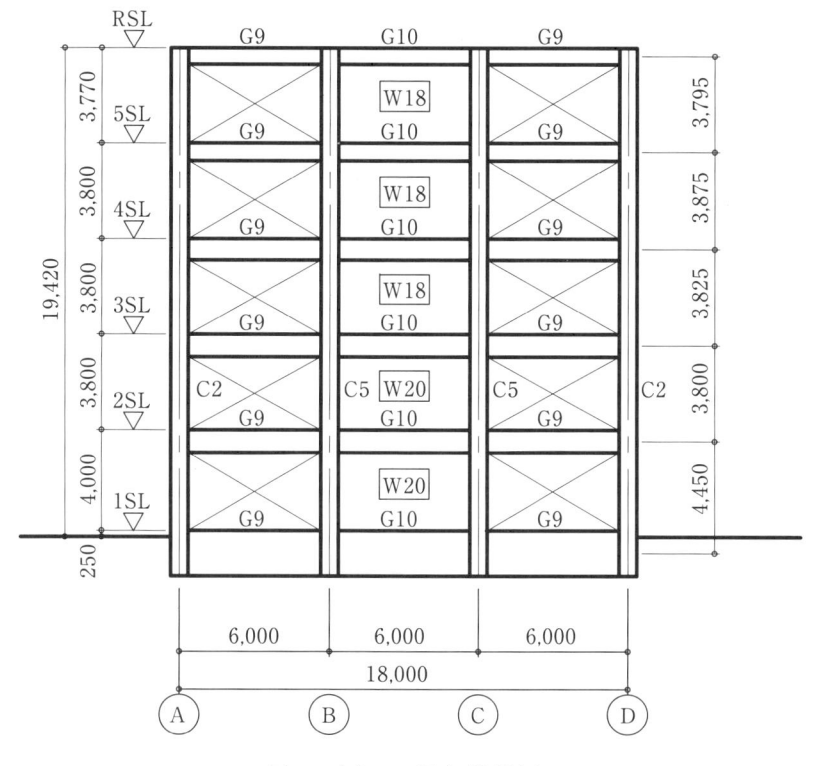

図2.5(e) 3,4通り軸組図

(c) (b)の構造計算又は許容応力度計算（ルート1）で，大臣認定プログラムによるもの

ルート1は，構造計算適合性判定を必要としない建築物に適用される構造計算ルートである．

ルート2は許容応力度設計の一部であり，高さ31m以下の建築物に適用される構造計算ルートである．ルート3は，高さ31m超の建築物又は高さ31m以下の建築物でルート1，ルート2のいずれにもよらない場合に適用される構造計算ルートである．

RC造の建築物の構造計算における二次設計の構造計算ルートとして，個々の塑性変形能力の仮定に基づき所要の耐震性能を持つように計算するルート3のほかに，高さ31m以下の建築物を対象としたものとして，ルート3を簡略化したルート1，ルート2-1，ルート2-2及びルート2-3の合計5つの計算ルートがある．図2.6に二次設計における計算ルートのフローを示す．計算ルートは，志賀敏男博士による1978年宮城県沖地震によるRC造の建築物の被害度調査結果に基づく．

ルート3を適用した場合，部材強度及び保有水平耐力の算定，さらに建築物の変形能力の推定などのやや複雑な過程を必要とするが，計算ルート3を選択する設計はルート1から2-3までの計算ルートに比べて建築物の耐震性能を詳細に評価する耐震設計であり，より理論的かつ経済的な建築物の設計が可能となる．(2.1)～(2.3)式により，各構造計算ルートが想定される．

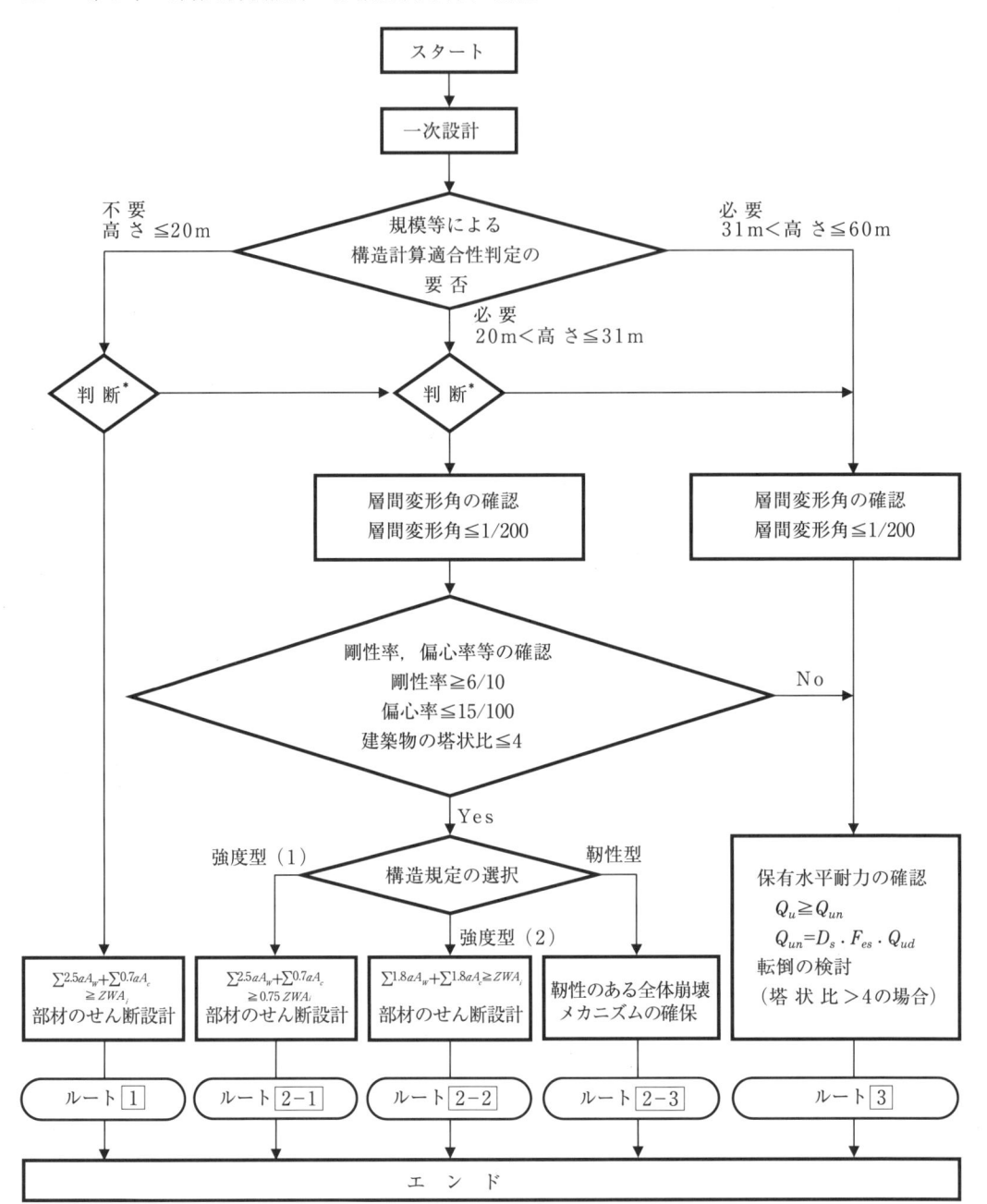

22　第2章　許容応力度設計と保有耐力設計法の解説

```
                           スタート
                              ↓
                           一次設計
                              ↓
   不要              規模等による              必要
   高さ≦20m    ←   構造計算適合性判定の   →   31m＜高さ≦60m
                      要否
                              ↓ 必要
                         20m＜高さ≦31m
        ↓                     ↓                      ↓
      判断*       →          判断*          →
        ↓                     ↓                      ↓
                      層間変形角の確認          層間変形角の確認
                      層間変形角≦1/200         層間変形角≦1/200
                              ↓                      ↓
                      剛性率，偏心率等の確認
                      剛性率≧6/10
                      偏心率≦15/100      ── No ──→
                      建築物の塔状比≦4
                              ↓ Yes                  ↓
        強度型(1)        構造規定の選択       靭性型
                              ↓                      
                         強度型(2)                    保有水平耐力の確認
                                                      Qu≧Qun
                                                      Qun=Ds・Fes・Qud
                                                      転倒の検討
                                                      （塔状比＞4の場合）
```

| $\sum 2.5aA_w+\sum 0.7aA_c$ $\geq ZWA_i$ 部材のせん断設計 | $\sum 2.5aA_w+\sum 0.7aA_c$ $\geq 0.75\ ZWA_i$ 部材のせん断設計 | $\sum 1.8aA_w+\sum 1.8aA_c \geq ZWA_i$ 部材のせん断設計 | 靭性のある全体崩壊メカニズムの確保 | 保有水平耐力の確認 $Q_u \geq Q_{un}$ $Q_{un}=D_s \cdot F_{es} \cdot Q_{ud}$ 転倒の検討（塔状比＞4の場合） |

ルート①　　ルート②-1　　ルート②-2　　ルート②-3　　ルート③
                              ↓
                            エンド

*「判断」は設計者の設計方針に基づく判断のこと．例えば，高さ31m以下の建築物であってもより詳細な設計法であるルート③を選択する判断等を示す．

図2.6　鉄筋コンクリート造の建築物の二次設計の構造計算フロー（出典：参考文献〔2〕p.338）

例えば，(2.1)式中の 0.7 N/mm², 2.5 N/mm² はそれぞれ柱ならびに壁のせん断応力度を表している．(2.1)，(2.2)式は壁の耐力を大きく期待しており，(2.3)式は柱の耐力を期待している．

$$\sum 2.5\alpha A_w + \sum 0.7\alpha A_c \geq ZWA_i \tag{2.1}$$

$$\sum 2.5\alpha A_w + \sum 0.7\alpha A_c \geq 0.75ZWA_i \tag{2.2}$$

$$\sum 1.8\alpha A_w + \sum 1.8\alpha A_c \geq ZWA_i \tag{2.3}$$

α：コンクリートの設計基準強度 F_c による割り増し係数．F_c が 18 N/mm² 未満の場合には 1.0，18 N/mm² 以上の場合には使用するコンクリートの F_c を 18 で除した値の平方根の値（$\leq \sqrt{2}$）とする．

A_w：当該階の耐力壁のうち計算しようとする方向に設けたものの水平断面積 [mm²].

A_c：当該階の構造耐力上主要な部分である柱の水平断面積及び耐力壁以外の上端及び下端が構造耐力上主要な部分に緊結された RC 造又は鉄骨鉄筋コンクリート（以下 SRC と略記）造の壁のうち，計算しようとする方向に設けたものの水平断面積 [mm²].

Z：建築基準法施行令（以下，令と略記）第 88 条第 1 項に規定される数値．ここで，再現期間 100 年程度を基準とした地震ハザード評価を踏まえた工学的判断に基づいて定められている．

W：令第 88 条第 1 項の規定により地震力を算定する場合における当該階が支える部分の固定荷重と積載荷重との和（令第 86 条第 2 項ただし書の規定により特定行政庁が指定する多雪区域では，更に積雪荷重を加える）[N].

A_i：令 88 条第 1 項に規定された当該階に関する値．

本設計例の壁量，柱量の一覧を表 2.4 にそれぞれ示す．本設計例では，ルート ③ を適用して

表 2.4 壁量・柱量の一覧

方向	階	α	ΣA_w	ΣA_c	$\Sigma \alpha A_w$	$\Sigma \alpha A_c$	(2.1)式	(2.3)式	$0.75ZWA_i$	ZWA_i
			[×10³ mm²]				[kN]			
X	5	1.29	0	10,080	0	13,013	9,109	**23,424**	7,537	10,050
	4	1.29	0	10,080	0	13,013	9,109	**23,424**	12,998	17,331
	3	1.29	0	10,080	0	13,013	9,109	**23,424**	17,719	23,625
	2	1.29	0	10,080	0	13,013	9,109	23,424	21,504	**28,672**
	1	1.29	0	10,080	0	13,013	9,109	23,424	24,365	**32,487**
Y	5	1.29	1,944	10,080	2,510	13,013	15,383	**27,941**	7,537	10,050
	4	1.29	1,944	10,080	2,510	13,013	15,383	**27,941**	12,998	17,331
	3	1.29	1,944	10,080	2,510	13,013	15,383	**27,941**	17,719	23,625
	2	1.29	2,160	10,080	2,789	13,013	16,081	28,443	21,504	**28,672**
	1	1.29	2,160	10,080	2,789	13,013	16,081	28,443	24,365	**32,487**

表中の太字は大なる値を示す．

いる．次節以降ではルート③の計算方法について述べる．

2.4 荷重・外力の設定

(1) 固定荷重と積載荷重

設計例では，積載荷重は，各階とも事務室，研究室としての値を採用した．屋根は非歩行であるが，住居用の値の1/2とした．積載荷重を下表に示す．積雪荷重は考慮しない．柱の自重は，階高の中央で上下階に分配する．スラブ算定用に大きい積載荷重が採用され，地震時算定用に遭遇する確率を考慮し最も小さい積載荷重が採用される．

表2.5 床単位荷重表（単位：N/m²）

	屋上（非歩行）			各階床			階段		
	固定	積載	全	固定	積載	全	固定	積載	全
スラブ用	4,900	900	5,800	4,430	2,900	7,330	7,200	2,900	10,100
ラーメン用	4,900	650	5,550	4,430	1,800	6,230	7,200	1,800	9,000
地震用	4,900	300	5,200	4,430	800	5,230	7,200	800	8,000

また，常時荷重時に，以下の条件に従い荷重を算出した．柱自重は，階高の中央で上下階に分配した．柱軸力算定の際，壁が上下の梁に定着されることを考慮し，壁自重は階高の中央で上下階に分配した．また，梁のC, M_0, Q_0算定の際，壁自重は階高の中央で上下の梁に分配した．ここで，Cは梁の端部が固定のときの固定端モーメント，M_0は梁の端部が単純支持されるときの最大曲げモーメント，Q_0は梁端でのせん断力をそれぞれ表す．

(2) 水 平 力

地震力が支配する設計となるため，風圧力は考慮しない．

2.4.1 許容応力度設計

令第88条および建設省告示第1793号によって各階の地震層せん断力を算定する．

$$Q_i = Z \cdot R_t \cdot A_i \cdot C_0 \sum_{j=i}^{5} W_j \tag{2.4}$$

C_0：標準せん断力係数（0.2：短期，1.0：終局）
Z ：地域係数（＝0.7〜1.0）
R_t：図2.7に示す建築物の振動特性を表す数値（＝1.0〜）
T_c：表2.6に示す地盤種別により定められる周期（＝0.4〜0.8 s）
h ：建物高さ［m］．設計地盤面から最上階の梁上端までの高さ．

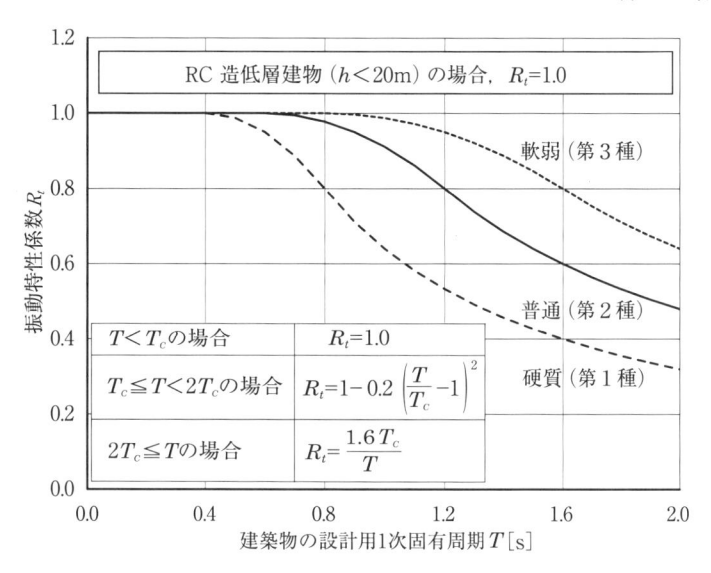

図2.7 振動特性係数R_t

表2.6 地盤の種別(国土交通省告示1793号)

地盤	種別	T_c [s]
第1種	岩盤,砂質砂れき層その他主として第3紀以前の地層によって構成されているもの又は地盤周期等についての調査若しくは研究の結果に基づき,これと同程度の地盤周期を有すると認められるもの.	0.4
第2種	第1種地盤及び第3種地盤以外のもの	0.6
第3種	腐植土,泥土その他これらに類するもので大部分が構成されている沖積層(盛土がある場合においてはこれを含む)で,その深さがおおむね30m以上のもの,沼沢,泥海等を埋め立てた地盤の深さがおおむね3m以上であり,かつ,これらで埋め立てられてからおおむね30年経過していないもの又は地盤周期などについての調査若しくは研究の結果に基づき,これらと同程度の地盤周期を有すると認められるもの.	0.8

T :設計用一次固有周期 [s] ($=0.02\,h$)

A_i :図2.8に示す層せん断力係数の建築物高さ方向の分布係数.令第88条第1項に規定 ($=1.0\sim$).

$$\alpha_i = \frac{\sum_{j=i}^{5} W_j}{\sum_{j=1}^{5} W_j}$$

$$A_i = 1 + \left(\frac{1}{\sqrt{\alpha_i}} - \alpha_i\right) \cdot \frac{2T}{1+3T}$$

W_i :i層が支える重量 [kN].

地域係数$Z=1.0$,用途係数$I=1.0$とする.許容応力度設計においては,標準せん断力係数

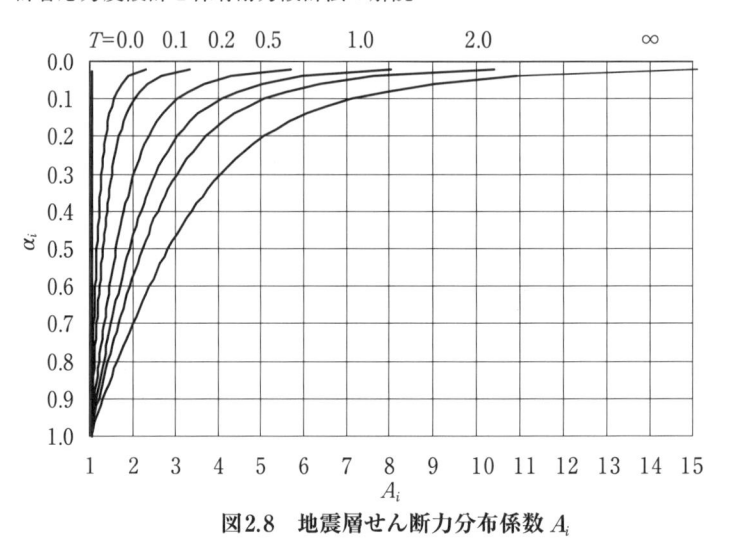

図2.8 地震層せん断力分布係数 A_i

$C_0=0.2$ をとる．設計用 1 次固有周期 T は略算式に基づき，0.389 s である．表 2.6 に，R_t 算出用の T_c の根拠を示す．

2.4.2 必要保有水平耐力

必要保有水平耐力は，構造物の部分的な破壊を認め，ねばり（靭性）に期待する考えに基づく．構造物に所要の靭性があれば，必ずしも弾性応答のみで地震に耐える必要はないとしている．

構造特性係数 D_s は建築物の振動減衰性及び各階の靭性に応じて，建築物に求められる必要保有水平耐力を低減する係数である．D_s の評価法については種々の提案があり，(2.5)式はその一例である．完全弾塑性型の復元力特性を持った 1 質点系が地震動を受けた場合，弾性応答と弾塑性応答との関係は，地震入力エネルギーが同一であるとすると，図 2.9 の三角形 OAB と四角形 OCDE の面積が等しくなると仮定できる．N.M. Newmark のエネルギー一定則に基づいている．

$$D_s = \frac{Q_y}{Q_e} = \frac{D_h}{\sqrt{2\mu-1}} \tag{2.5}$$

ここで，

$$D_h = \frac{1.5}{1+10\,h}$$

Q_e ：弾性応答値

Q_y ：降伏耐力

δ_y ：降伏変形量

$\mu\delta_y$ ：弾塑性変形量

μ ：構造骨組の各階の塑性率

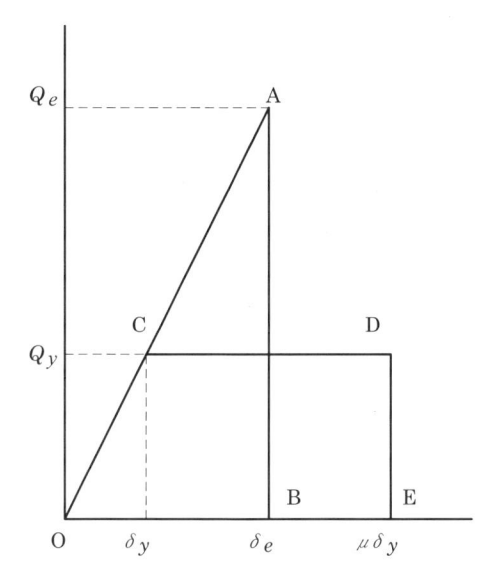

図2.9 エネルギー一定則

(2.5)式より

$$\mu = \frac{1}{2}\left(\frac{D_h{}^2}{D_s{}^2} + 1\right)$$

  h ：減衰定数

すなわち，構造物が $\mu\delta_y$ までの塑性変形能力を有していると，Q_e より小さい Q_y ($=Q_e D_s$) を有していれば，Q_e に相当する地震入力に耐えられることになる．

地震力に対する各階の必要保有水平耐力は次の式によって計算される．

$$Q_{un} = D_s \cdot F_{es} \cdot Q_{ud} \quad\quad (Q_y に相当) \tag{2.6}$$

$$Q_{ud} = Z \cdot R_t \cdot A_i \cdot C_0 \cdot W_i \quad\quad (Q_e に相当) \tag{2.7}$$

Q_{un} ：各階の必要保有水平耐力 [kN]

D_s ：構造特性係数．各階の構造特性を表わすもの．建築物の構造耐力上主要な部分の構造方法に応じた減衰性及び各階の靭性を考慮して国土交通大臣が定める数値．

F_{es} ：各階の形状特性を表わすもの．各階の剛性率及び偏心率に応じて国土交通大臣が定める方法により算出した数値．

Q_{ud} ：地震力によって各階に生じる層せん断力 [kN]

$Z = R_t = A_i = 1.0$，$C_0 = 1.0$ とすると，(2.6)，(2.7)式より

$$Q_{un} = D_s \cdot F_{es} \cdot W_i \tag{2.8}$$

となり，建築物重量の $F_{es} \cdot D_s$ 倍のせん断耐力が保有水平耐力として要求される．一方，D_s の低減に応じて必要となる塑性変形量は大きくなり，表2.7に示すように，RC造では $\mu = 6.1 \sim 2.2$，S造では $\mu = 13 \sim 3.6$ となる．

ここで，μ は D_s と h が決まれば決定されるが，塑性変形に応じて変化する値でなく，仮定した h に基づき一義的に定まる値であることに気づく．

表 2.7 D_s と μ の関係

D_s \ μ	0.25	0.30	0.35	0.40	0.45	0.50	0.55
$h=0.05$, $D_h=1.0$	—	6.1	4.6	3.6	3.0	2.5	2.2
$h=0.02$, $D_h=1.25$	13	9.2	6.9	5.4	4.4	3.6	—

表 2.8 設計用地震層せん断力の算定

階 i	W_i [kN]	W_j [kN]	α_i	A_i	C_i	許容応力度設計用		保有水平耐力	
						Q_i [kN]	ΔQ_i [kN]	Q_i [kN]	ΔQ_i [kN]
5	5,565	5,565	0.171	1.806	0.361	2,010	2,010	10,050	10,050
4	6,274	11,839	0.364	1.464	0.293	3,466	1,456	17,331	7,281
3	6,789	18,628	0.573	1.268	0.254	4,725	1,259	23,625	6,295
2	6,910	25,538	0.786	1.123	0.225	5,734	1,009	28,672	5,046
1	6,949	32,487	1.000	1.000	0.200	6,497	763	32,487	3,815

地震層せん断力の算定を表 2.8 に示す．各階の地震層せん断力分布は A_i 分布形であり，建築物全体での外力分布形は逆三角形分布に近い．

2.4.3 靭性評価法

D_s を決定するための靭性評価方法としては，表 2.9 の項目が採用されている．主な項目は，筋違や壁の分担率，各部材の靭性評価である．

令（1950 年政令第 338 号）第 82 条の 3 第 2 号の規定に基づき，D_s 及び F_{es} を算出する方法は次のように定められている．

D_s は計算を行う階の架構の形式及び架構の性状によってその数値が規定されている．架構が靭性に富むほど，また減衰が大きいほど小さく出来る．D_s に影響する因子は多くのものがある．主要な因子の影響を次に示す．

(a) 剛節架構材の靭性と破壊形式

RC 造及び SRC 造の柱，梁部材の挙動は，一般に曲げ破壊を生じる場合には靭性に富むが，せん断破壊，付着割裂破壊，圧縮破壊を生じる場合には靭性に乏しい．

(b) 耐力壁及び筋違の靭性と破壊形式

RC 造及び SRC 造の耐力壁は，一般に曲げ耐力よりせん断耐力が小さく，柱や梁と比べせん断破壊を生じやすい．しかしせん断破壊が生ずる前に曲げ破壊や基礎の浮き上がり回転が生じる場合の挙動は，比較的靭性に富む．

(c) 鉛直部材のせん断力分担率

同じ剛節架構構造でも，靭性に富む柱が大多数の建築物と靭性のあまりない柱が多数の建築

表 2.9 D_s 決定用の靭性評価項目

(a) S 造の靭性評価
① 柱梁群の種別 FA〜FD，筋違群 BA〜BC
② 保有水平耐力時の筋違分担率
③ 柱梁部材の幅厚比
④ 筋違端部接合部の条件・柱梁仕口条件・梁の横補剛条件，筋違の細長比

(b) RC 造の靭性評価
① 柱梁群の種別 FA〜FD，耐力壁群の種別 WA〜WD
② 保有水平耐力時の耐力壁の分担率
③ 想定される破壊モード（曲げ破壊・せん断破壊）
④ h_0/D，p_t，σ_0/F_c，τ_u/F_c（柱，梁，耐力壁）

(c) SRC 造の靭性評価
① 柱梁群の種別 FA〜FD，耐力壁群の種別 WA〜WD
② 保有水平耐力時の耐力壁の分担率
③ 想定される破壊モード（曲げ破壊・せん断破壊）
④ N/N_0，$_sM_0/M_0$

物とでは，それぞれの建築物の D_s はかなり違ったものとなる．このような靭性の異なる部材の混在する建築物の D_s は，部材のせん断力分担率を考慮して求める．

(d) 建築物の振動の減衰

建築物の振動の減衰については，その構造材料自体が有する減衰，地下逸散減衰などがある．

柱，梁の大部分が RC 造である階にあっては，以下に定める方法により D_s を算出するとしている．

柱，梁の種別は表 2.10.1 に従うものとする．種別の異なる柱，梁が接合されている場合の柱の種別は，当該柱及び梁の接合部で接合される部材（崩壊形に達する際に塑性ヒンジが生じる部材に限る）の種別に応じ，以下に従う．

(1) FC，FD が存在しない場合は FB とする．
(2) FD が存在せず，FC が存在する場合は FC とする．
(3) FD が存在する場合は FD とする．

柱の上端または下端に接する梁について，崩壊形に達する際に塑性ヒンジが生じることが明らかな場合には，表中の h_0/D に替えて $2M/QD$ を用いることが出来るものとしている．ここで，M は崩壊形に達する際の柱の最大曲げモーメントを，Q は崩壊形に達する際の柱の最大せん断力を表す．

D_s に関して，h_0/D と p_t は断面や配筋を仮定した時点で決まる値だが，部材に入力する軸力とせん断力は，骨組の応力解析によってはじめて決まる値となる．また，梁は τ_u/F_c のみで靭性が決定されることに気づく．

耐力壁の種別は，表 2.10.2 に従うものとする．

D_s を計算する階における柱および梁ならびに耐力壁の部材群（グループ）としての種別を，

表 2.10.1　RC 造柱・梁の靱性評価

部材	柱・梁の区分						柱・梁の種別
	柱・梁	柱				梁	
	破壊の形式	h_0/D	p_t [%]	σ_0/F_c	τ_u/F_c	τ_u/F_c	
条件	せん断破壊，付着割裂破壊，圧縮破壊など，構造耐力上支障のある急激な耐力の低下のおそれのある破壊を生じない．	2.5 以上	0.8 以下	0.35 以下	0.1 以下	0.15 以下	FA
		2.0 以上	1.0 以下	0.45 以下	0.125 以下	0.2 以下	FB
		—	—	0.55 以下	0.15 以下	—	FC
	FA，FB 又は FC のいずれにも該当しない場合						FD

h_0：柱のクリアスパン長さ
D：柱の幅
p_t：引張鉄筋比
F_c：コンクリートの設計基準強度
σ_0：D_s を算定しようとする階が崩壊形に達する際に柱断面に生ずる軸方向応力度
τ_u：D_s を算定しようとする階が崩壊形に達する際に柱または梁断面に生ずる平均せん断応力度

表 2.10.2　耐力壁の靱性評価

部材	耐力壁の種別			耐力壁の種別
	耐力壁	壁式構造以外の構造の耐力壁	壁式構造の耐力壁	
	破壊の形式	τ_u/F_c	τ_u/F_c	
条件	せん断破壊など，構造耐力上支障のある急激な耐力の低下のおそれのある破壊を生じない．	0.2 以下	0.1 以下	WA
		0.25 以下	0.125 以下	WB
		—	0.15 以下	WC
	WA，WB 又は WC のいずれにも該当しない場合			WD

表 2.11　部材群としての靱性評価

	部材群としての種別
$\gamma_A \geq 0.5$ かつ $\gamma_C \leq 0.2$	A
$\gamma_C < 0.5$（部材群としての種別が A の場合を除く）	B
$\gamma_C \geq 0.5$	C

γ_A：・柱及び梁の部材群としての種別を定める場合
　　　　FA 柱の負担率．FA 柱の耐力の和を FD 柱以外の柱の水平耐力の和で除した値．
　　　・耐力壁の部材群としての種別を定める場合
　　　　WA 耐力壁の負担率．WA 耐力壁の耐力の和を WD 耐力壁以外の耐力壁の水平耐力の和で除した値．
γ_C：・柱及び梁の部材群としての種別を定める場合
　　　　FC 柱の負担率．FC 柱の耐力の和を FD 柱以外の柱の水平耐力の和で除した値．
　　　・耐力壁の部材群としての種別を定める場合
　　　　WC 耐力壁の負担率．WC 耐力壁の耐力の和を WD 耐力壁以外の耐力壁の水平耐力の和で除した値．

表 2.11 に従い，当該階の部材耐力の割合に応じて定める．ただし，部材の種別が FD である柱や梁ならびに部材の種別が WD である耐力壁について当該部材を取り除いた建築物の架構に局部崩壊が生じる場合には，部材群としての種別はそれぞれ D としなければならない．

本設計例は，大部分が FA 部材の柱，梁，WA 部材の壁のみで構成されている．従って，$\gamma_A=1.0$ となり，部材群としての種別は A となった．詳しくは後述する．

各階の D_s は，次の(イ)から(ハ)までのいずれかによって定める数値とする．

(イ) 耐力壁のない剛節（純ラーメン）架構では，当該階の柱及び梁の部材群としての種別に応じ，表 2.12.1 の値以上とする．

表 2.12.1 純ラーメン架構の D_s

柱及び梁の部材群としての種別	D_s
A	0.30
B	0.35
C	0.40
D	0.45

(ロ) 壁式構造では，当該階の耐力壁の部材群としての種別に応じ，表 2.12.2 の値以上とする．

表 2.12.2 壁式架構の D_s

耐力壁の部材群としての種別	D_s
A	0.45
B	0.50
C	0.55
D	0.45

(ハ) 剛節架構と耐力壁を併用した場合には，当該階の柱や梁の部材群としての種別に応じ，表 2.12.3 に掲げる値以上とする．

D_s は部材の仕様規定などによりランク付けされており，後述の終局耐力に比べて予測精度に劣る評価指標といえる．

また，D_s は各層において定義され，その高さ方向の分布をどうすべきかについては規定では触れられていない．しかし，ある層の D_s が他層に比べて極端に小さいと，その層のみが降伏して他の層は降伏しないことがある．その場合，地震入力の特定層への集中が生じて，建築物全体の入力エネルギーを特定層のみで負担することになる．結果として，その層の損傷は大きくなる．

このことを考えると，各階で目標とする D_s は，ほぼ同じ値をとることが望ましい．そのため，構造計画において各階 D_s が等しくなるよう調整されるべきである．

表 2.12.3　耐力壁付ラーメン架構の D_s

耐力壁の部材群としての種別		柱・梁の部材群としての種別			
		A	B	C	D
A	$0<\beta_u\leq0.3$	**0.30**	0.35	0.40	0.45
A	$0.3<\beta_u\leq0.7$	**0.35**	0.40	0.45	0.50
A	$\beta_u>0.7$	0.40	0.45	0.45	0.55
B	$0<\beta_u\leq0.3$	0.35	0.35	0.40	0.55
B	$0.3<\beta_u\leq0.7$	0.40	0.40	0.45	0.50
B	$\beta_u>0.7$	0.45	0.45	0.50	0.55
C	$0<\beta_u\leq0.3$	0.35	0.35	0.40	0.45
C	$0.3<\beta_u\leq0.7$	0.40	0.45	0.45	0.50
C	$\beta_u>0.7$	0.50	0.50	0.50	0.55
D	$0<\beta_u\leq0.3$	0.40	0.40	0.45	0.45
D	$0.3<\beta_u\leq0.7$	0.45	0.50	0.50	0.50
D	$\beta_u>0.7$	0.55	0.55	0.55	0.55

太字は本設計例における採用値.
β_u：耐力壁（筋違含む）の負担率．耐力壁の水平耐力の和を保有水平耐力の数値で除した値．

2.4.4　形 状 係 数

　形状係数 F_{es} は，建築物の立面及び平面的な耐震要素の偏りによる必要保有水平耐力の割増係数であり，剛性率に応じた数値 F_s と偏心率に応じた数値 F_e を乗じた積の値として求めることが出来る．

　F_s，F_e はそれぞれ $1.0\leq F_s\leq 2.0$，$1.0\leq F_e\leq 1.5$ の範囲をとるので，これらを乗じて計算する F_{es} は $1.0\leq F_{es}\leq 3.0$ の範囲の値となる．

　ここで，剛性は，入力に応じてひび割れや降伏を生じる部材や骨組みの損傷状況に応じて変化する値であることに注意すべきである．割増係数 F_{es} を乗ずれば規定上は架構の不整形性は対処されるが，本来，可能な限りバランスの良い構造として計画を立てることが基本である．

2.5　計算モデルの作成

　以下に，部材のモデル化について下記に示す．

(1)　ひ び 割 れ

　柱や梁の曲げひび割れは考慮するが，せん断ひび割れは考慮しない．耐力壁の曲げひび割れ，せん断ひび割れは共に考慮する．これは，梁柱において水平荷重による変形に占める曲げ

変形が卓越するのに対し，壁においてせん断変形が卓越することを考慮している．

(2) 剛　性

梁・柱の剛性計算に，鉄筋を考慮しない．梁の曲げ降伏時の剛性低下率は，以下の2式を用いた．

$2.0 \leq a/D \leq 5.0$ のとき

$$\alpha_y = \left(0.043 + 1.64n \cdot p_t + 0.043\frac{a}{D}\right)\left(\frac{d}{D}\right)^2 \tag{2.9}$$

$1.0 \leq a/D \leq 2.0$ のとき

$$\alpha_y = \left(-0.0836 + 0.159\frac{a}{D}\right)\left(\frac{d}{D}\right)^2 \tag{2.10}$$

柱の曲げ降伏時の剛性低下率は，以下の2式を用いた．

$2.0 \leq a/D \leq 5.0$ のとき

$$\alpha_y = \left(0.043 + 1.64n \cdot p_t + 0.043\frac{a}{D} + 0.33\eta_0\right)\left(\frac{d}{D}\right)^2 \tag{2.11}$$

$1.0 \leq a/D \leq 2.0$ のとき

$$\alpha_y = \left(-0.0836 + 0.159\frac{a}{D} + 0.169\eta_0\right)\left(\frac{d}{D}\right)^2 \tag{2.12}$$

ここで，a/D：シアスパン比，n：ヤング係数比，η_0：軸力比，d：有効せい，D：部材せい，p_t：引張鉄筋比である．(2.9)～(2.12)式は，$p_t=0.4\sim2.8\%$，$a/D=2.0\sim5.0$，$\eta_0=0\sim0.55$ の範囲にある実験結果より，±30%の範囲に全試料の90%が入る程度の精度とされている．

本設計例では，α_yにスラブを考慮する．弾性剛性に対する降伏後の部材剛性についてはRC造部材，支点ともに1/1000とした．柱剛性が正となることを仮定している．

壁の剛性低下率の算出方法を(2.13)式に示す．本設計例では採用していない．

$$\beta_u' = 0.046 p_w \sigma_{wy}/\sigma_B + 0.14 \tag{2.13}$$

ここで，p_w：壁筋比，σ_{wy}：壁筋の降伏点，σ_B：コンクリートの圧縮強度

設計例では，柱・梁部材は曲げ剛性・せん断剛性・軸剛性を考慮し，床は剛床成立を確認した．また，耐力壁周りの梁の剛度増大率ϕは100とした．

(3) 終局耐力

降伏の判定は，節点位置ではなく，フェイス位置において行っている．過剰な配筋を要求する設計とならないように，スラブ筋を考慮した．短期許容応力度を超えた梁について想定される破壊モードが曲げ破壊であることを確認するために，曲げ破壊時せん断力がせん断終局強度以下であることを確認する．

梁，柱のせん断終局強度の算定式は下式を用いる．(2.14)式は平均値を求める荒川mean式である．

$$Q_{bu} = \left\{\frac{0.068 p_t^{0.23}(F_c+18.0)}{\frac{M}{Qd}+0.12} + 0.85\sqrt{p_w \cdot \sigma_{wy}}\right\} b \cdot j \tag{2.14}$$

$$Q_{cu} = Q_{bu} + 0.1\sigma_0 b \cdot j \tag{2.15}$$

ここで，σ_{wy} は横補強筋の降伏点である．

鉄筋コンクリート造の多段配筋長方形柱の曲げ強度 M_u の略算式には以下の式がある．

$N_{\min} \leqq N < 0$ のとき

$$M_u = 0.5\alpha_g \sigma_y g_1 D + 0.5 N g_1 D \quad [\text{N·mm}] \tag{2.16}$$

$0 \leqq N \leqq N_b$ のとき

$$M_u = 0.5 a_g \sigma_y g_1 D + 0.5 N D \left(1 - \frac{N}{bDF_c}\right) \quad [\text{N·mm}] \tag{2.17}$$

$N_b < N < N_{\max}$ のとき

$$M_u = \{0.5 a_g \sigma_y g_1 D + 0.024(1+g_1)(3.6-g_1) b D^2 F_c\} \left(\frac{N_{\max} - N}{N_{\max} - N_b}\right) \quad [\text{N·mm}] \tag{2.18}$$

ここで，a_g：主筋断面積

$$N_b = 0.22(1+g_1) b D F_c$$

N_b：つりあい軸力，g_1：引張筋重心と圧縮筋重心との距離の全せいに対する比

円形断面柱の曲げ強度の略算は，様々な方法が考えられるが，等断面積の正方形柱に置換し，主筋とフープを断面積及び主筋量をそれぞれ等しく，かつ，各辺の主筋数が同一となるように置き換えて，各式を適用する．

RC 造耐力壁のせん断耐力は，次式より得られる．(2.19)式は平均値を求める荒川 mean 式である．

$$Q_{wu} = \left\{ \frac{0.068 p_{te}^{0.23}(F_c + 18.0)}{\sqrt{\frac{M}{Ql} + 0.12}} + 0.85\sqrt{p_{wh} \cdot \sigma_{wh}} + 0.1\sigma_0 \right\} t_e \cdot j_e \tag{2.19}$$

ここで，p_{te}：引張側柱の等価主筋比（t_e を厚さと考えた場合の水平せん断補強筋比），t_e：等価壁厚さ（I 形断面を長さと断面積が等しい等価長方形断面に置き換えたときの幅）．ただし t_e は壁厚 t の 1.5 倍以下，j_e：応力中心距離 $[= (7/8\,d)$ ここで d は耐力壁の有効せい $d = l - D/2$，柱がない場合は $d = 0.95\,l]$，l：耐力壁の全長，σ_{wh}：壁横筋の規格降伏点，σ_0：全断面積に対する平均軸方向応力度 $[= N/(t_e j_e)$ ここで N は耐力壁に作用する全軸力]）

$$t_e = \frac{t l' + \sum bD}{l' + \sum D}, \quad \text{ただし } t_e \leqq 1.5\,t$$

ここで l' は壁板の内法長さ，t は壁板の厚さ，b は柱の幅，D は柱のせい

RC 造耐力壁の曲げ耐力は，文献〔6〕の日本建築学会『建築耐震設計における保有耐力と変形性能』1990 から，次式より得られる．

$$M_{wu} = 0.9 a_t \cdot \sigma_y \cdot D + 0.4 a_w \cdot \sigma_{wy} \cdot D + 0.5 N \cdot D \left(1 - \frac{N}{B_c \cdot D \cdot F_c}\right) \quad [\text{N·mm}] \tag{2.20}$$

$$M_{wu} = a_t \sigma_y L_w + 0.5 + a_w \sigma_{wy} L_w + 0.5 N L_w \quad [\text{N·mm}] \tag{2.21}$$

a_t：引張側付帯柱の主筋断面積，a_w：壁の鉄筋の断面積で壁の中間に柱がある場合にはその主筋断面積も含む，B_c：壁の圧縮側外縁の幅で柱があるときはその幅，D：壁の全長，σ_y：主筋降伏点，L_w：付帯柱心間距離，N：壁に作用する軸力，σ_{wy}：壁横筋の規格降伏点である．

2.6 応力計算

　応力計算は立体解析による．水平外力の荷重方向をX，Y方向ともに左→右加力を正加力，右→左を負加力とした．せん断による変形を鉛直荷重時，水平荷重時共に考慮している．層間変形角は，最大をとる．剛性率計算時の層間変形角は，剛心位置をとる．短期地震荷重時の解析は，弾性解析としている．ここで，図2.10(a)，(b)に固定荷重および積載荷重作用時応力図，水平荷重時応力図の一例を示す．

2.7 断面設計（許容応力度設計）

　短辺Y方向において，耐力壁の負担率は以下の通り．壁の負担率は1階で最大値77.4%となった．1～4階では，壁の負担率が50%を上回ったため，柱の水平力作用時のせん断力，梁の入力せん断力および曲げモーメントを1.0～1.1倍程度，割り増した．
　図2.11(a)～(d)に，梁，柱，壁の断面リストを示す．ここで，d_t：一段目の鉄筋重心位置とする．

表2.13 各階耐力壁の負担率（Y方向）

階	柱負担率 [%]	耐力壁負担率 [%]
5	53.0	47.0
4	36.6	63.4
3	38.1	61.9
2	29.5	70.5
1	22.6	77.4

2.8 層間変形角・剛性率・偏心率の検討

2.8.1 層間変形角・剛性率

　一次設計において，柱，壁などの断面2次モーメントを考慮して層間変位を求める．各階の層間変位から各階の層間変形角を計算し，$C_0=0.2$ においては，その数値が1/200を越えないことを確かめる．架構の変形の影響を内・外装材は大きく受ける．最近の地震被害の事例でも，架構そのものには損傷がなくても，内・外壁などの仕上げ材などが架構の過大な変形によ

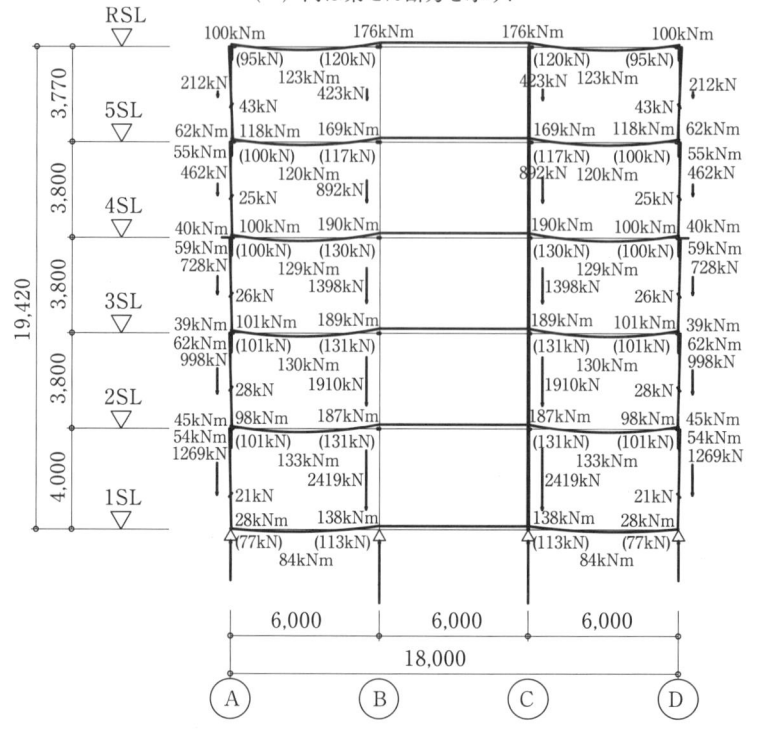

図2.10(a) 3,4フレーム応力図（固定荷重+積載荷重時）

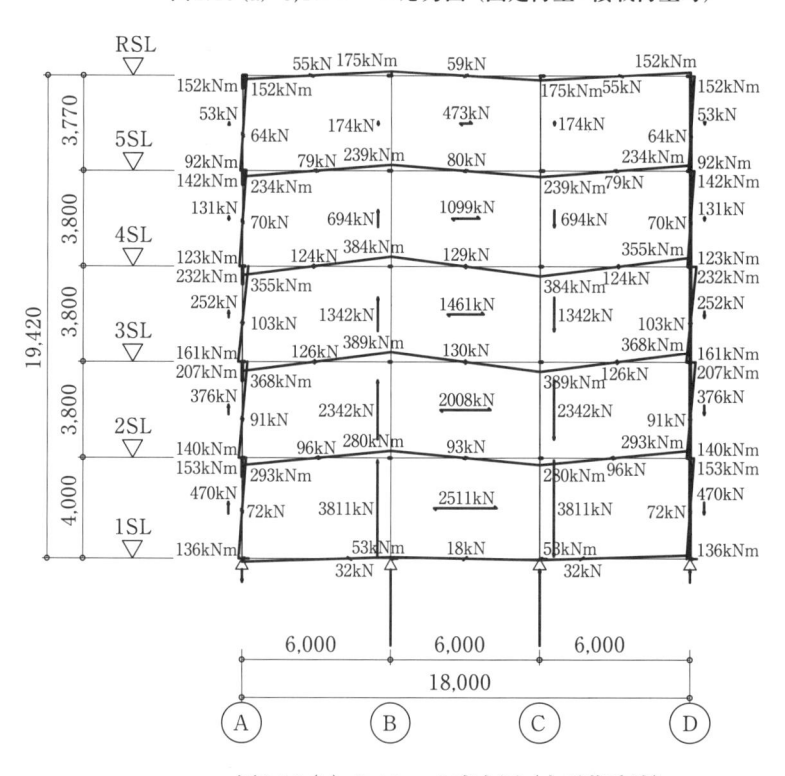

図2.10(b) 3フレーム応力図（水平荷重時）

2.8 層間変形角・剛性率・偏心率の検討

特記なき限り　スタラップ　□D13@200　腹筋 2-D10　巾止筋 D10@1000

符号	G1		G2		G3		G4		G5	
位置	両端	中央	両端	中央	両端	中央	両端	中央	両端	中央
R階	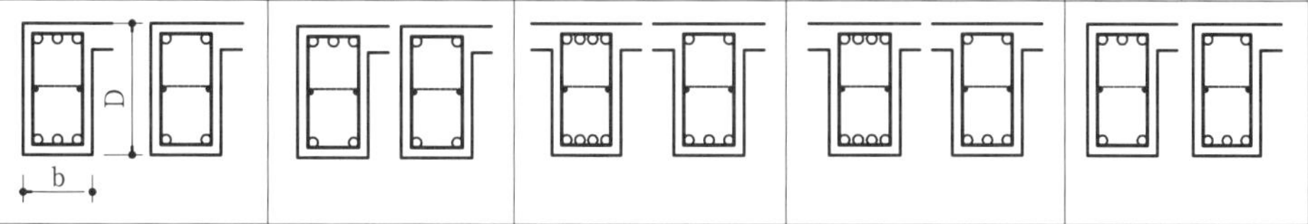									
b×D	350×650		350×650		350×650		350×650		350×650	
上端筋	3-D22	2-D22	3-D22	2-D22	4-D22	2-D22	4-D22	2-D22	3-D22	2-D22
下端筋	3-D22	2-D22	2-D22	2-D22	4-D22	3-D22	4-D22	3-D22	2-D22	3-D22
スタラップ										
腹筋										
5階	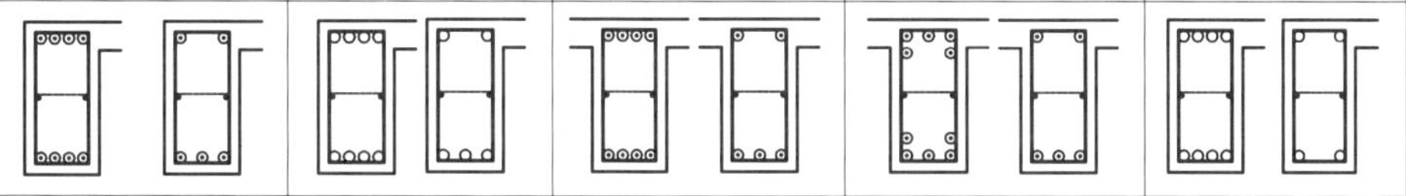									
b×D	350×700		350×700		350×700		350×700		350×700	
上端筋	4-D25	2-D25	4-D22	2-D22	4-D25	2-D25	5-D25	2-D25	4-D22	2-D22
下端筋	4-D25	3-D25	4-D22	3-D22	4-D25	3-D25	5-D22	3-D25	4-D22	2-D22
スタラップ										
腹筋										
4階	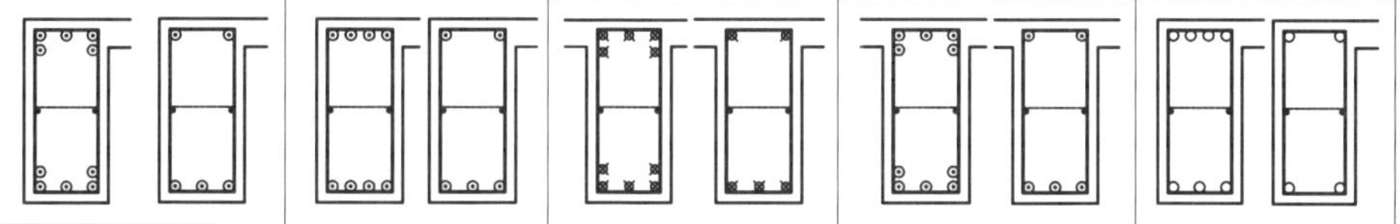									
b×D	400×850		400×850		400×850		400×850		400×850	
上端筋	5-D25	2-D25	4-D25	2-D25	5-D29	2-D29	5-D25	2-D25	4-D22	2-D22
下端筋	5-D25	3-D25	4-D25	3-D25	5-D29	3-D29	5-D25	3-D25	3-D22	2-D22
スタラップ										
腹筋										
3階	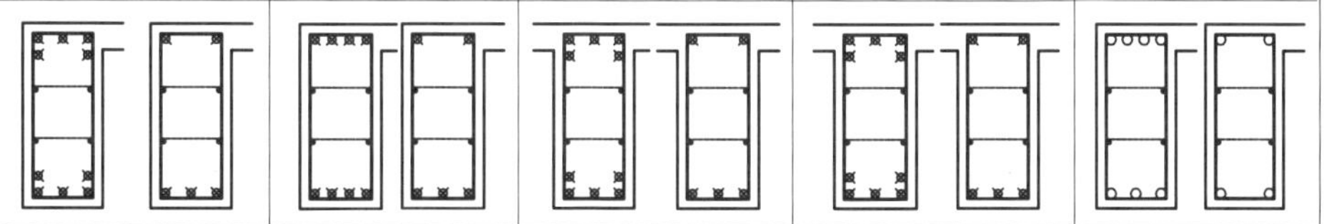									
b×D	400×900		400×900		400×900		400×900		400×900	
上端筋	5-D29	2-D29	4-D29	2-D29	5-D29	2-D29	5-D29	2-D29	4-D22	2-D22
下端筋	5-D29	3-D29	4-D29	3-D29	5-D29	3-D29	5-D29	3-D29	3-D22	2-D22
スタラップ			□D13@150		□D13@150					
腹筋	4-D10		4-D10		4-D10		4-D10		4-D10	
2階	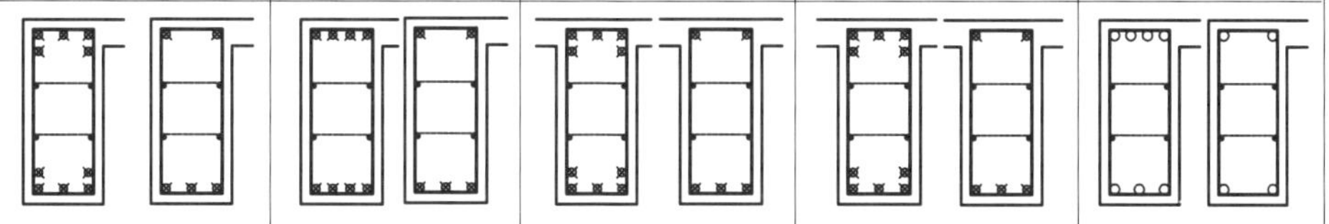									
b×D	400×900		400×900		400×900		400×900		400×900	
上端筋	5-D29	2-D29	4-D29	2-D29	5-D29	2-D29	5-D29	2-D29	4-D22	2-D22
下端筋	5-D29	3-D29	4-D29	3-D22	5-D29	3-D29	5-D29	3-D29	3-D22	2-D22
スタラップ			□D13@150		□D13@150					
腹筋	4-D10		4-D10		4-D10		4-D10		4-D10	

図2.11 (a) 大梁リスト(1)

特記なき限り　スタラップ □D13@200　腹筋 2-D10　巾止筋 D10@1000

符号	G6		G7		G8		G9		G10	
位置	両端	中央	両端	中央	両端	中央	両端	中央	両端	中央
R階	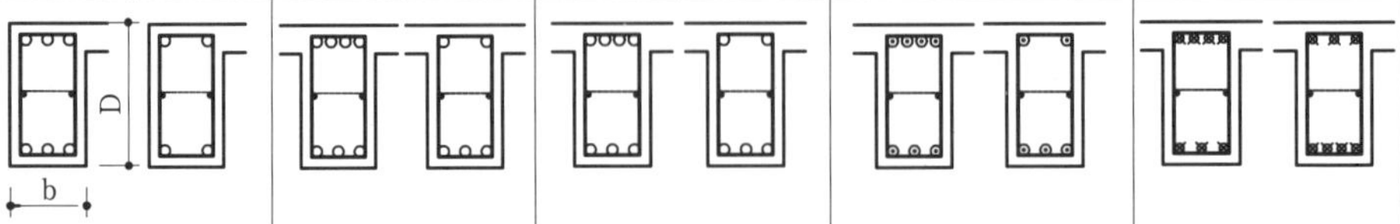									
b×D	350×650		350×650		350×650		350×650		350×650	
上端筋	3-D22	2-D22	4-D22	2-D22	4-D22	2-D22	4-D25	2-D25	4-D29	3-D29
下端筋	3-D22	2-D22	3-D22	3-D22	3-D22	3-D22	3-D25	3-D25	3-D29	4-D29
スタラップ										
腹筋										
5階	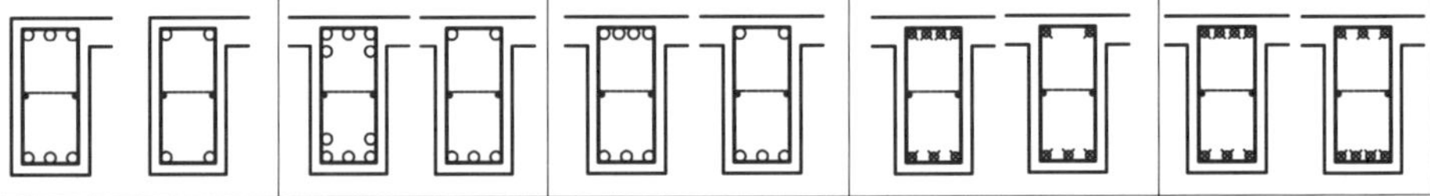									
b×D	350×700		350×700		350×700		350×700		350×700	
上端筋	3-D22	2-D22	5-D22	2-D22	4-D22	2-D22	4-D29	2-D29	4-D29	3-D29
下端筋	3-D22	2-D22	5-D22	3-D22	3-D22	3-D22	3-D29	3-D29	3-D29	4-D29
スタラップ										
腹筋										
4階	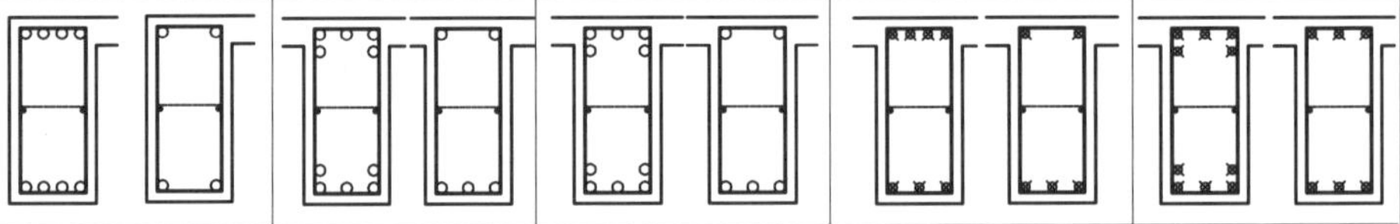									
b×D	400×850		400×850		400×850		400×850		400×850	
上端筋	4-D22	2-D22	5-D22	2-D22	5-D22	2-D22	4-D29	2-D29	5-D29	3-D29
下端筋	4-D22	2-D22	5-D22	3-D22	3-D22	3-D22	3-D29	3-D29	5-D29	3-D29
スタラップ										
腹筋										
3階	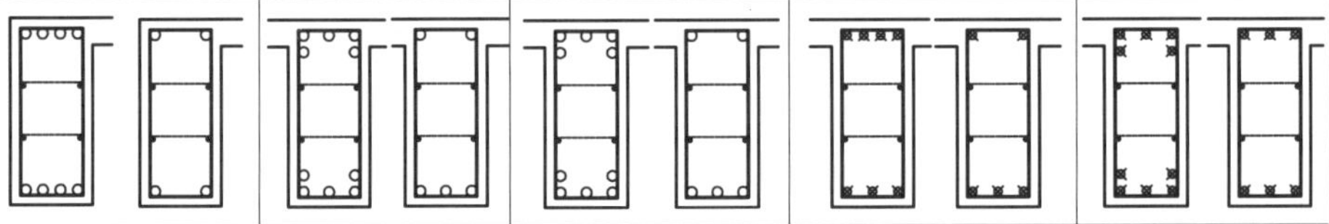									
b×D	400×900		400×900		400×900		400×900		400×900	
上端筋	4-D22	2-D22	5-D22	2-D22	5-D22	2-D22	4-D29	2-D29	5-D29	3-D29
下端筋	4-D22	2-D22	5-D22	3-D22	3-D22	3-D22	3-D29	3-D29	5-D29	3-D29
スタラップ										
腹筋	4-D10		4-D10		4-D10		4-D10		4-D10	
2階	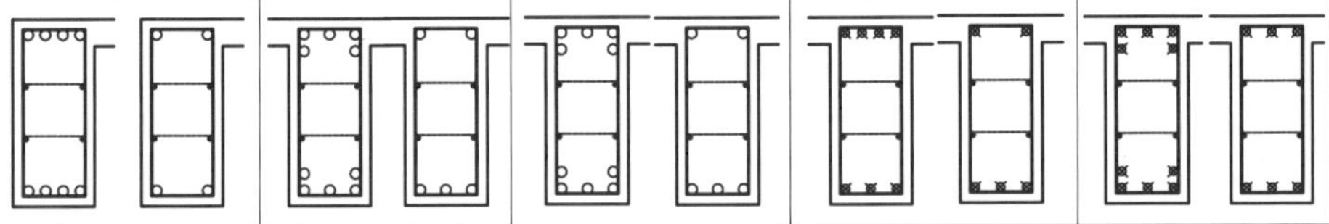									
b×D	400×900		400×900		400×900		400×900		400×900	
上端筋	4-D22	2-D22	5-D22	2-D22	5-D22	2-D22	4-D29	2-D29	5-D29	3-D29
下端筋	4-D22	2-D22	5-D22	3-D22	3-D22	3-D22	3-D29	3-D29	5-D29	3-D29
スタラップ										
腹筋	4-D10		4-D10		4-D10		4-D10		4-D10	

図2.11(b)　大梁リスト(2)

2.8 層間変形角・剛性率・偏心率の検討　39

特記なき限り　　　　フープ　☐D13@100
仕口部のフープ　☐D13@150

符号	C1	C2	C3	C4	C5
5階	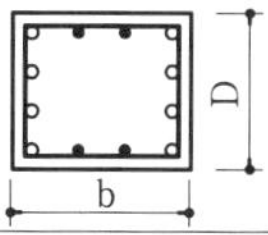	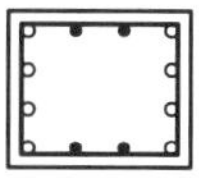	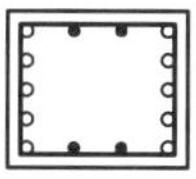	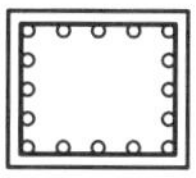	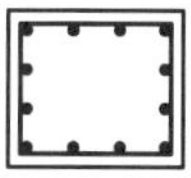
b×D	700×600	700×600	700×600	700×600	700×600
主筋	8-D22+4-D19	8-D22+4-D19	10-D22+4-D19	16-D22	12-D19
フープ					
4階	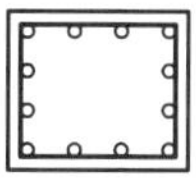	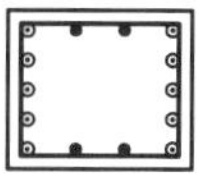	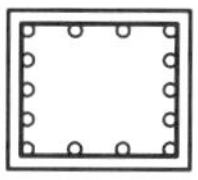	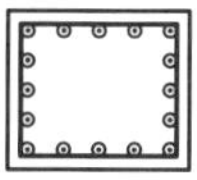	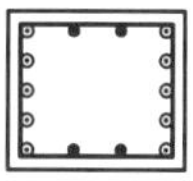
b×D	700×600	700×600	700×600	700×600	700×600
主筋	12-D22	10-D25+4-D19	14-D22	16-D25	10-D25+4-D19
フープ					
3階	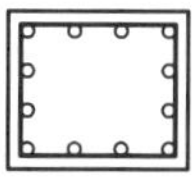	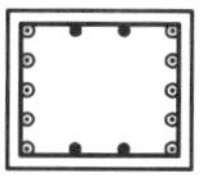	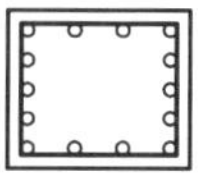	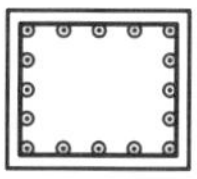	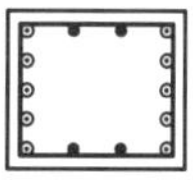
b×D	700×600	700×600	700×600	700×600	700×600
主筋	12-D22	10-D25+4-D19	14-D22	16-D25	10-D25+4-D19
フープ					
2階	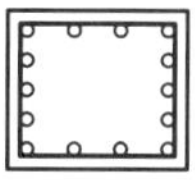	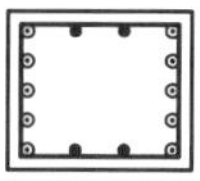	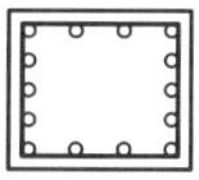	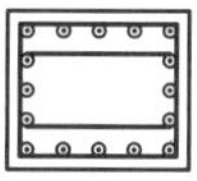	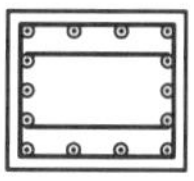
b×D	700×600	700×600	700×600	700×600	700×600
主筋	14-D22	10-D25+4-D19	14-D22	16-D25	14-D25
フープ				☐D13@100	☐D13@100
1階	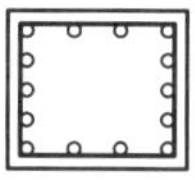	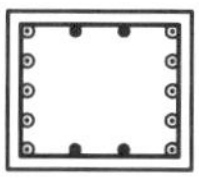	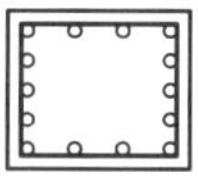	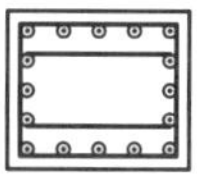	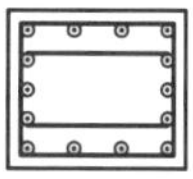
b×D	700×600	700×600	700×600	700×600	700×600
主筋	14-D22	10-D25+4-D19	14-D22	16-D25	14-D25
フープ				☐D13@100	☐D13@100

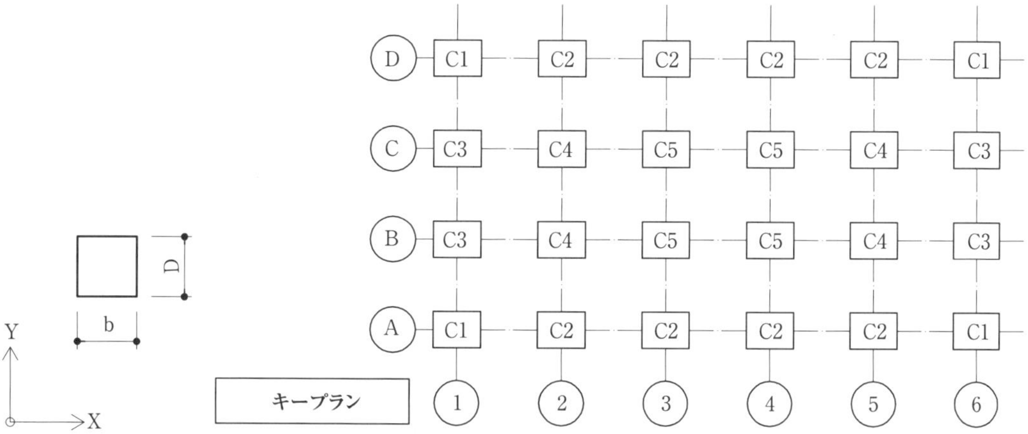

図2.11(c)　柱リスト

符号	FG1〜FG9	
位置	両端	中央
断面	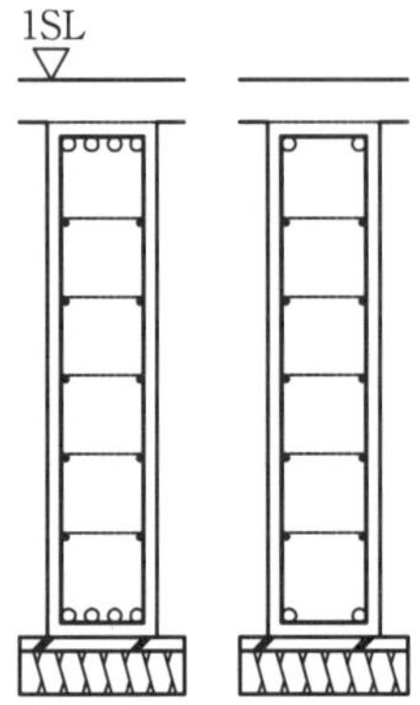 (1SL)	
b×D	400×1800	
上端筋	4-D22	2-D22
下端筋	4-D22	2-D22
スタラップ	□D13@200	
腹筋	10-D10	
巾止筋	D10@1000	

図2.11(d) 基礎梁リスト

特記なき限り　巾止筋　D10@1000

符号	EW18	EW20
水平断面	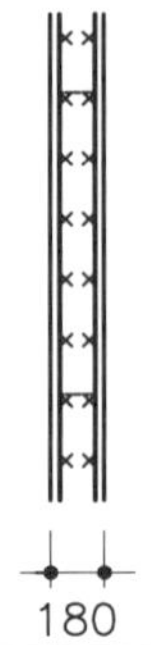 180	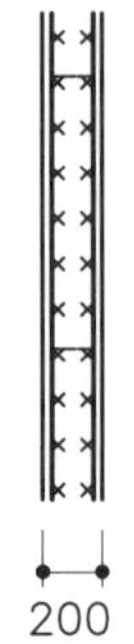 200
縦筋	D13@200　ダブル	D13@200　ダブル
横筋	D13@200　ダブル	D13@150　ダブル

図2.11(e) 壁リスト

って破損し，建築物の機能を失わせているものが見受けられる．架構の設計は強度の面からだけでなく，変形の面からも考慮される必要がある．層間変形角の制限値は，帳壁，内・外装材，設備等がその変形に追従できずに破損・脱落するなどの有害な影響が出ることを防ぐために設けられている．

　ここで，層間変形角計算用階高を階高とする．原則として層間変形角を計算する鉛直部材の当該階の床版上面位置から上階の床版上面位置までの鉛直距離とする．ただし，逆梁などにより梁上面と床版上面とが一致しない場合や吹き抜けにより床版がない場合には，床版上面位置の代わりに梁の上面位置を用いる．梁に段差がある場合はその平均位置を用いる．階の高さをこのように扱うのは，他の階に比べてせいが非常に大きな基礎梁と一般階の梁の構造心間の距離を階の高さとした場合，階の高さを過大評価，すなわち層間変形角を過小評価することになるためである．上下の梁のせいが同程度であれば，上下の梁の構造心間の距離を階の高さとみなして層間変形角を算定することも可能だろう．

　本例では，雑壁を有しておらず，雑壁を考慮しない場合の層間変形角を示している．雑壁を考慮する方法には，重量を適切に拾った上で，水平断面積を考慮する方法，剛性を考慮する方法などがある．建築物の挙動を正確にとらえるには，雑壁なども含めて，適切に剛性を評価する必要があると言える．

　剛性率は各階の水平方向への変形のしにくさが，建築物全体のそれと比べてどの程度大きいか，小さいかを示す．各階の層間変形角の逆数 r_s を求め，当該階の r_s を地上部分の全階の r_s

の相加平均 $\bar{r}_s$ で除した数値が当該階の剛性率である．剛性率 R_s は次式で表される．

$$\begin{cases} r_s = \dfrac{h}{\delta} \\ \bar{r}_s = \dfrac{\sum\limits_{i=m}^{n} r_s}{n} \\ R_s = \dfrac{r_s}{\bar{r}_s} \end{cases} \quad (2.22)$$

剛性率 R_s が 1.0 より大きくなるほど，その階は建物全体の中で変形しにくく，1.0 より小さくなるほど変形しやすい．連続する階で剛性率の値が急変することは望ましくない．

表 2.14 に層間変形角および剛性率の一覧を示す．X 方向，Y 方向ともに 1/200 以内の層間変形角が得られた．また，X 方向に比べ，Y 方向は耐力壁の効果により，総じて小さな層間変形角となった．剛性率が 0.6 を下回る階はない．全ての階で，$F_s=1.0$ をとる．

表 2.14　層間変形角および剛性率

方向	階	h [m]	δ_s [mm]	$1/r_s$	r_s	$\bar{r}_s$	R_s
X	5	3,800	2.674	1/1,421	1,421	1,095	1.298
	4	3,800	3.548	1/1,071	1,071		0.978
	3	3,800	3.717	1/1,022	1,022		0.934
	2	3,800	4.091	1/929	929		0.849
	1	4,000	3.886	1/1,029	1,029		0.940
Y	5	3,800	1.680	1/2,262	2,262	2,882	0.785
	4	3,800	1.877	1/2,024	2,024		0.702
	3	3,800	1.861	1/2,042	2,042		0.709
	2	3,800	1.688	1/2,251	2,251		0.781
	1	4,000	1.356	1/2,950	2,950		1.023

2.8.2　偏心率

地震力は階の重心に作用する．このため重心と剛心が一致しないと，建築物は水平方向に変形するほか剛心まわりに回転する．重心と剛心との距離の大きい（偏心の大きい）建築物では，建築物の隅部で部分的に過大な変形を強いられる部材が生じ，それらの部材に損傷が生じる可能性が高い．

偏心率は，重心と剛心の偏りのねじり抵抗に対する割合として定義され，その数値が大きいほど偏心による影響が大きいことを表す．

重心は，地震時にその層に作用する層せん断力の合力点として求められるべきであるが，略算として求めることもできる．各階とも，固定荷重，積載荷重などが平面的に偏りなく一様に分布している場合には，重心は図心と一致することとしてもよい．

剛心は，柱，耐力壁などの耐震要素の計算方向の水平剛性とその座標より求められる．D値法による場合は，各部材のD値より水平剛性を求められる．

偏心率の考え方は，平面内の構造耐力上主要な部分への変形の集中を偏心距離（外力作用時のねじれやすさ）と弾力半径（ねじれに対する抵抗の度合い）の比率を用いて評価するもので，各階が剛床であるとの仮定に基づいている．剛床仮定が成立しない場合は，変形の集中の影響を偏心率で評価することはできないので，構面ごと，部材ごとの変形の集中を考慮する解析法で一次設計を行なう．立体の計算を行う場合でも，偏心率の制限値は 0.15 以下とする．

偏心率の計算は以下に従う．

$$R_e = \frac{e}{r_e} \tag{2.23}$$

R_e：各階の偏心率，e：各階の構造耐力上主要な部分が支える固定荷重及び積載荷重の重心と当該各階の剛心をそれぞれ同一水平面に投影させて結ぶ線を計算しようとする方向と直交する平面に投影させた線の長さ，r_e：各階の剛心周りのねじり剛性の数値を当該階の計算方向の水平剛性の数値で除した値の平方根

前にも述べたが，設計者が例えば雑壁と判断した壁の剛性が偏心に及ぼす影響を確認し，雑壁の剛性を構造上安全側に評価することが望ましい．

表 2.15 に偏心率の計算結果の一覧を示す．本設計例では，設計で対称性を重視しており，偏心距離にして 16 mm と偏心率の制限値を大きく下回り，大きな偏心が生じていないことがわかる．全ての階で，$F_e = 1.0$ をとる．

表 2.15　偏心率

階	重心		剛心		偏心距離		ねじり剛性	弾力半径		偏心率	
	g_x [m]	g_y [m]	l_x [m]	l_y [m]	e_x [mm]	e_y [mm]	K_R [×10^5 kNm]	r_{ex} [m]	r_{ey} [m]	R_{ex}	R_{ey}
5	17.516	9.000	17.500	9.000	16	0	1,385	13.57	10.74	0.000	0.001
4	17.515	9.000	17.501	9.000	14	0	1,653	13.01	9.45	0.000	0.002
3	17.514	9.000	17.500	9.000	14	0	2,292	13.43	9.48	0.000	0.002
2	17.514	9.000	17.500	9.000	14	0	2,524	13.42	8.60	0.000	0.002
1	17.514	9.000	17.500	9.000	13	0	3,009	13.41	7.91	0.000	0.002

2.9　保有水平耐力計算

保有水平耐力について検討するため，荷重増分解析を行った．荷重増分解析の方法を述べる．ステップ数が小さい解析では，崩壊荷重の計算値は一般に大きい評価を与える．本例では，推定崩壊荷重までのステップ数は 100 とした．荷重増分量の分割方法は，等差級数分割としている．

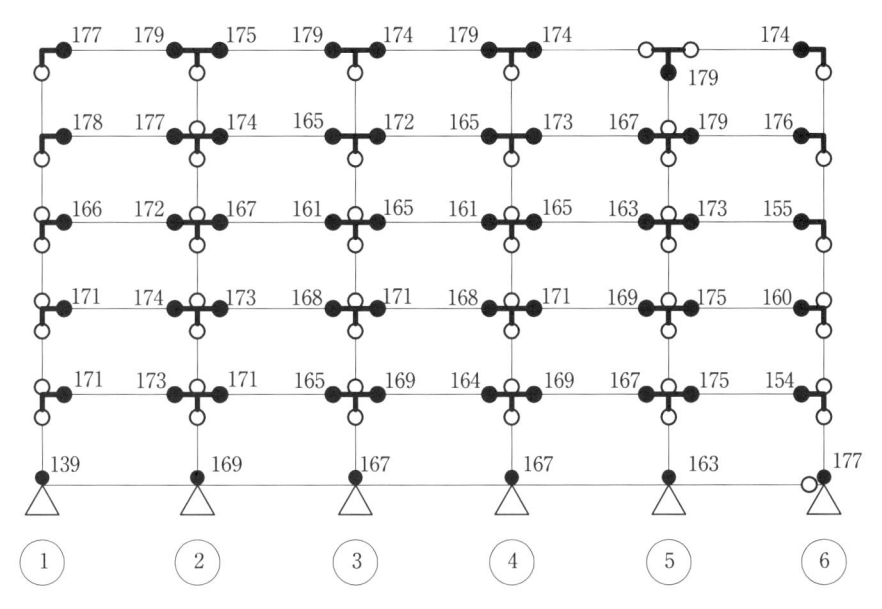

図 2.12(a) Aフレームヒンジ図（X方向 L→R 加力）

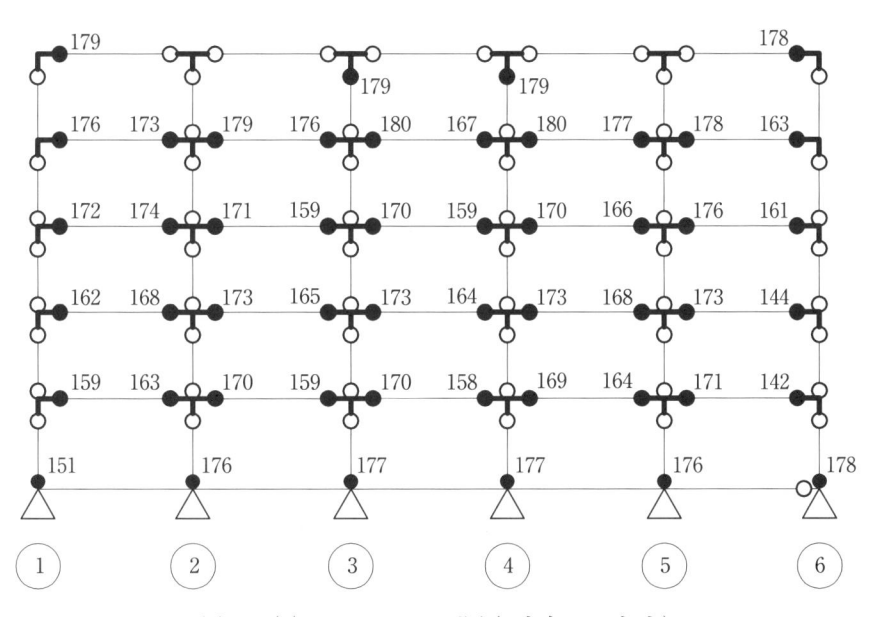

図 2.12(b) Bフレームヒンジ図（X方向 L→R 加力）

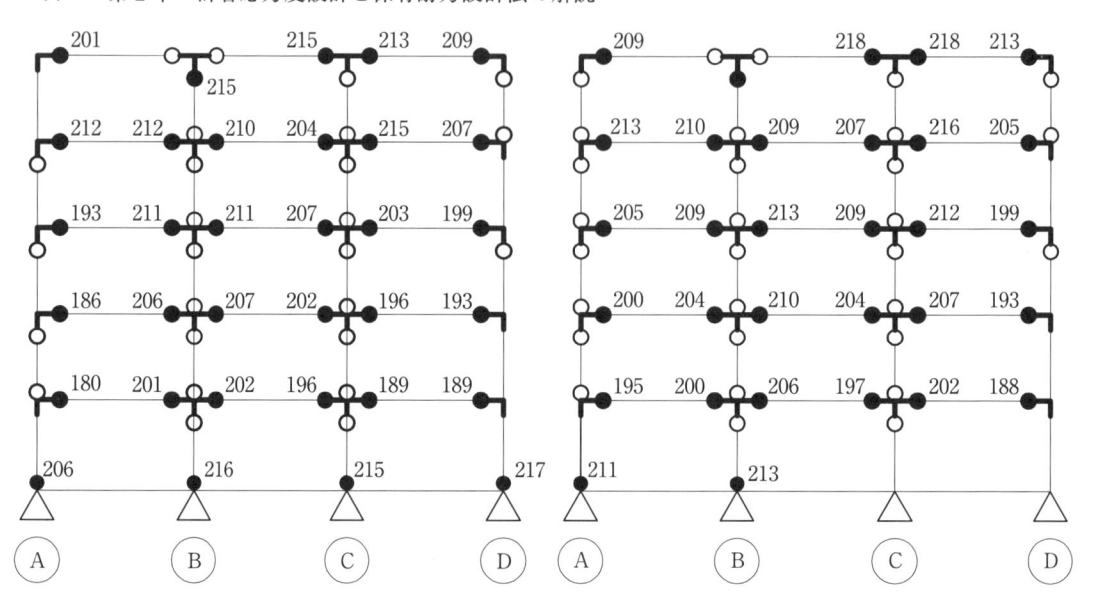

図2.12(c) 1フレームヒンジ図（Y方向L→R加力）

図2.12(d) 2フレームヒンジ図（Y方向L→R加力）

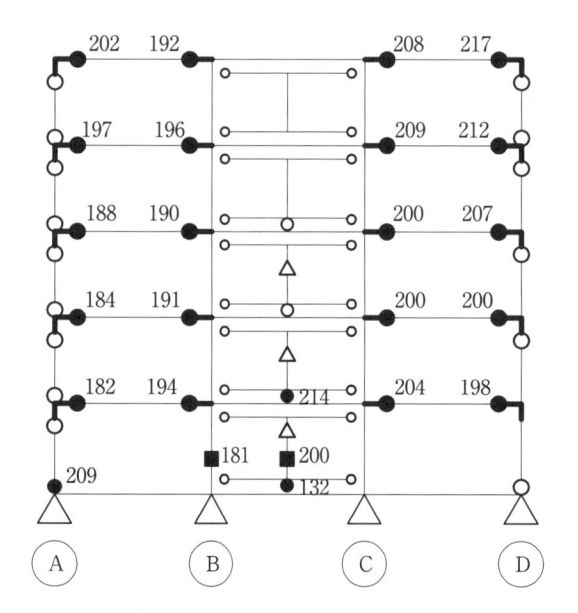

図2.12(e) 3フレームヒンジ図（Y方向L→R加力）

記号	意味
●	曲げ降状（塑性ヒンジ）
○	曲げひび割れ
△	せん断ひび割れ
■	軸降伏
図中の数字はステップ数を示す	耐力壁

D_s 算定時において，支点の圧壊降伏，梁，柱，耐力壁のせん断破壊を考慮した．支点の浮き上がり降伏，支点の水平方向降伏を考慮しない．また，梁，柱，耐力壁のせん断破壊，あるいは柱，耐力壁の軸圧縮破壊といった脆性破壊が生じた時点で解析終了とした．重心の層間変形角は純ラーメンとなる X 方向では 1/75，耐力壁を有する Y 方向では 1/100，最大層間変形角は X 方向 1/75，Y 方向 1/100 とした．また，D_s 算定時を保有水平耐力時と定義した．

崩壊形保証のためのクライテリアとして，柱の終局曲げモーメントは梁の終局曲げモーメン

トの 1.20 倍とした．また，終局軸力に対する作用軸力の比は，引張鉄筋降伏とコンクリート圧縮破壊のつりあい軸力を考慮し，圧縮において 0.40，引張側において 0.60 とした．

耐力壁のせん断補強筋比は，せん断補強効果がアーチ機構の卓越により頭打ちとなることを考慮し，0.25～1.20% とした．

耐力壁の負担率が 50% 以下のときは，梁，柱の応力割増率は 1.0 としている．

弾性剛性に対する降伏後の部材剛性は，前述の通り 1/1000 とした．

図 2.12(a)～(e) に，各フレームのヒンジ図を示す．ヒンジ図より，荷重増分解析における STEP 数と，●により梁端，柱頭，柱脚における塑性ヒンジの位置を読み取ることが出来る．また，あわせて曲げひび割れ，せん断ひび割れの発生が図示されている．

短辺方向の 3 フレームでは，1 階壁付帯柱の軸降伏が一部認められる．最下階では柱脚，最上階では柱頭か梁端のいずれか，中間階では梁端にヒンジを設けることが出来た．地中に埋設される基礎梁は，損傷した場合の補修が困難であり，柱脚にヒンジが設けられる．最上階においては，柱頭のヒンジ発生，降伏を許容しても全体崩壊形が成立する場合がある．

表 2.16 に D_s 算定結果一覧を示す．Q_u は保有水平耐力，Q_c は柱の負担せん断力，Q_w は壁の負担せん断力をそれぞれあらわす．本設計では，柱梁の多くは FA 部材，壁の多くは WA 部材となった．部材群としての柱，梁，壁の種別は A となった．

表 2.16 D_s 算定結果一覧

方向	階	Q_c [kN]	Q_w [kN]	Q_u [kN]	β_u	D_s
X	5	3,540	0	3,540	0.000	0.30
	4	6,103	0	6,103	0.000	0.30
	3	8,319	0	8,319	0.000	0.30
	2	10,095	0	10,095	0.000	0.30
	1	11,438	0	11,438	0.000	0.30
Y	5	3,066	1,234	4,300	0.287	0.30
	4	2,804	4,611	7,415	0.622	0.35
	3	3,788	6,320	10,108	0.625	0.35
	2	3,752	8,514	12,266	0.694	0.35
	1	6,013	7,884	13,897	0.567	0.35

短辺 Y 方向において，保有水平耐力に占める壁の負担率が 1～4 階で極めて大きいことが確認された．また，表 2.16 より，保有水平耐力に占める壁の負担水平耐力の割合 β_u が 5 階のみ 30% を下回ったため，柱が主体であり変形能力があるとみなされ，他の階に比べ D_s が 0.30 と低減された．D_s は，数値間に連続性がないため，壁の負担率のわずかな変化に伴って大きく靭性が変化するとみなされる場合がある．図 2.13 に D_s 算定時の応力図の一例を示す．

図 2.14 に層せん断力-層間変形曲線を，図 2.15，表 2.17 に必要保有水平耐力と保有水平耐力の比較を示す．耐力について 1.14～1.41 倍の余裕度を得ることが出来た．

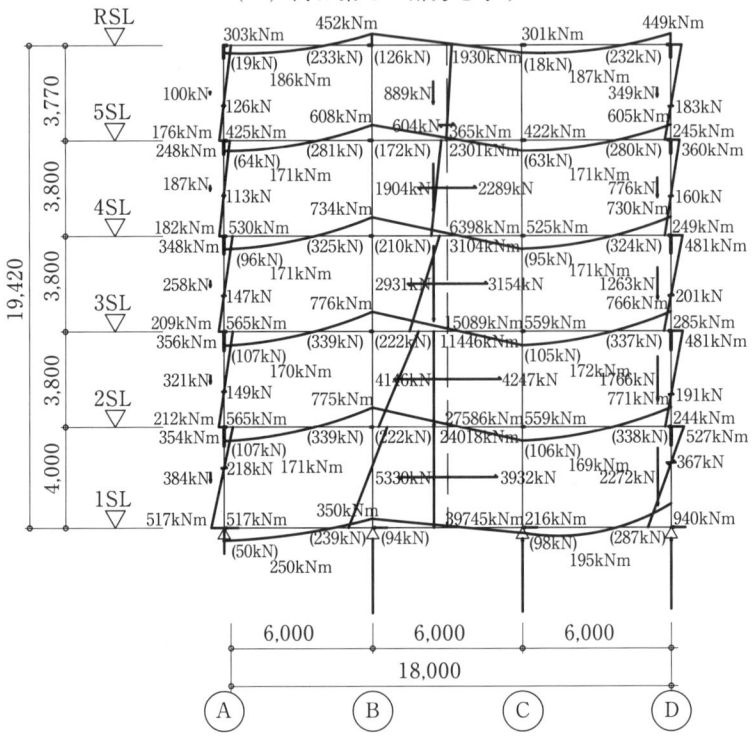

46　第2章　許容応力度設計と保有耐力設計法の解説

図2.13　3フレーム応力図（D_s算定時）

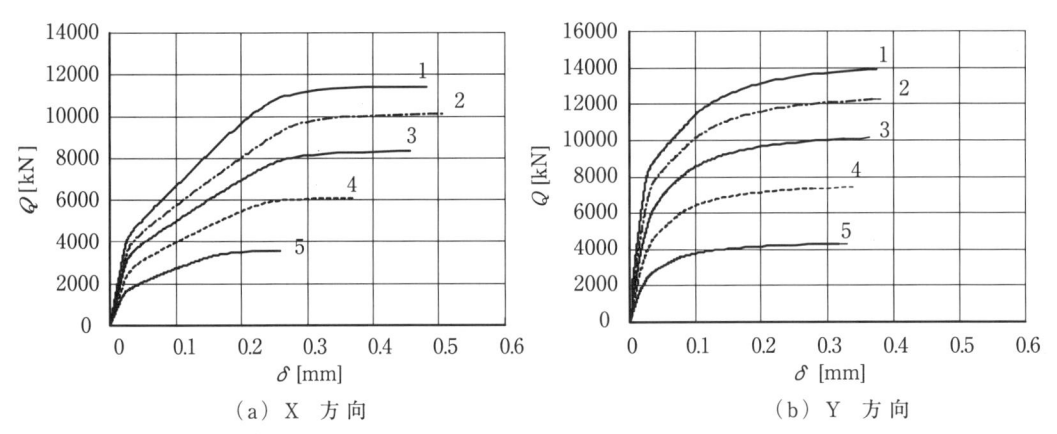

図2.14　層せん断力―層間変形曲線

(a) X 方向　　(b) Y 方向

(a) X 方向　　　　　　　　　　　　　(b) Y 方向

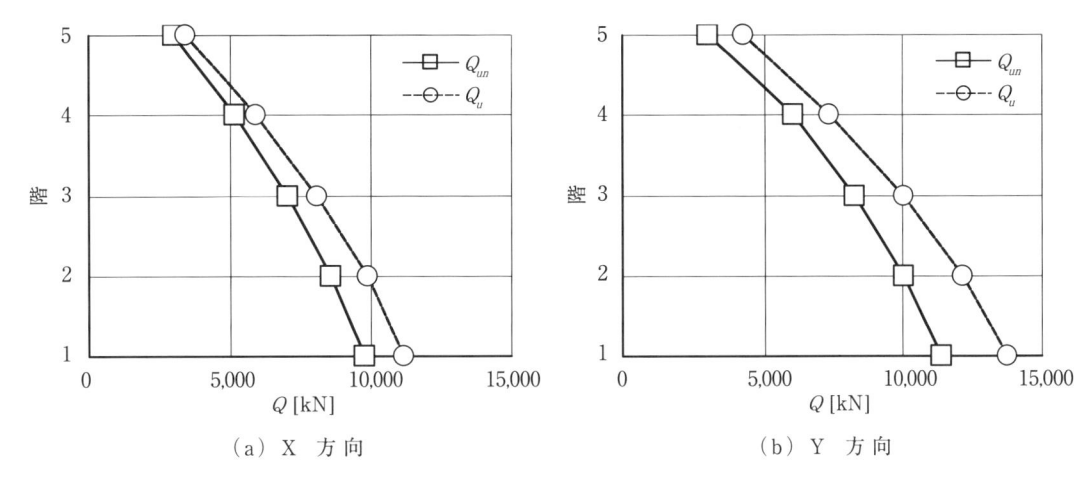

図 2.15　必要保有水平耐力と保有水平耐力の比較

表 2.17　必要保有水平耐力と保有水平耐力の比較

方向	階	D_s	F_e	F_s	F_{es}	Q_{ud} [kN]	Q_{un} [kN]	Q_u [kN]	Q_u/Q_{un}	判定
X	5	0.30	1.000	1.000	1.000	10,050	3,015	3,451	1.14	OK
	4	0.30	1.000	1.000	1.000	17,331	5,199	5,953	1.14	OK
	3	0.30	1.000	1.000	1.000	23,625	7,088	8,117	1.15	OK
	2	0.30	1.000	1.000	1.000	28,672	8,601	9,851	1.15	OK
	1	0.30	1.000	1.000	1.000	32,487	9,746	11,162	1.15	OK
Y	5	0.30	1.000	1.000	1.000	10,050	3,015	4,258	1.41	OK
	4	0.35	1.000	1.000	1.000	17,331	6,066	7,345	1.21	OK
	3	0.35	1.000	1.000	1.000	23,625	8,269	10,015	1.21	OK
	2	0.35	1.000	1.000	1.000	28,672	10,035	12,155	1.21	OK
	1	0.35	1.000	1.000	1.000	32,487	11,370	13,773	1.21	OK

2.10　ま と め

　本計算例において，建築物の保有水平耐力は，目標とした必要保有水平耐力に対して十分な余裕を有しているといえる．

　現実の建築物では本設計例のように整形な計画は少なく，構造設計者の意に反し不整形になりがちである．ピロティ建物の安全性はピロティ階でいかに耐力壁をバランスよく残せるかにかかっているので，構造計画の段階での調整が極めて重要である．

参 考 文 献

〔1〕 日本建築学会『鉄筋コンクリート構造計算規準・同解説』2010.
〔2〕 建築物の構造関係技術基準解説書編集委員会『2007年版 建築物の構造関係技術基準解説書』2007.
〔3〕 日本建築学会『鉄筋コンクリート構造計算用資料集』2002.
〔4〕 日本建築学会『建築工事標準仕様書・同解説 JASS5』「鉄筋コンクリート工事（2009年版）」, 2009.
〔5〕 日本建築学会『鉄筋コンクリート造配筋指針・同解説（2003年版）』2003.
〔6〕 日本建築学会『建築耐震設計における保有耐力と変形性能』1990.
〔7〕 日本建築学会関東支部『鉄筋コンクリート構造の設計―学びやすい構造設計』2002.
〔8〕 日本建築構造技術者協会『RC建築構造の設計』オーム社, 2004.

第3章　限界耐力計算による設計例

3.1　鉄筋コンクリート造10階建ての設計例

　第2章で取り上げた鉄筋コンクリート5階建ての事務所を，同じ平面で10階建てに変更した建築物で，限界耐力計算による設計を例示する．したがって，各階の積載荷重，仕上げ荷重等は前章で取り上げた例題と同じとする．ただし，10階建てにすることで，短辺方向の耐震壁を両方の妻側にも設けて，作用力を分散させている．また，構造的検討に限るので，エレベーター，避難階段など一般的な建築基準などの要求はここでは考慮していない．

　上部構造の設計を例示するために基礎の設計は省略するが，安全に設計された独立杭基礎が剛強な地中梁でつながっているものと想定する．

3.1.1　建築物の概要

地　　盤：所在地は関東地方で，地盤は第2種地盤を想定する．
建築物の構造と規模：鉄筋コンクリート構造，地上10階，地下なし．

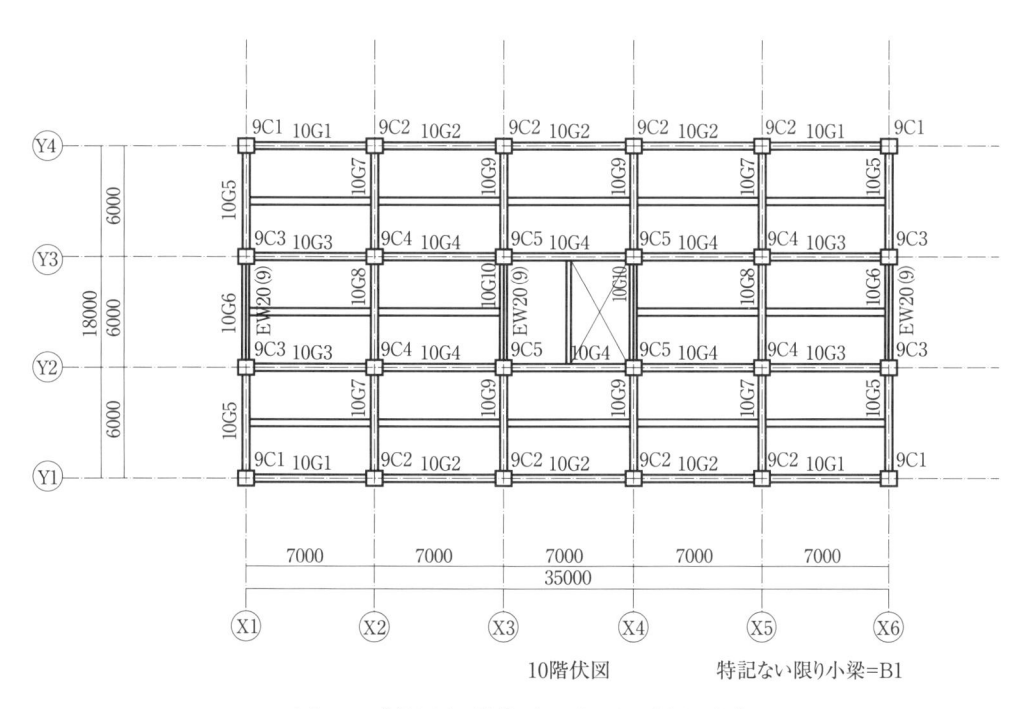

図3.1　略伏図（10階伏図−9階からの見上げ図）

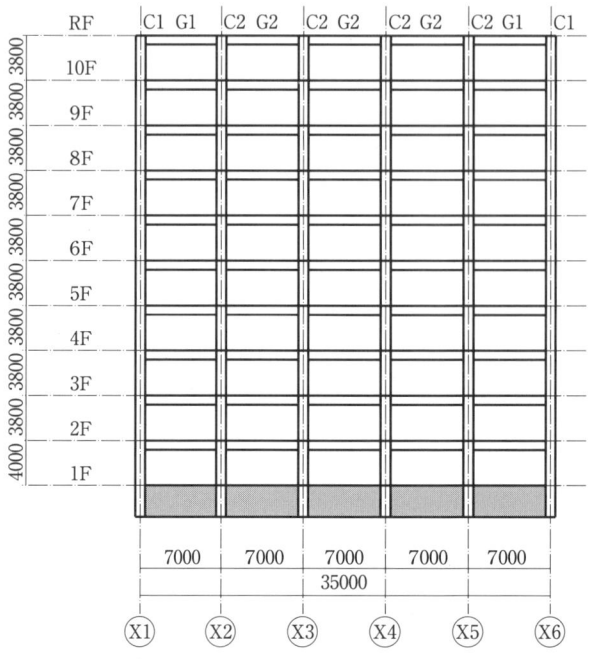

50 第 3 章　限界耐力計算による設計例

長辺方向　Y1 ラーメン, Y4 ラーメン（Y2, Y3 ラーメンも同じ架構形式）

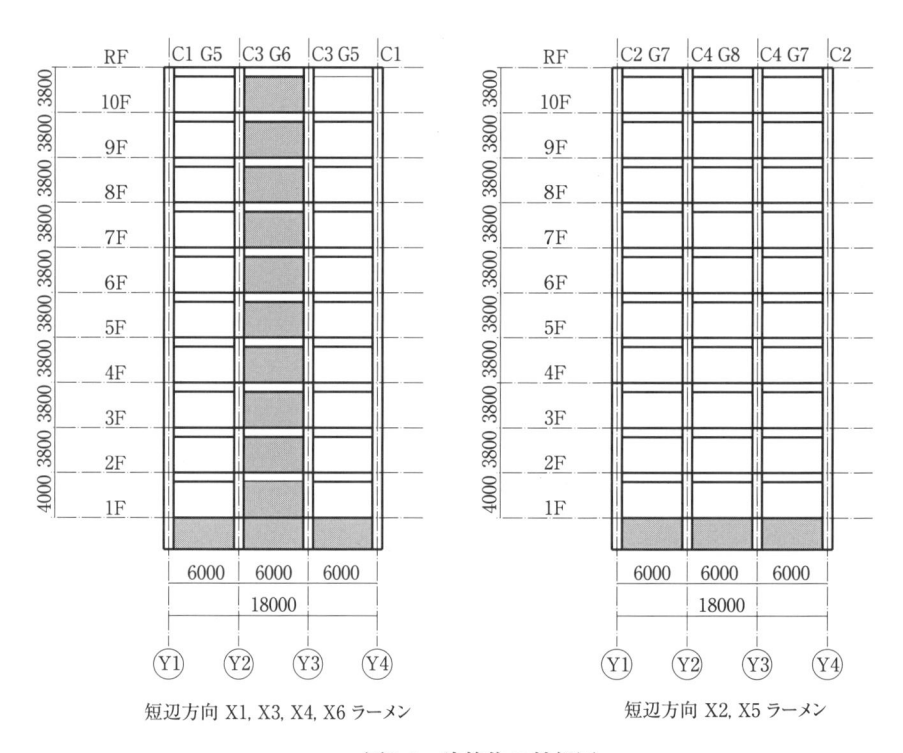

短辺方向 X1, X3, X4, X6 ラーメン　　　　　短辺方向 X2, X5 ラーメン

図 3.2　建築物の軸組図

建築面積 630 m^2, 延べ面積 6,300 m^2　　建築物の高さ：38.2 m

略　伏　図：図 3.1 は 10 階の略伏図である．全階とも同じである．小梁は，スパンの大きな大梁の負担が大きくならないように，スパンの小さな大梁にかけるように配置した．

略軸組図：柱の大きさは，90 cm×80 cm とし，純ラーメンの長辺方向の架構が剛となるような長方形断面の柱とした．長辺の X 方向は 4 つの並列の純ラーメンからなり，短辺の Y 方向は妻側と中央の合わせて 4 ラーメンに各 1 枚，合わせて 4 枚の連層耐震壁を対称配置した．

使 用 材 料：

コンクリート　　コンクリートは 1 階から 5 階を FC60.0，6 階から 8 階を FC48.0，9 階以上を FC42.0 を使用した．

表 3.1　使用コンクリートの諸定数

種類	F_c N/mm^2	f_c N/mm^2	f_s N/mm^2	f_a 上 N/mm^2	f_a 他 N/mm^2	f_b 上 N/mm^2	f_b 他 N/mm^2	γ kN/m^3	E kN/mm^2	G kN/mm^2	n
普通	42.0	14.00 28.00	0.91 1.37	2.02 3.03	3.05 4.55	1.04 1.56	1.30 1.95	23.5	28.51	11.88	11
普通	48.0	16.00 32.00	0.97 1.46	2.18 3.27	3.27 4.91	1.12 1.68	1.40 2.10	23.5	29.81	12.42	11
普通	60.0	20.00 40.00	1.09 1.64	2.50 3.75	3.75 5.63	1.28 1.92	1.60 2.40	24.0	33.50	13.95	9

* 上段は長期許容応力度，下段は短期許容応力度
* 鉄筋コンクリートの重量はコンクリートの単位容積重量 γ に 1.0 kN/m^3 を加算する．

鉄　筋　　使用する鉄筋はすべて異形鋼とし，太径，細物も含めて，すべて SD390 を用いた．径は大梁には D35 以下を用い，柱筋の最大径は D32 までとした．

設計と検証方針：

1. 下層階ほど高強度のコンクリートを用い，1～5 階を FC60，6～8 階 FC48，9 階以上 FC42 の 3 種の強度の異なるコンクリートを使用する．
2. 短辺方向に耐震壁を設けていることから，柱は長辺方向の剛性と強度を高めるために 90 cm×80 cm の長方形断面とする．
3. 限界耐力計算の例題として特定地盤を選定せず，第 2 種地盤とし，略算法による増幅率を用いて要求スペクトルを作成する．
4. 設計の検証は市販の一貫構造計算ソフト Super Build/SS3（ユニオンシステム（株））を用いた．
5. 限界耐力計算に先んじて，同ソフトにより許容応力度等設計法で，梁，柱の配筋を一旦決定した．

3.1.2 部材の配筋リスト

ここで，検証を重ね，何度も修正して，最終的に得られた柱，梁の配筋リストを図3.3，図3.4に示す．この配筋は，多くの試行錯誤を繰り返した結果である．損傷限界の検証，安全限界の検証は，「設計」された建築物の検証であるので，上記のラーメン形式，使用材料などによって以下に示す配筋を提案し，これに基づいて，建築物の損傷，安全の限界値を検証して目標値を達成したものである．そこで，このリストも，検証する建築物の概要に含まれているとの観点から最初に示す．

以下の断面リストの柱，梁の符号は，図3.1の床伏図に記載したので，参照されたい．

3.1.3 検証値の設定

限界変位の設定：

損傷限界変位　　長辺，短辺の両方向とも層の部材角を1/200とする．
　　　　　　　　ただし，計算は1/200に達する前に損傷耐力に達した．

安全限界変位　　5スパン純ラーメンの長辺方向は1/75とし，3スパンのラーメン構造で4つの架構に連層耐震壁のある短辺方向は1/100とする．

　　短辺方向も同じく1/75までは許されるが，短スパンで，スパン数も少なく，かつ4枚の耐震壁が重要な耐震要素であり，P-Δ効果，壁の脆性などを考慮して1/100を安全限界とした．

地 震 荷 重： 必要損傷及び安全限界荷重を算定する（4.5.1項1），2）参照）．

a) 各階床位置に作用する必要損傷限界時の荷重

地震時必要損傷限界

　　X方向正加力　　$Pd_i = 1.024 \cdot m_i \cdot Bd_i \cdot Z \cdot Gs/Td$　（$0.64 \leq Td$）　　$Td = 1.12$　　　（3.1）
　　Y方向正加力　　$Pd_i = 1.024 \cdot m_i \cdot Bd_i \cdot Z \cdot Gs/Td$　（$0.64 \leq Td$）　　$Td = 0.75$　　　（3.2）

　Pd_i：損傷限界時に各階に水平方向に生じる力
　m_i　：各階質量
　Bd_i：加速度の分布係数（固有値解析により求める．1～3次合成）
　Z　：地域係数(1.0)
　Gs　：表層地盤による加速度の増幅率（略算法により求める）
　Td　：損傷限界固有周期（この例題の Td の値は図3.13参照）

なお，$1.024/Td$ が解放工学的基盤の基準スペクトル S_0 のこの建築物の相当値である．

b) 各階床位置に作用する必要安全限界時の荷重

　　X方向負加力　　$Ps_i = 5.12 \cdot m_i \cdot Bs_i \cdot Fh \cdot Z \cdot Gs/Ts$　（$0.64 \leq Ts$）　$Ts = 1.46$　　（3.3）
　　Y方向負加力　　$Ps_i = 5.12 \cdot m_i \cdot Bs_i \cdot Fh \cdot Z \cdot Gs/Ts$　（$0.64 \leq Ts$）　$Ts = 1.22$　　（3.4）

　Ps_i：安全限界時に各階に水平方向に生じる力
　Bs_i：加速度の分布係数（固有値解析により求める．1～3次合成）

3.1 鉄筋コンクリート造10階建ての設計例

柱断面表

階	符号	C1	C2	C3	C4	C5
10	断面	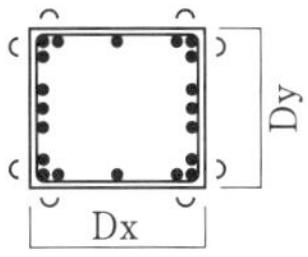 (Dx, Dy図)	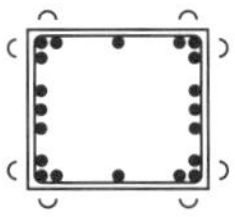	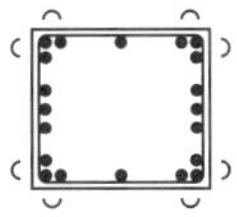	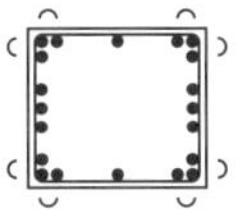	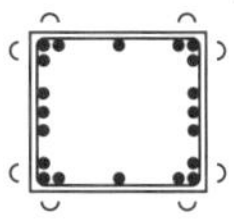
	Dx×Dy	900×800	900×800	900×800	900×800	900×800
	主筋	14-D29+6-D22	14-D29+6-D22	14-D29+6-D22	20-D29	14-D29+6-D22
	フープ	□-D13-@100	□-D13-@100	□-D13-@100	□-D13-@100	□-D13-@100
	備考					
9	断面	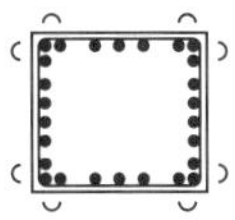	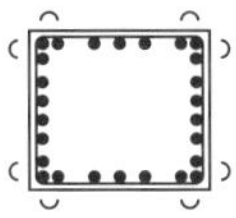	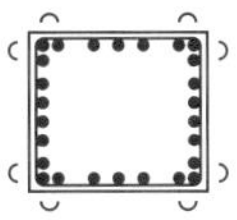		
	Dx×Dy	900×800	900×800	900×800	900×800	900×800
	主筋	26-D29	26-D29	26-D29	26-D29	26-D29
	フープ	□-D13-@100	□-D13-@100	□-D13-@100	□-D13-@100	□-D13-@100
	備考					
8	断面	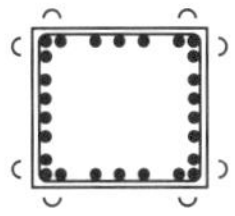	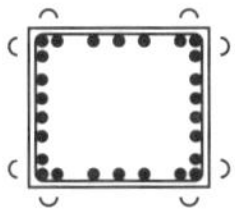	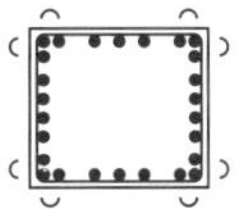	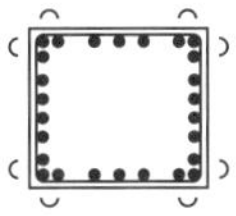	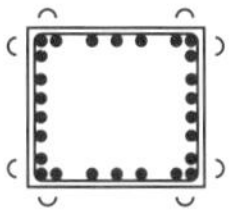
	Dx×Dy	900×800	900×800	900×800	900×800	900×800
	主筋	26-D29	26-D29	26-D29	26-D29	26-D29
	フープ	□-D13-@100	□-D13-@100	□-D13-@100	□-D13-@100	□-D13-@100
	備考					
7	断面	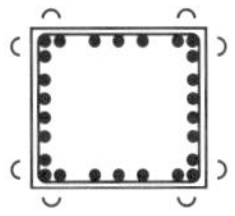	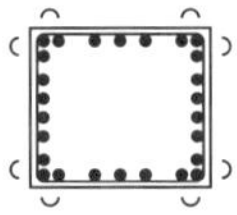	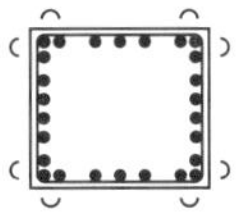		
	Dx×Dy	900×800	900×800	900×800	900×800	900×800
	主筋	26-D29	26-D29	26-D29	26-D29	26-D29
	フープ	□-D13-@100	□-D13-@100	□-D13-@100	□-D13-@100	□-D13-@100
	備考					
6	断面	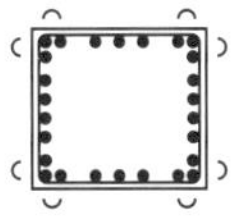	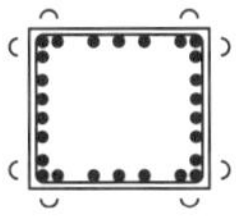	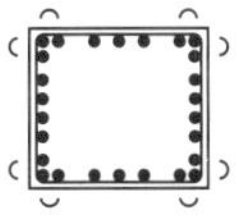	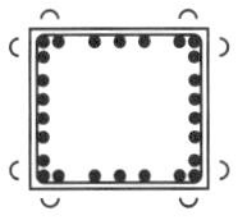	
	Dx×Dy	900×800	900×800	900×800	900×800	900×800
	主筋	26-D29	26-D29	26-D29	26-D29	26-D29
	フープ	□-D13-@100	□-D13-@100	□-D13-@100	□-D13-@100	□-D13-@100
	備考					

図3.3(その1)　柱断面リスト　　　　　　　〈は寄せ筋を示す

柱断面表						
階	符号	C1	C2	C3	C4	C5
5	断面	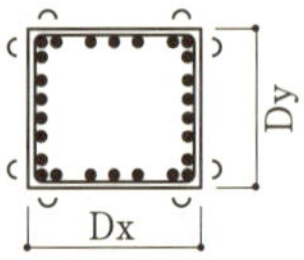		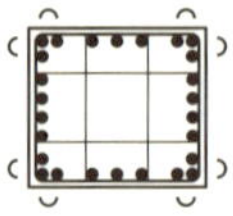		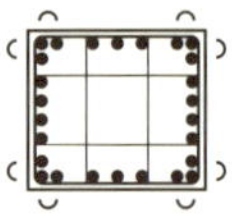
	Dx×Dy	900×800	900×800	900×800	900×800	900×800
	主筋	16-D32+10-D29	16-D32+10-D29	16-D32+10-D29	16-D32+10-D29	26-D29
	フープ	□-D13-@100	□-D13-@100	⊞-D13-@100	□-D13-@100	⊞-D13-@100
	備考					
4	断面	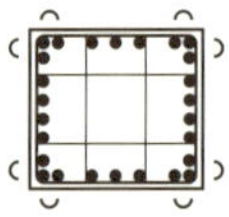	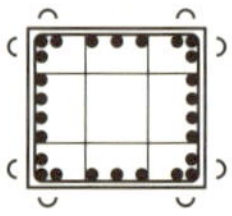	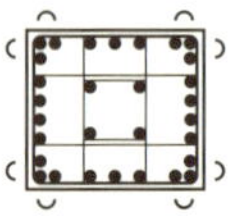	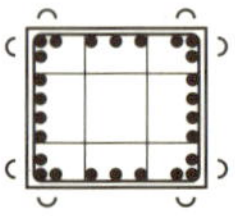	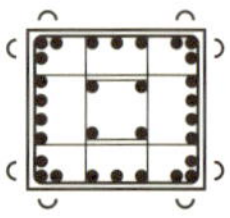
	Dx×Dy	900×800	900×800	900×800	900×800	900×800
	主筋	16-D32+10-D29	16-D32+10-D29	16-D32+10-D29	26-D32	26-D29
	フープ	⊞-D13-@100	⊞-D13-@100	⊞-D13-@100	⊞-D13-@100	⊞-D13-@100
	備考			芯鉄筋 4-D32		芯鉄筋 4-D32
3	断面	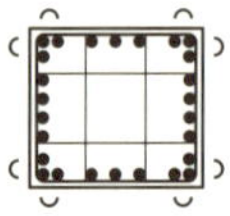	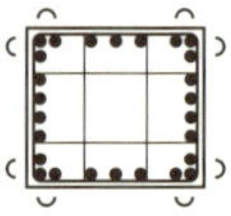	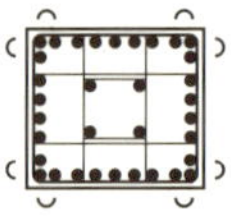	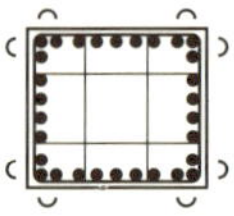	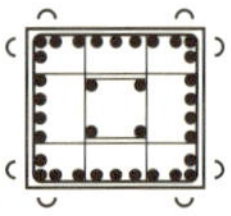
	Dx×Dy	900×800	900×800	900×800	900×800	900×800
	主筋	26-D32	26-D32	30-D32	30-D32	30-D32
	フープ	⊞-D13-@100	⊞-D13-@100	⊞-D13-@100	⊞-D13-@100	⊞-D13-@100
	備考			芯鉄筋 4-D32		芯鉄筋 4-D32
2	断面	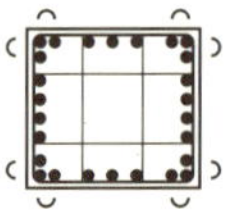	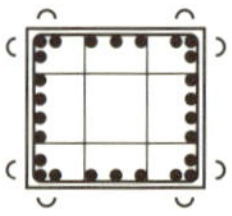	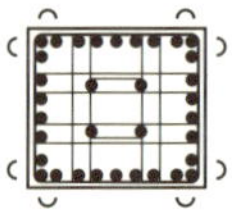	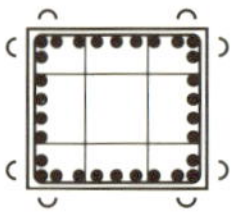	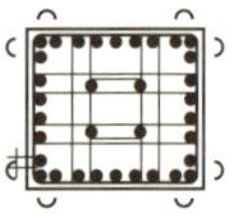
	Dx×Dy	900×800	900×800	900×800	900×800	900×800
	主筋	26-D32	26-D32	30-D32	30-D32	30-D32
	フープ	⊞-D13-@100	⊞-D13-@100	⊞-D13-@100	⊞-D13-@100	⊞-D13-@100
	備考			芯鉄筋 4-D32		芯鉄筋 4-D32
1	断面	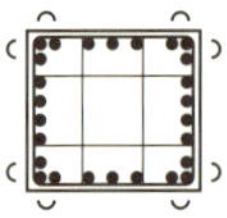	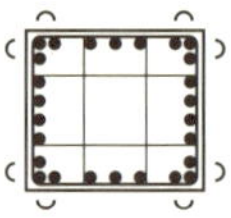	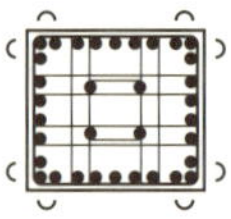	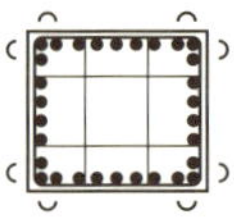	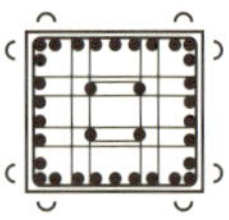
	Dx×Dy	900×800	900×800	900×800	900×800	900×800
	主筋	26-D32	26-D32	30-D32	30-D32	30-D32
	フープ	⊞-D13-@100	⊞-D13-@100	⊞-D13-@100	⊞-D13-@100	⊞-D13-@100
	備考			芯鉄筋 4-D32		芯鉄筋 4-D32

⌡ は寄せ筋を示す

図3.3（その2） 柱断面リスト

3.1 鉄筋コンクリート造10階建ての設計例

梁断面表

階	符号	G1		G2		G3		G4		G5	
	位置	端部	中央	端部	中央	端部	中央	端部	中央	端部	中央
R	断面	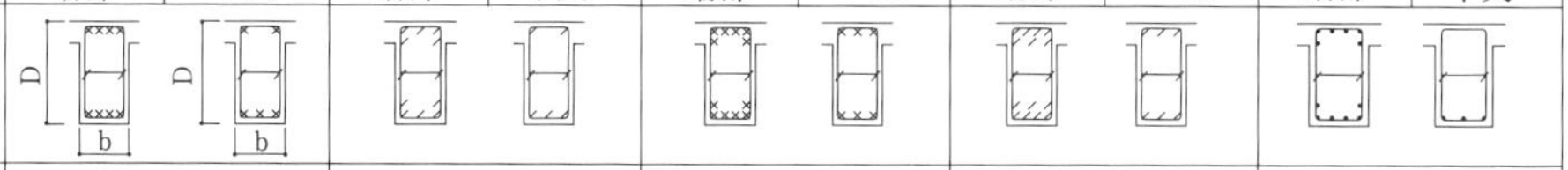									
	b+D	350×700		350×700		350×700		350×700		400×700	
	上端筋	4-D25	2-D25	5-D22	2-D22	6-D25	3-D25	7-D22	3-D22	6-D29	2-D29
	下端筋	4-D25	3-D25	5-D22	3-D22	6-D25	3-D25	7-D22	4-D22	6-D29	3-D29
	スタラップ	□-D13-@200		□-D13-@200		□-D13-@200		□-D13-@200		□-D13-@200	
	腹筋	2-D13		2-D13		2-D13		2-D13		2-D13	
	備考										
10	断面	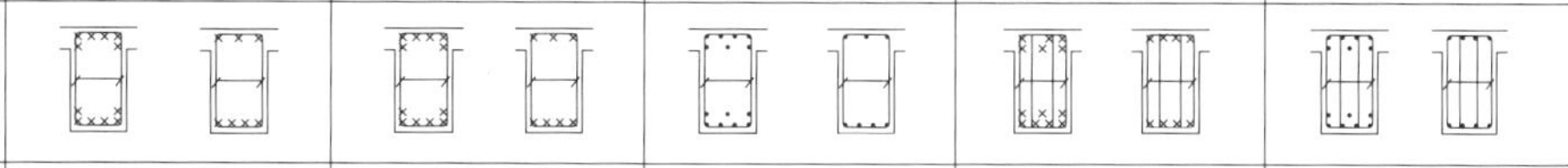									
	b+D	400×700		400×700		400×700		400×700		400×700	
	上端筋	6-D25	3-D25	5-D25	3-D25	7-D29	3-D29	7-D25	4-D25	6-D29	4-D29
	下端筋	6-D25	4-D25	5-D25	4-D25	7-D29	4-D29	7-D25	4-D25	6-D29	4-D29
	スタラップ	□-D13-@200		□-D13-@200		□-D13-@150		⊞-D13-@200		⊞-D13-@200	
	腹筋	2-D13		2-D13		2-D13		2-D13		2-D13	
	備考										
9	断面	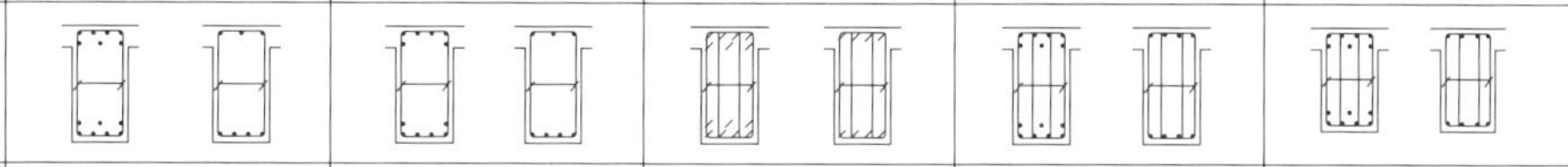									
	b+D	400×800		400×800		400×800		400×800		400×700	
	上端筋	6-D29	3-D29	6-D29	3-D29	7-D32	4-D32	7-D29	4-D29	6-D29	4-D29
	下端筋	6-D29	4-D29	6-D29	4-D29	7-D32	4-D32	7-D29	4-D29	6-D29	4-D29
	スタラップ	□-D13-@200		□-D13-@200		⊞-D13-@200		⊞-D13-@150		⊞-D13-@200	
	腹筋	2-D13		2-D13		2-D13		2-D13		2-D13	
	備考										
8	断面	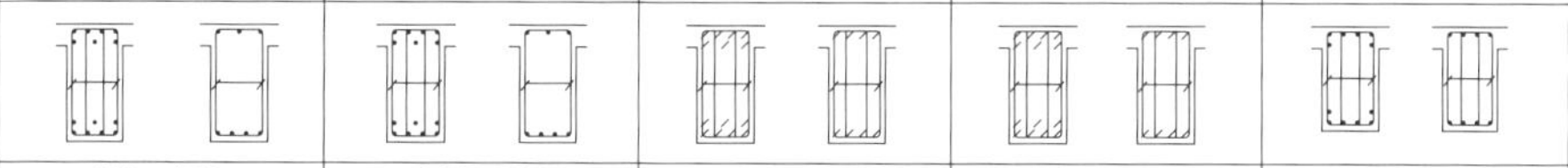									
	b+D	400×800		400×800		400×800		400×800		400×700	
	上端筋	7-D29	3-D29	7-D29	3-D29	7-D32	4-D32	7-D32	4-D32	6-D29	4-D29
	下端筋	7-D29	4-D29	7-D29	4-D29	7-D32	4-D32	7-D32	4-D32	6-D29	4-D29
	スタラップ	⊞-D13-@200		⊞-D13-@200		⊞-D13-@200		⊞-D13-@150		⊞-D13-@200	
	腹筋	2-D13		2-D13		2-D13		2-D13		2-D13	
	備考										
7	断面	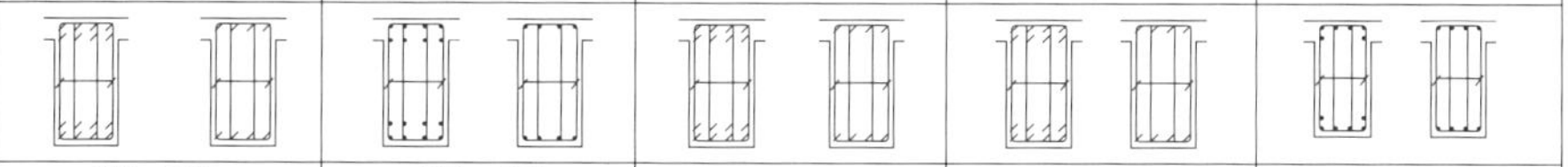									
	b+D	450×850		450×850		450×850		450×850		400×800	
	上端筋	8-D32	4-D32	8-D29	4-D29	8-D32	4-D32	8-D32	4-D32	6-D29	4-D29
	下端筋	8-D32	4-D32	8-D29	4-D29	8-D32	4-D32	8-D32	4-D32	6-D29	4-D29
	スタラップ	⊞-D13-@200		⊞-D13-@200		⊞-D13-@150		⊞-D13-@150		⊞-D13-@200	
	腹筋	2-D13		2-D13		2-D13		2-D13		2-D13	
	備考										
6	断面	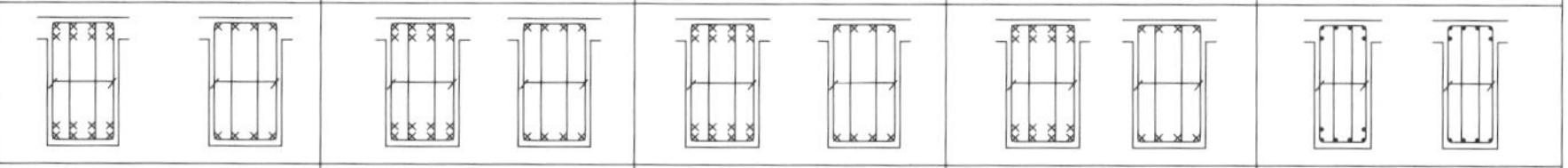									
	b+D	500×850		500×850		500×850		500×850		400×850	
	上端筋	8-D35	4-D35	8-D35	4-D35	8-D35	4-D35	8-D35	4-D35	6-D29	4-D29
	下端筋	8-D35	4-D35	8-D35	4-D35	8-D35	4-D35	8-D35	4-D35	6-D29	4-D29
	スタラップ	⊞-D13-@150		⊞-D13-@150		⊞-D13-@150		⊞-D13-@150		⊞-D13-@200	
	腹筋	2-D13		2-D13		2-D13		2-D13		2-D13	
	備考										

図3.4(その1)　梁断面リスト

梁断面表

階	符号	G1		G2		G3		G4		G5	
	位置	端部	中央	端部	中央	端部	中央	端部	中央	端部	中央
5	断面	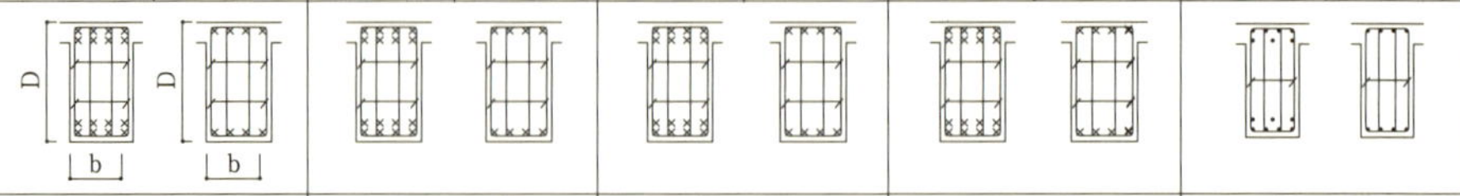									
	b+D	500×900		500×900		500×900		500×900		400×850	
	上端筋	8-D35	4-D35	8-D35	4-D35	8-D35	4-D35	8-D35	4-D35	6-D29	4-D29
	下端筋	8-D35	4-D35	8-D35	4-D35	8-D35	4-D35	8-D35	4-D35	6-D29	4-D29
	スタラップ	⎯-D13-@150		⎯-D13-@150		⎯-D13-@150		⎯-D13-@150		⎯-D13-@150	
	腹筋	4-D13		4-D13		4-D13		4-D13		2-D13	
	備考										
4	断面	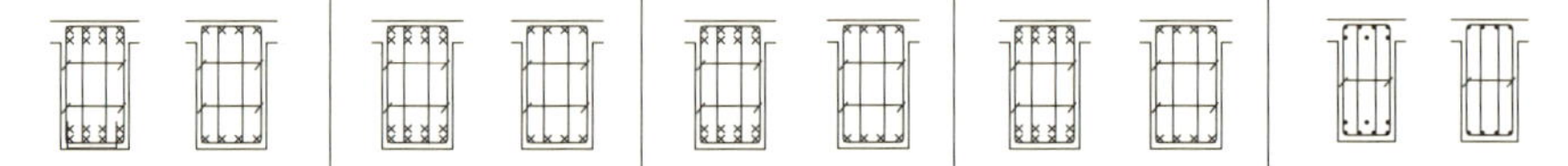									
	b+D	500×950		500×950		500×950		500×950		400×850	
	上端筋	8-D35	4-D35	8-D35	4-D35	8-D35	4-D35	8-D35	4-D35	7-D29	4-D29
	下端筋	8-D35	4-D35	8-D35	4-D35	8-D35	4-D35	8-D35	4-D35	7-D29	4-D29
	スタラップ	⎯-D13-@150		⎯-D13-@150		⎯-D13-@150		⎯-D13-@150		⎯-D13-@150	
	腹筋	4-D13		4-D13		4-D13		4-D13		2-D13	
	備考										
3	断面	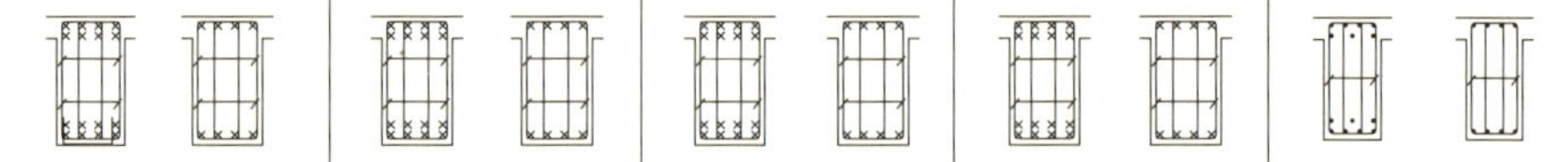									
	b+D	500×950		500×950		500×950		500×950		400×850	
	上端筋	8-D35	4-D35	8-D35	4-D35	8-D35	4-D35	8-D35	4-D35	7-D29	4-D29
	下端筋	8-D35	4-D35	8-D35	4-D35	8-D35	4-D35	8-D35	4-D35	7-D29	4-D29
	スタラップ	⎯-D13-@150		⎯-D13-@150		⎯-D13-@150		⎯-D13-@150		⎯-D13-@150	
	腹筋	4-D13		4-D13		4-D13		4-D13		2-D13	
	備考										
2	断面	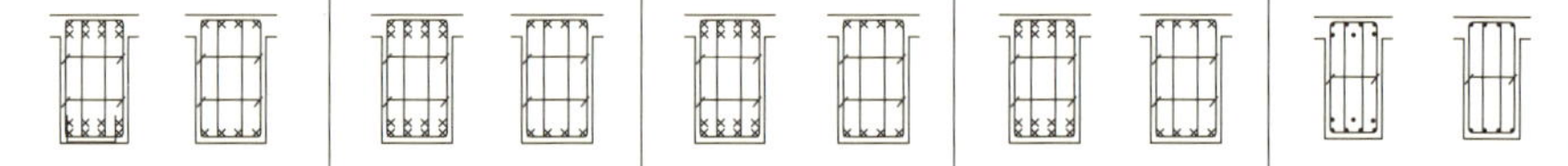									
	b+D	500×950		500×950		500×950		500×950		400×850	
	上端筋	8-D35	4-D35	8-D35	4-D35	8-D35	4-D35	8-D35	4-D35	7-D29	4-D29
	下端筋	8-D35	4-D35	8-D35	4-D35	8-D35	4-D35	8-D35	4-D35	7-D29	4-D29
	スタラップ	⎯-D13-@150		⎯-D13-@150		⎯-D13-@150		⎯-D13-@150		⎯-D13-@150	
	腹筋	4-D13		4-D13		4-D13		4-D13		2-D13	
	備考										
1	断面	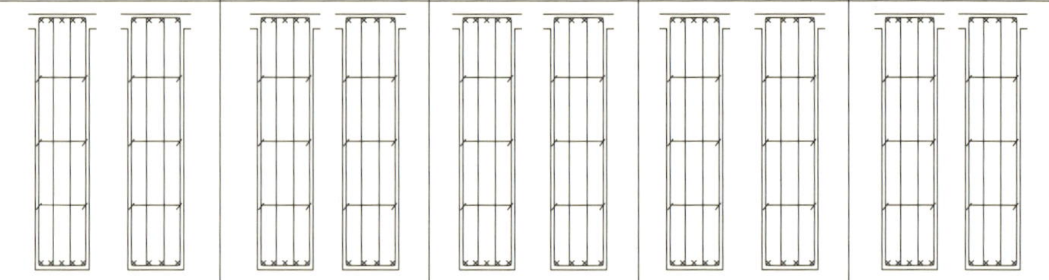									
	b+D	600×2700		600×2700		600×2700		600×2700		600×2700	
	上端筋	5-D35	4-D35	5-D35	4-D35	5-D35	4-D35	5-D35	4-D35	5-D35	4-D35
	下端筋	5-D35	4-D35	5-D35	4-D35	5-D35	4-D35	5-D35	4-D35	5-D35	4-D35
	スタラップ	⎯-D13-@150		⎯-D13-@150		⎯-D13-@150		⎯-D13-@150		⎯-D13-@150	
	腹筋	6-D13		6-D13		6-D13		6-D13		6-D13	
	備考										

図3.4（その2）　梁断面リスト

梁断面表

階	符号	G6		G7		G8		G9		G10	
	位置	端部	中央	端部	中央	端部	中央	端部	中央	端部	中央
R	断面	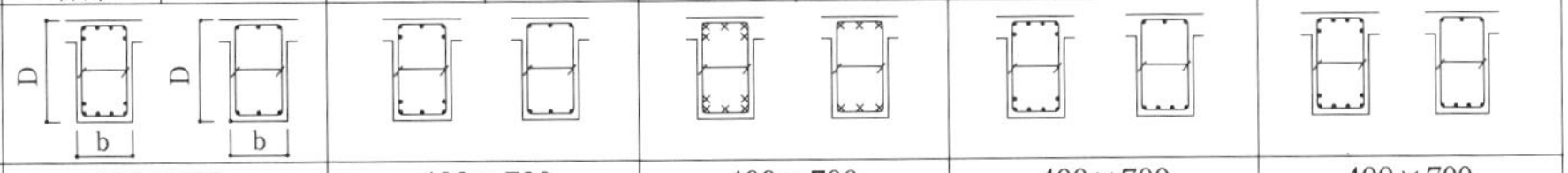									
	b+D	400×700		400×700		400×700		400×700		400×700	
	上端筋	6-D29	3-D29	5-D29	3-D29	5-D25	3-D25	6-D29	3-D29	6-D29	4-D29
	下端筋	6-D29	3-D29	5-D29	3-D29	5-D25	3-D25	6-D29	3-D29	6-D29	4-D29
	スタラップ	□-D13-@200		□-D13-@200		□-D13-@200		□-D13-@200		□-D13-@200	
	腹筋	2-D13		2-D13		2-D13		2-D13		2-D13	
	備考										
10	断面	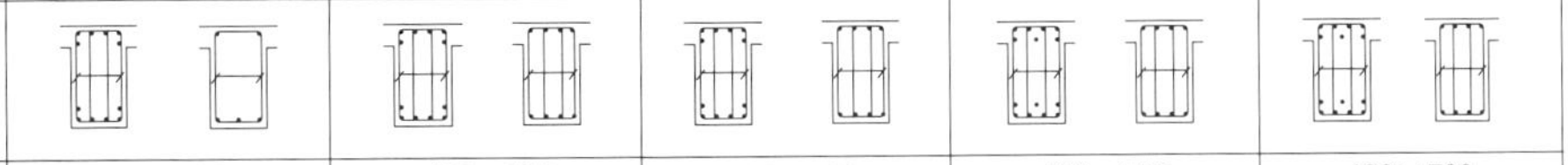									
	b+D	400×700		400×700		400×700		400×700		400×700	
	上端筋	6-D29	3-D29	6-D29	4-D29	6-D29	4-D29	7-D29	4-D29	7-D29	4-D29
	下端筋	6-D29	3-D29	6-D29	4-D29	6-D29	4-D29	7-D29	4-D29	7-D29	4-D29
	スタラップ	⫴-D13-@200		⫴-D13-@200		⫴-D13-@200		⫴-D13-@200		⫴-D13-@200	
	腹筋	2-D13		2-D13		2-D13		2-D13		2-D13	
	備考										
9	断面	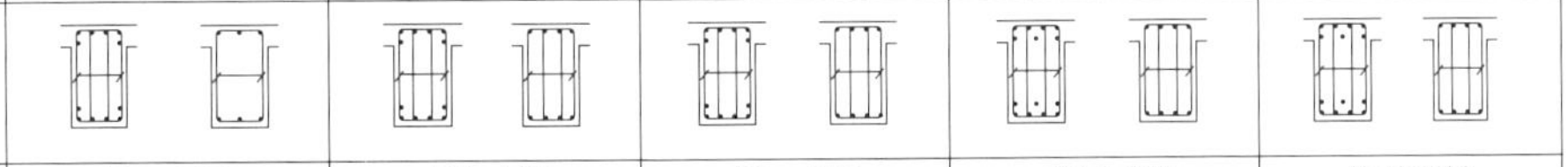									
	b+D	400×700		400×700		400×700		400×700		400×700	
	上端筋	6-D29	3-D29	6-D29	4-D29	6-D29	4-D29	7-D29	4-D29	7-D29	4-D29
	下端筋	6-D29	3-D29	6-D29	4-D29	6-D29	4-D29	7-D29	4-D29	7-D29	4-D29
	スタラップ	⫴-D13-@200		⫴-D13-@200		⫴-D13-@200		⫴-D13-@150		⫴-D13-@200	
	腹筋	2-D13		2-D13		2-D13		2-D13		2-D13	
	備考										
8	断面	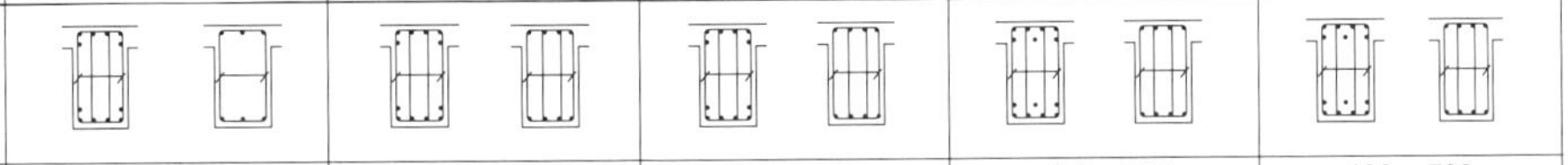									
	b+D	400×700		400×700		400×700		400×700		400×700	
	上端筋	6-D29	3-D29	6-D29	4-D29	6-D29	4-D29	7-D29	4-D29	7-D29	4-D29
	下端筋	6-D29	3-D29	6-D29	4-D29	6-D29	4-D29	7-D29	4-D29	7-D29	4-D29
	スタラップ	⫴-D13-@200		⫴-D13-@200		⫴-D13-@200		⫴-D13-@150		⫴-D13-@150	
	腹筋	2-D13		2-D13		2-D13		2-D13		2-D13	
	備考										
7	断面	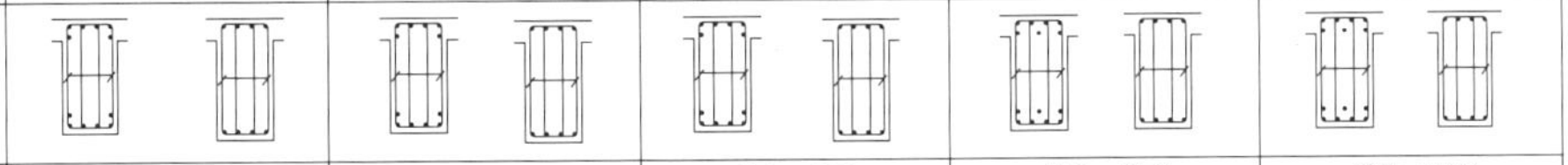									
	b+D	400×800		400×800		400×800		400×800		400×800	
	上端筋	6-D29	4-D29	6-D29	4-D29	6-D29	4-D29	7-D29	4-D29	7-D29	4-D29
	下端筋	6-D29	4-D29	6-D29	4-D29	6-D29	4-D29	7-D29	4-D29	7-D29	4-D29
	スタラップ	⫴-D13-@200		⫴-D13-@200		⫴-D13-@200		⫴-D13-@150		⫴-D13-@150	
	腹筋	2-D13		2-D13		2-D13		2-D13		2-D13	
	備考										
6	断面	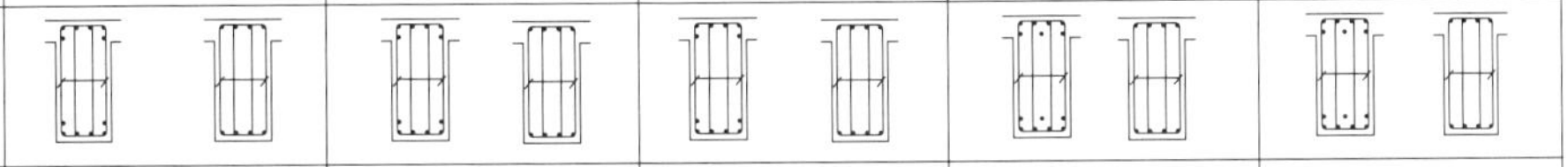									
	b+D	400×850		400×850		400×850		400×850		400×850	
	上端筋	6-D29	4-D29	6-D29	4-D29	6-D29	4-D29	7-D29	4-D29	7-D29	4-D29
	下端筋	6-D29	4-D29	6-D29	4-D29	6-D29	4-D29	7-D29	4-D29	7-D29	4-D29
	スタラップ	⫴-D13-@200		⫴-D13-@200		⫴-D13-@200		⫴-D13-@150		⫴-D13-@150	
	腹筋	2-D13		2-D13		2-D13		2-D13		2-D13	
	備考										

図3.4(その3)　梁断面リスト

58　第3章　限界耐力計算による設計例

梁断面表

階	符号	G6		G7		G8		G9		G10	
	位置	端部	中央	端部	中央	端部	中央	端部	中央	端部	中央
5	断面	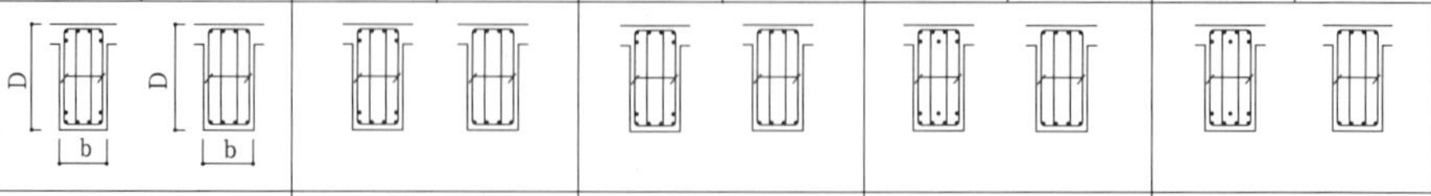									
	b+D	400×850		400×850		400×850		400×850		400×850	
	上端筋	6-D29	4-D29	6-D29	4-D29	6-D29	4-D29	7-D29	4-D29	7-D29	4-D29
	下端筋	6-D29	4-D29	6-D29	4-D29	6-D29	4-D29	7-D29	4-D29	7-D29	4-D29
	スタラップ	⊞-D13-@150		⊞-D13-@150		⊞-D13-@150		⊞-D13-@150		⊞-D13-@150	
	腹筋	2-D13		2-D13		2-D13		2-D13		2-D13	
	備考										
4	断面	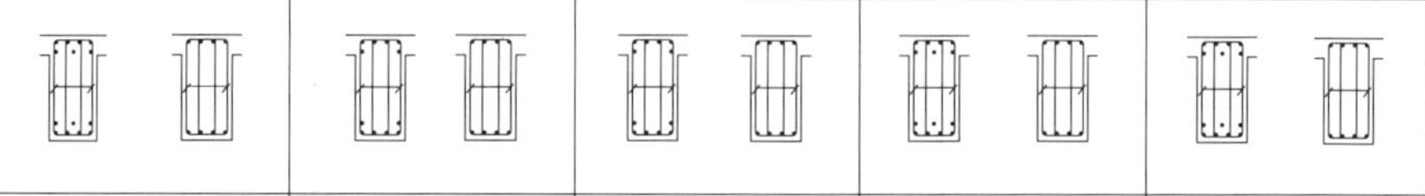									
	b+D	400×850		400×850		400×850		400×850		400×850	
	上端筋	7-D29	4-D29	6-D29	4-D29	6-D29	4-D29	7-D29	4-D29	7-D29	4-D29
	下端筋	7-D29	4-D29	6-D29	4-D29	6-D29	4-D29	7-D29	4-D29	7-D29	4-D29
	スタラップ	⊞-D13-@150		⊞-D13-@150		⊞-D13-@150		⊞-D13-@150		⊞-D13-@150	
	腹筋	2-D13		2-D13		2-D13		2-D13		2-D13	
	備考										
3	断面	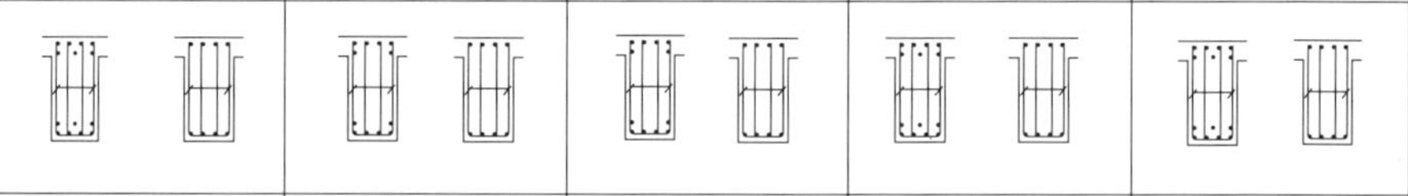									
	b+D	400×850		400×850		400×850		400×850		400×850	
	上端筋	7-D29	4-D29	6-D29	4-D29	6-D29	4-D29	7-D29	4-D29	7-D29	4-D29
	下端筋	7-D29	4-D29	6-D29	4-D29	6-D29	4-D29	7-D29	4-D29	7-D29	4-D29
	スタラップ	⊞-D13-@150		⊞-D13-@150		⊞-D13-@150		⊞-D13-@150		⊞-D13-@150	
	腹筋	2-D13		2-D13		2-D13		2-D13		2-D13	
	備考										
2	断面	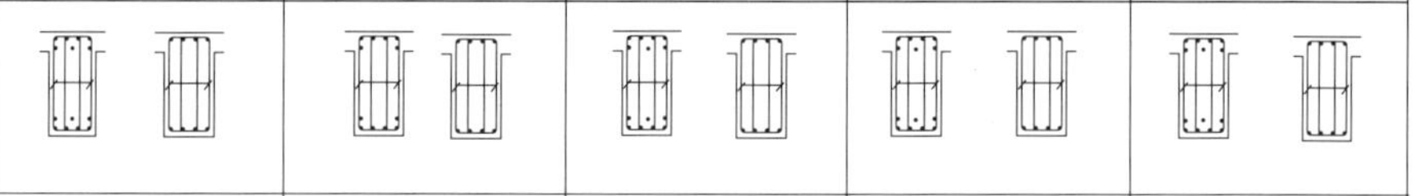									
	b+D	400×850		400×850		400×850		400×850		400×850	
	上端筋	7-D29	4-D29	6-D29	4-D29	6-D29	4-D29	7-D29	4-D29	7-D29	4-D29
	下端筋	7-D29	4-D29	6-D29	4-D29	6-D29	4-D29	7-D29	4-D29	7-D29	4-D29
	スタラップ	⊞-D13-@150		⊞-D13-@150		⊞-D13-@150		⊞-D13-@150		⊞-D13-@150	
	腹筋	2-D13		2-D13		2-D13		2-D13		2-D13	
	備考										
1	断面	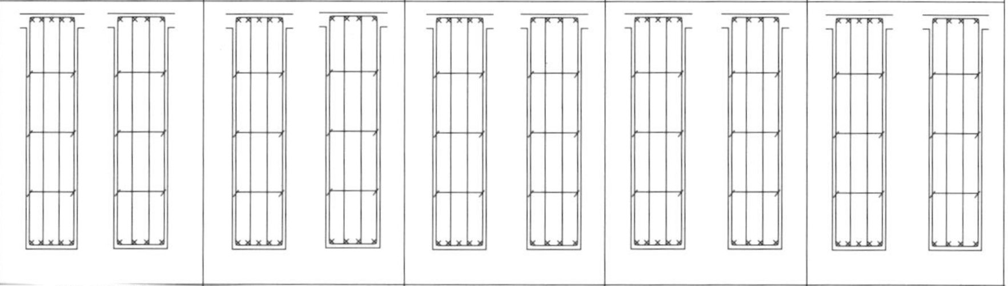									
	b+D	600×2700		600×2700		600×2700		600×2700		600×2700	
	上端筋	5-D35	4-D35	5-D35	4-D35	5-D35	4-D35	5-D35	4-D35	5-D35	4-D35
	下端筋	5-D35	4-D35	5-D35	4-D35	5-D35	4-D35	5-D35	4-D35	5-D35	4-D35
	スタラップ	⊞-D13-@150		⊞-D13-@150		⊞-D13-@150		⊞-D13-@150		⊞-D13-@150	
	腹筋	5-D13		6-D13		6-D13		6-D13		6-D13	
	備考										

図3.4(その4)　梁断面リスト

Fh ：振動の減衰による加速度の低減率 $(1.5/(1+10h))$
h ：建築物の減衰性を表す数値（建築物に生ずる水平力と変位から求める）
Gs ：表層地盤による加速度の増幅率（略算法により求める）
Ts ：安全限界固有周期（この例題の Ts は図3.13参照）

なお，$5.12/Ts$ が解放工学的基盤の基準スペクトル S_0 で，この建築物に対する相当値である．

3.1.4　地震時損傷限界の検証

(1)　検　証　方　針

損傷限界条件：

損傷限界の定義　　耐震壁のひび割れ，付着，接合部，浮き上がりについては損傷限界としては定義しない．

損傷限界固有周期　　損傷限界固有周期 Td と加速度の分布係数を求める．加速度の分布係数は固有値解析により1～3次の合成で求める．[注1)]

　告示建告1457第四にしたがって，分布係数 Bd_i は固有値解析で計算を行った．ただし，一旦，bd_i 分布で計算し，損傷限界，安全限界ともクリヤーできたことを確認した上で，固有値解析による方法を選択した．bd_i で計算してクリヤーしたのとまったく同じ建築物を固有値の1次振動型だけを用いて，検証したところ，ほぼ同じような応答で断面や鉄筋量を変えることなく，クリヤーした．ヒンジの発生は双方とも，すべての層の梁端部でヒンジが発生して，ほぼ全体崩壊型であった．

　そこで，まったく同じ構造体で固有値を3次まで合成して計算したところ，長辺方向の安全限界耐力が不足した．また，塑性ヒンジの発生パターンもかわり，上層の数階にヒンジが発生せず，理想的な全体崩壊の状態にはならなかった．

　そこで，設計変更として，安全限界耐力を確保することと，全体崩壊型となるように，多くのケーススタディー後，下層の梁，長辺方向の2～4階の梁の梁丈を90 cmから95 cmに変更して計算しなおしたところ，安全限界をクリヤーし，ヒンジも全体崩壊の形で生じた．

　以上，この設計例において高さ方向の加速度の分布に bd_i を用いるか，固有値を3次まで合成して計算するかで，梁丈を変更するなど構造体が変ってくることを確認したので，以下では，固有値解析により，3次までの合成によって，検証した結果で解説する．

荷重増分　　長辺，短辺両方向とも下記のように設定した．

・弾性解析時における必要損傷限界耐力までのステップ数100
・荷重増分量の分割方法　　　　等分割　　　0.4/200

　　ステップ数，荷重増分の分割方法は計算精度にかかわる．上記のステップで，固有値1～3次の合成の計算で，計算時間9時間14分を要した．その後，ステップ数50，0.4/50，固有値1～3次の合成の計算で3時間38分であったが，結果にほとんど差はなかった．bd_i あるいは固有値1次のみでの計算は1時間程度である．もちろん，この所要時間は，コンピュータの容量や処理速度によって異なるので，ここで記した時間数はあまり重要ではなく，計算設定法の差を相対的に認識する程度の意味しかない．

注1)　加速度の分布係数 Bd_i は，建告1457第四で，5階までの建築物は，1981年新耐震設計法以来用いられている A_i 分布から導かれた係数 bd_i を用いて計算できるとされている．一方，5階を超える建築物は，建築物の損傷限界時の各階の変形に基づき，損傷限界固有周期に応じた刺激関数によって計算する，と規定されている．しかしながら，設計の現場での実情は分からないが，多くの著書で取り上げられている例題では，この告示の規定は必ずしも守られてはいない．

・重心並びに最大の層間変形角　　　1/200
　　　損傷限界の層間変形角は木造以外は基本的に 1/200 と規定されている（4.3 節参照）．
・剛床回転の拘束　　　　　　　　考慮しない
地盤条件：
　・表層地盤による加速度の増幅率 Gs は略算法による（第 2 種地盤）．
　・スウェイ・ロッキングは考慮しない．
　・地表面から基礎底面までの深さは 2.7 m．（ただし基礎の計算はここでは省略する．）

(2)　損傷限界耐力の算定

損傷限界時までの荷重変形曲線

　損傷限界として漸増載荷によってラーメン内のいずれかの応力度が短期許容応力度に達した時点を定義する．図 3.7 の左図は，長辺方向で短期許容応力度に達した部材の位置が中通りの Y2，Y4 ラーメンの 3 階梁の外端部に，右図は短辺方向 X3 ラーメンの中側耐震壁の 4 階の境界梁の位置が短期許容応力度に達したことを示している．

　また，図 3.5 の 2 つの図中の●印はこのように最初に損傷が発生した時の各層の層せん断力と層間変形角を示している．

損傷限界耐力

　損傷限界耐力は上記の損傷状態に達した時の 1 階の層せん断力，すなわちベースシアの大きさであらわす．したがって，図 3.5 から読み取ると明らかなように，長辺方向で約 $Qd=21,500$ kN（正確には表 3.3 から 21,708 kN），短辺方向で約 $Qd=26,000$ kN（表 3.3 から 25,650 kN）である．図 3.5 が各層の層間変形角と各層の層せん断力の関係を示しているのに対して，図 3.8 は各層の層せん断力のみの分布を示しており，これからも 1 階の層せん断力が上記の Qd であることが分かる．

　後述の 3.1.5 項(4)安全限界の検証の図 3.13 の Sa-Sd 曲線に示されている損傷限界時の限界値は，図 3.5 の各層の●印の力と変位からモード法により 1 自由度に置換してえられる．

　図 3.13 の Sa-Sd 曲線（特性曲線＝本ソフトは「建物全体の耐力曲線」と記している）は図 3.5 の損傷に至るまでの荷重漸増によって得られる各載荷段階（ステップ）時の各層の変形を 1 次の振動モードとして漸増載荷のステップごとに 1 自由度に置換して得られたものである（ただし，図 3.5 の変形角を各層の水平変位に変更して，あるステップの載荷に対する 10 層建築物の変形状態を作る）．

　一方図 3.5 の○印の応答値は，逆に図 3.13 中の 1 自由度の損傷限界時地震力から，モード法により，各層の変位を求めたものである．

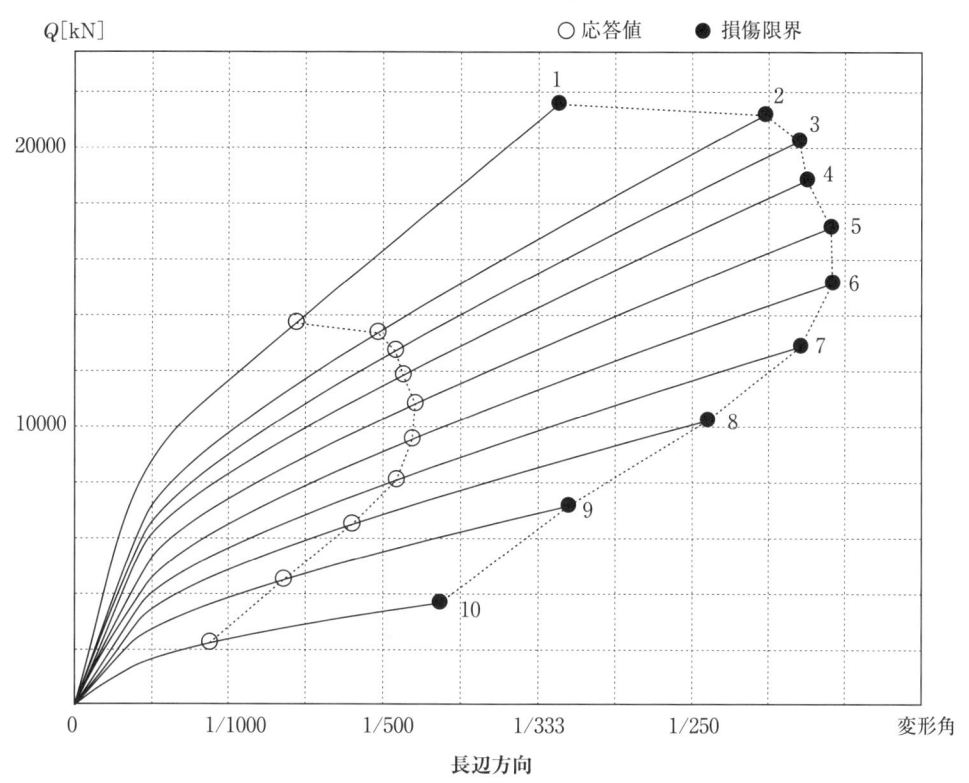

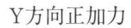

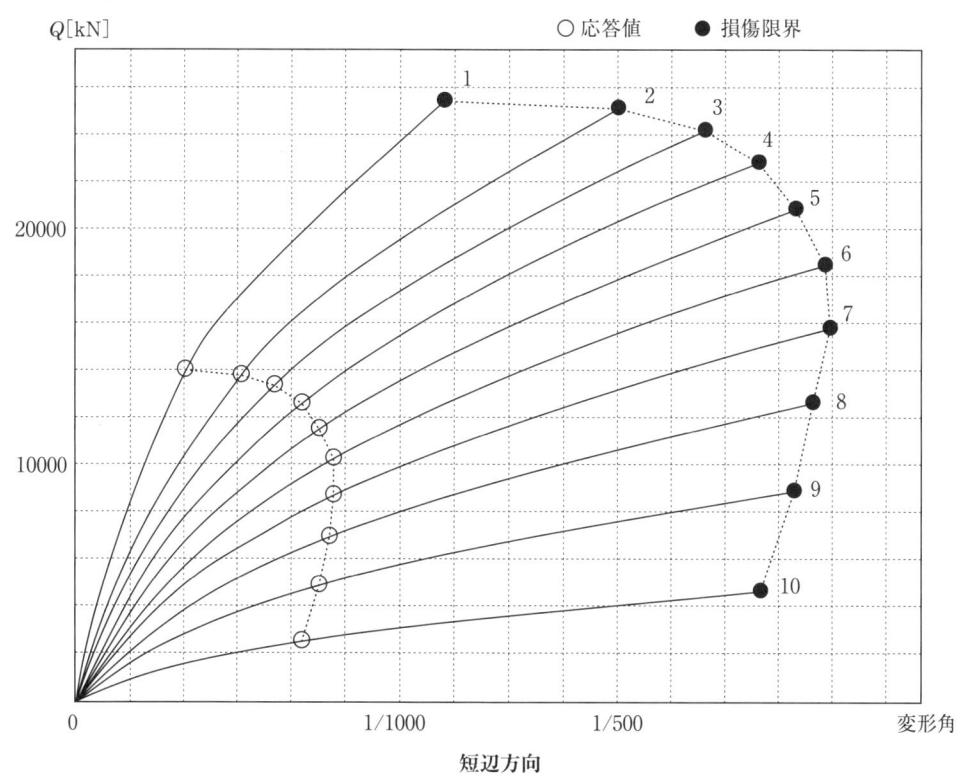

3.1 鉄筋コンクリート造10階建ての設計例　61

X方向正加力

図3.5　損傷限界と応答値

(3) 必要損傷限界耐力の計算

必要損傷限界耐力

損傷限界を検証する基準となるもの，それが必要損傷限界耐力 Qdn である．この例題の必要損傷限界耐力の計算は，表 3.2 に示されている．この表を用いて，計算法を理解しよう．

先に述べた，3.1.3 項「地震荷重」の a) 各階床位置に作用する必要損傷限界時の荷重 Pd_i の計算式で求める．

たとえば，長辺方向（X 方向）の各階に生ずる地震力は，(3.1) 式のように次式で求められる．

$$Pd_i = 1.024 \cdot m_i \cdot Bd_i \cdot Z \cdot Gs/Td \quad (0.64 \leq Td) \quad Td = 1.12$$

表 3.2 に示されている計算結果，$i=10$，$i=8$ すなわち 10 階と 8 階の床位置の地震力 Pd_i を求めてみる．電卓での確認と表 3.2 の値に微妙な差はあるものの，こうして計算方法を理解できる．

・$1.024/Td = 1.024/1.12 = 0.914 = S_0 \, (Td=1.12)$，$Td = 1.12$

10 階：建築物の固有周期を T（ここでは $T=Td$）として，

・$m_{10} = 629.2$，$Bd_i = 1.632$，$Z = 1.0$

・$Gs = gv \, (T_u < T) \quad T_u = 0.64(2.025/1.5) = 0.864 < Td = 1.12 \therefore 2.025$

　　第 2 種地盤（本書 4.5.1 項の「表層地盤の増幅率と要求スペクトル」を参照）

$Pd_{10} = 0.914 \cdot 629.2 \cdot 1.633 \cdot 1.0 \cdot 2.025 = 1900.6$……表 3.2 は 1901.9 kN

8 階：

・$m_8 = 760.8$，$Bd_i = 1.153$ 他は同じである．

$Pd_8 = 0.914 \cdot 760.8 \cdot 1.153 \cdot 1.0 \cdot 2.025 = 1623.6$……表 3.2 は 1624.0

その他の階の Pd_i，あるいは Qdn_i について，表 3.2 をみながら，確認されることを勧める．

各層の必要層せん断力 Qdn_i は，当該層から上の Pd_i を加算することによって得られるが，このうちの 1 階の層せん断力が必要損傷限界耐力である．

以下は，これらを理解するための図表である．

表層地盤の増幅率 Gs

図 3.6 は，Pd_i の計算式中の増幅率 Gs をあらわしており，図中に長辺，短辺方向の Td に対応する値が中に〇と□印で示される．すでに述べているように，本計算例では，略算法による増幅率 Gs を採用しており，上に示したように長辺方向は，損傷限界固有周期 $Td=1.12$ によって $Gs = gv = 2.025$ となる（本書 4.5.1 項の「表層地盤の増幅率と要求スペクトル」を参照）．

他方，下式の短辺方向 Pd_i を計算するための Gs を求めてみる．

短辺方向正，正加力　$Pd_i = 1.024 \cdot m_i \cdot Bd_i \cdot Z \cdot Gs/Td \quad (0.64 \leq Td) \quad Td = 0.75$

$\quad T_u = 0.64 \, (gv/1.5) = 0.64 \, (2.025/1.5) = 0.864 > 0.75$（表 4.3 参照）

$\quad Gs = 1.5 \, (T/0.64) = 1.5 \, (0.75/0.64) = 1.76$

短辺方向は図 3.6 に示されるように $Gs = 1.5 \, (T/0.64)$ の固有周期 T に比例して値が大きく

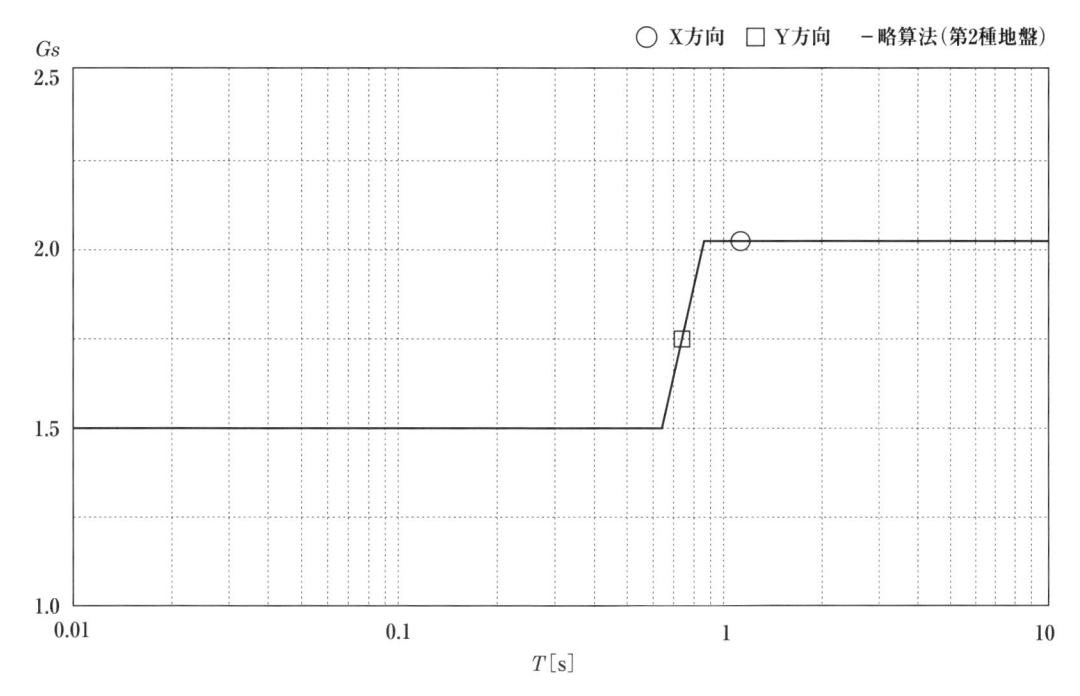

図3.6 損傷限界時の表層地盤簡易増幅率Gsと損傷限界固有周期Td

なる領域にあり，本設計例では，長辺方向と短辺方向で表層地盤の増幅率の値が異なることに注目する．

これは，地盤と建築物の固有周期との関係の重要性を示唆している．

短辺方向のPd_iの計算の確認は，長辺方向と同じであるので省略する．

損傷限界時の必要層せん断力計算表

表3.2のQdn_iは，損傷限界時の必要層せん断力の計算結果を示したものである．

すでに，上に例示したように，式$Pd_i=1.024 \cdot m_i \cdot Bd_i \cdot Z \cdot Gs/Td$に基づいて，$Pd_i$を求めるのであるが，この設計例の$Bd_i$は形式的には1～3次の固有値を加え合わせた刺激関数から求めたものである．

損傷位置の発生

損傷限界を決定するために載荷ステップごとに梁柱についてはM/Ma，Q/Qaを，耐震壁については壁中央のQ/Qaを計算し，もっとも早くその比が1になった載荷ステップを損傷限界時とする．ここでMは作用曲げモーメント，Maは短期許容曲げモーメント，Qは作用せん断力，Qaは短期許容せん断力である．

すでに述べたように，本例題の場合，図3.7に示した長辺方向，短辺方向とも●の位置の梁端部の曲げモーメントが短期許容応力度に達しており，この載荷ステップ時が損傷限界である．

表3.2 損傷限界時の必要層せん断力

X方向正加力

階	m_i [t]	Bd_i	Pd_i [kN]	Qdn_i [kN]
10	629.2	1.633	1901.9	1901.9
9	747.3	1.367	1892.1	3793.9
8	760.8	1.153	1624.0	5417.9
7	760.8	0.986	1389.0	6807.0
6	789.0	0.841	1227.8	8034.8
5	805.3	0.706	1052.4	9087.2
4	824.7	0.585	893.6	9980.7
3	834.8	0.468	722.6	10703.3
2	834.8	0.322	497.9	11201.2
1	840.8	0.147	228.0	11429.2

Y方向正加力

階	m_i [t]	Bd_i	Pd_i [kN]	Qdn_i [kN]
10	629.2	1.727	2608.4	2608.4
9	747.3	1.345	2412.8	5021.1
8	760.8	1.141	2082.6	7103.7
7	760.8	0.979	1788.3	8892.0
6	789.0	0.822	1556.1	10448.1
5	805.3	0.674	1302.1	11750.1
4	824.7	0.537	1063.1	12813.2
3	834.8	0.399	799.7	13612.9
2	834.8	0.252	505.7	14118.6
1	840.8	0.109	220.2	14338.8

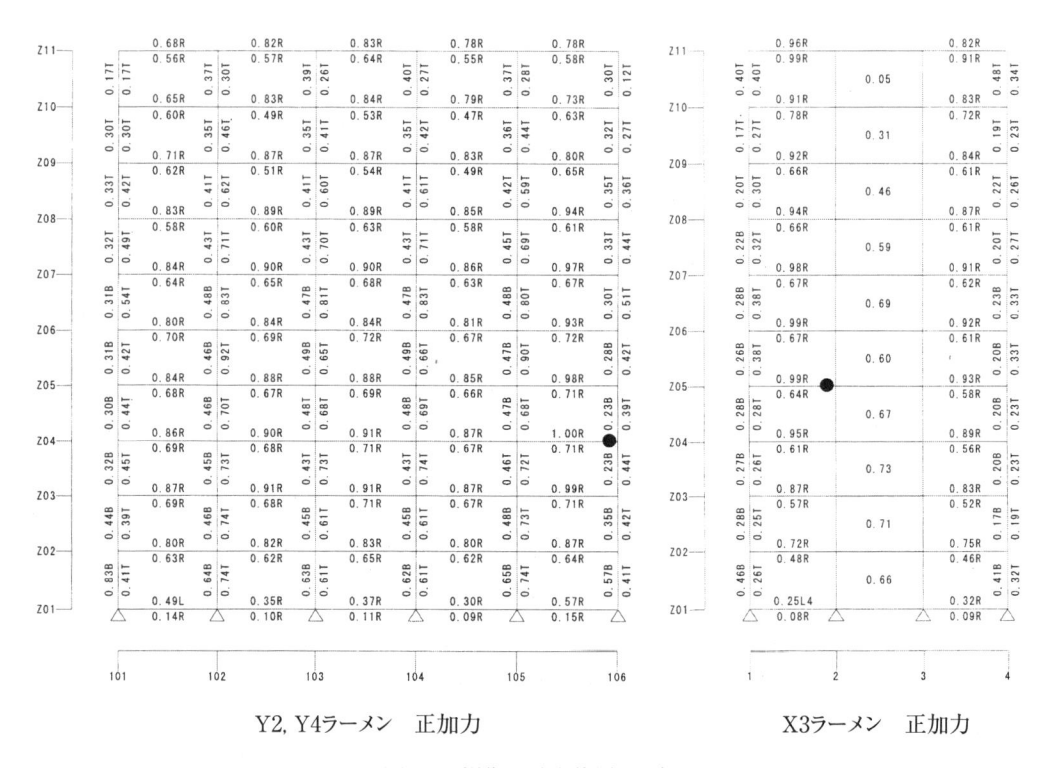

Y2, Y4ラーメン　正加力　　　　　X3ラーメン　正加力

図3.7　損傷の発生位置　●印

(4) 損傷限界の検証

すでに述べたように，図 3.5 図と図 3.9 の各層の荷重と変位の関係を合わせ用いて，図 3.13 の Sa-Sd 曲線，すなわち特性曲線（建物全体の耐力曲線）を描く．図 3.5 上の●点が損傷時の各層の層せん断力（耐力）と変形角である．長辺，短辺方向とも必要損傷限界に対応する○点の層せん断力（耐力）を上回っている．さらに図 3.5 に示されるように，損傷限界時の層間変形角は，許容応力度に達した材が発生した載荷ステップをとるが，両方向とも必要損傷限界耐力の変形角より大きく，制限値 1/200 以下である．

ちなみに，図 3.5 では，図 3.13 の○点からモード法によって逆算して，各層の必要層せん断力を求めて示しており，対応が分かるように○印の付した曲線を示している．一方，図 3.8 は応答層せん断力と損傷限界層せん断力を比較している．長辺方向の場合，図 3.13 の応答値□印の Sa が，必要限界値○印を Sa よりやや大きいことから幾分大きな耐力を示す．他方，短辺方向は，応答値□印の Sa と必要限界値○印の Sa は同じ耐力を示している．

図 3.8 に，荷重漸増によって得られた損傷限界時の各層の保有層せん断力 Qd_i と応答値から求めた必要層せん断力 Qdn_i の関係が明示されている．基準となるベースシアの 1 階はもちろんであるが，各階の保有層せん断力は必要値を十分に超えている．

ここで，注意しなければならないのは，図 3.8 で耐力が十分であることだけでなく，図 3.5 の層間変形角がいずれの階においても 1/200 以下であることである．耐力に余裕がある建築物では，しばしば層間変形角が 1/200 を超えてしまうケースがある（3.2 節の例題参照）．

(5) 損傷限界検証のまとめ

以上，(1) から (4) で検討してきたことを，まとめたものが表 3.3 である．設計は，建築物がどのように挙動するかを十分把握することが重要である．表は，前項までの検討の確認として作成するものである．表 3.3 には，保有値と必要値のほかに，応答が示されている．法令上は，応答は必要ないが，図 3.13 の○印の必要値に対する□印の応答値（真の応答値とも呼ばれる）から得られたものである．

3.1.5 地震時安全限界の検証

損傷にいたる直前までの挙動は，基本的に弾性設計であると言っても過言ではない．ただし，許容応力度設計では，すべての材が短期許容応力度以下であれば OK であるのに対して，損傷限界とは，建築物のいずれかの材が短期許容応力度に達した時であり，短期許容応力度時に作用する外力と比べると損傷限界時の荷重はかなり低いと言える．

限界耐力計算の本領は，建築物の崩壊に至るまでの挙動を耐力と変形の両面から追及するところにある．地盤の増幅もそうであるが，ここで扱っている建築物の挙動は，弾塑性（非線形）挙動である．計算は，地震動を応答スペクトルで表示していることから，時刻歴の世界ではなく周波数（周期）の世界で行う．

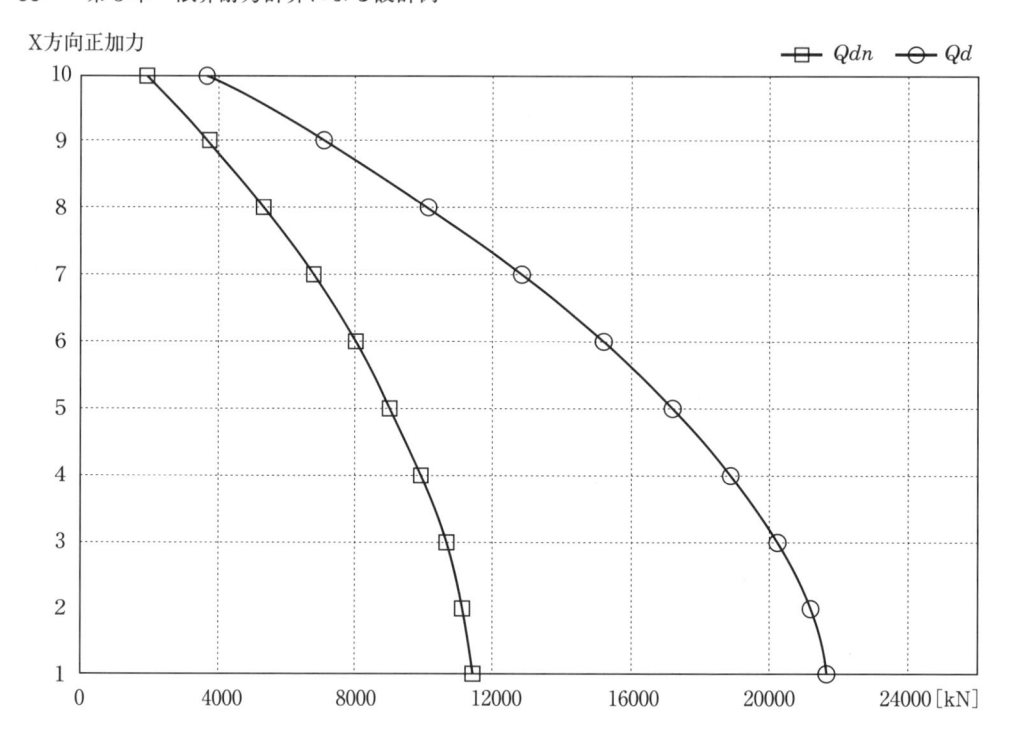

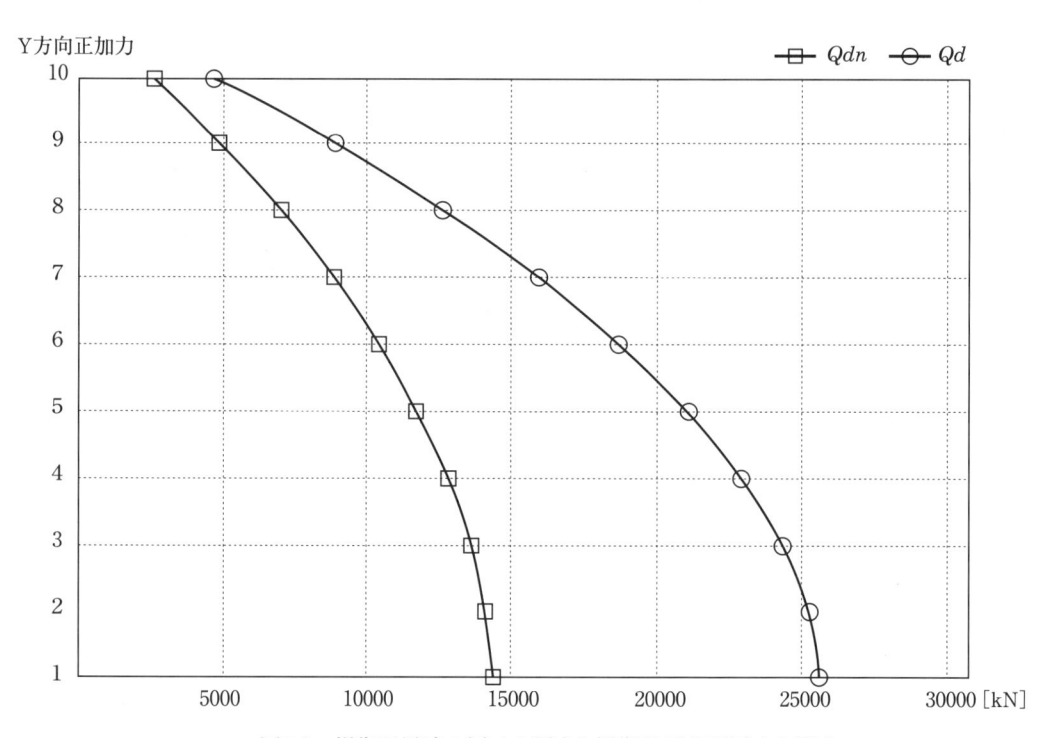

図3.8 損傷限界時の層せん断力と損傷限界必要層せん断力

3.1 鉄筋コンクリート造10階建ての設計例

表 3.3 損傷限界検証のまとめ一覧表

	項目	X 正	X 負	Y 正	Y 負
保有値	全質量 M [t]	7827	7827	7827	7827
	損傷限界耐力 Qd [kN]	21708	21730	25650	25650
	ベースシア係数 Cb	0.283	0.283	0.334	0.334
	有効質量 Mu_d [t]	6035	6035	5710	5710
	有効質量比 Mu_d/M	0.77	0.77	0.73	0.73
	代表変位 Δd [m]	0.114	0.114	0.064	0.064
	損傷限界固有周期 Td [s]	1.12	1.12	0.75	0.75
必要値	必要損傷限界耐力 Qdn [kN]	11429	11426	14339	14339
	ベースシア係数 Cb	0.149	0.149	0.187	0.187
	層間変形角(最大)	1/383	1/384	1/635	1/635
	余裕度	1.89	1.90	1.78	1.78
応答	応答せん断力 [kN]	13681	13682	14050	14050
	応答変位 [m]	0.050	0.050	0.021	0.021

　当然のことながら，柱や梁の挙動が，建築物の固有周期や振動形を支配するので，限界状態に至る鉄筋コンクリート部材の挙動についての知識も求められる．ただ，ここでは，限界耐力計算の流れを理解することに重きを置くので，鉄筋コンクリート部材の挙動については第2章並びに関連文献，関連法規を参照されたい．

(1) 算 定 方 針

計算の前提条件
- 梁・柱曲げ(軸)ひび割れは考慮する．
- 耐震壁曲げ(軸)ひび割れは考慮する．
- 耐震壁せん断ひび割れは考慮する．

降伏の認識
- 支点の浮き上がりの降伏の考慮はしない．
- 支点の圧縮降伏は考慮しない．
- 支点の水平方向の降伏は考慮する．
- 梁，柱および耐震壁のせん断降伏は考慮する．
- 脆性破壊した時の処理
  　梁：せん断破壊した時は解析終了
  　柱と耐震壁：せん断破壊した時は軸力は保持して解析続行，軸圧縮破壊した時は解析終了

部材塑性率による解析終了

	曲げ	せん断	引張	圧縮
梁	考慮しない	考慮しない		
柱	考慮しない	考慮しない	考慮しない	考慮しない

耐震壁　　　　　　　　　考慮しない

荷重増分

	X方向	Y方向
・推定崩壊荷重の倍率	0.4	0.4
・推定崩壊荷重までのステップ数	200	200

　　0.4/50で計算し，結果はほとんど差のないことを確認した．
　　計算時間には大きな差がある．実用的には0.4/50で十分と思われる．

・荷重増分量の分割方法	等分割	等分割
・重心の層間変形角	1/75	1/100
・最大の層間変形角	1/75	1/100
・最大ステップ数　正負加力共	10000	10000
・剛床回転の拘束	考慮しない	考慮しない
・弾性剛性に対する降伏後の部材剛性	1/1000	

安全限界固有周期

　安全限界固有周期 T_s と加速度の分布係数を求める．加速度の分布係数は固有値解析により1～3次の合成で求める．

減　衰　　長辺，短辺両方向とも建築物の減衰を表す数値 h は告示第三号（等価面積）による．

　鉄筋コンクリート建築物では第二号（建築物全体）は採用できないことになっているものの，試みに確認の計算も行ったが計算結果の差はわずかであった．

　減衰を表す係数 γ_1　0.25

RC造靭性保証型耐震設計指針による変形能の検討

　長辺，短辺両方向とも共通に設定し，検討する．

靭性確保　　梁の検討
　　　　　　　　せん断力　　　ヒンジ部材のみ
　　　　　　　　圧縮　　　　　ヒンジ部材のみ
　　　　　柱の検討
　　　　　　　　せん断力　　　加力方向断面
　　　　　　　　圧縮　　　　　加力方向断面
　　　　　耐震壁の検討
　　　　　　　　せん断力　　　する
　　　　　　　　圧縮　　　　　する

割増率

　変形角割増率は，梁，柱，耐震壁 R_s, R_x, R_y とも1.0
　せん断力割増率は梁，柱，耐震壁とも1.0
　変動軸力割増率は柱，耐震壁とも1.0

コンクリートの圧縮応力度の低減と圧縮縁ひずみ度

耐震壁のコアコンクリートの圧縮応力度の低減率　側柱 0.90, 壁板 0.80

圧縮縁コンクリートのひずみ度　梁下端, 梁上端, 柱, 側柱, 壁板とも 0.0030

地盤条件

・表層地盤による加速度の増幅率 Gs は略算法による (第2種地盤).
・スウェイ・ロッキングは考慮しない.
・地表面から基礎底面までの深さは 2.7 m.

(2) 安全限界耐力の算定

安全限界時までの荷重変形曲線

図 3.5 に示した損傷限界まで漸増載荷後, さらに, いずれかの階が設定した安全限界変形角 (本例では長辺方向 1/75, 短辺方向 1/100) に達するまで載荷した荷重変形曲線を図 3.9 に示した. 図中の●印は安全限界時の各層の変形角を示し, 長辺方向では6階床位置が安全限界変位 1/75 に達し, 短辺方向では6階と7階の床位置がほぼ同時に安全限界変位 1/100 に達していることが分かる.

すでに述べたように図 3.5 と図 3.9 から, 荷重漸増によって得られる各載荷段階 (ステップ) 時の各層の変形を求めて, 1次の振動モードとして漸増載荷のステップごとに 1 自由度に置換して, 図 3.13 の特性曲線 (Sa-Sd 曲線) が得られる (本書 4.4.2 項参照).

また, 損傷限界のところで述べたと同じく図 3.9 の○印の応答値は, 逆に図 3.13 の Sa-Sd 図中の1自由度の応答値から, モード法により, 各層の安全限界時の応答層せん断力と応答変位を求め, 応答値として示したものである.

安全限界破壊形式

図 3.10 には, 安全限界に達した時にラーメンが塑性化している状態の長辺方向の X1 ラーメンと短辺方向 Y1 ラーメンの場合を例示している. 塑性ヒンジは最上層柱頭, 最下層の柱脚以外は基本的に梁端に発生するように (いわゆる梁崩壊型) 設計する. また, 限界耐力計算では塑性化による減衰性を評価することから, できるだけ建物の全層の梁にヒンジが生じるように設計するのが望ましいといえる. 図 3.9 と図 3.10 とは密接に関係し, 図 3.10 のように各層の梁にヒンジが発生したことで, 図 3.9 の荷重変形曲線が全層で X, Y 両方向とも塑性化の状態を示している. ただ, 1 階の柱脚には柱 1 本を除いてヒンジが発生しておらず, 最上階の両側端部梁の片方にヒンジがないことから, 図 3.9 の上の図のように 1 層と 10 層の層間変形角は他層に比して, 小さい.

(3) 必要安全限界耐力の算定

安全限界の検証を行うために, 必要安全限界耐力を求める. 3.1.3 項「地震荷重」の b) 安全限界時の荷重の項で示した (3.3), (3.4) 式の Ps_i の計算式で求める. この Ps_i は, 本書の 4.5.1

70   第3章　限界耐力計算による設計例

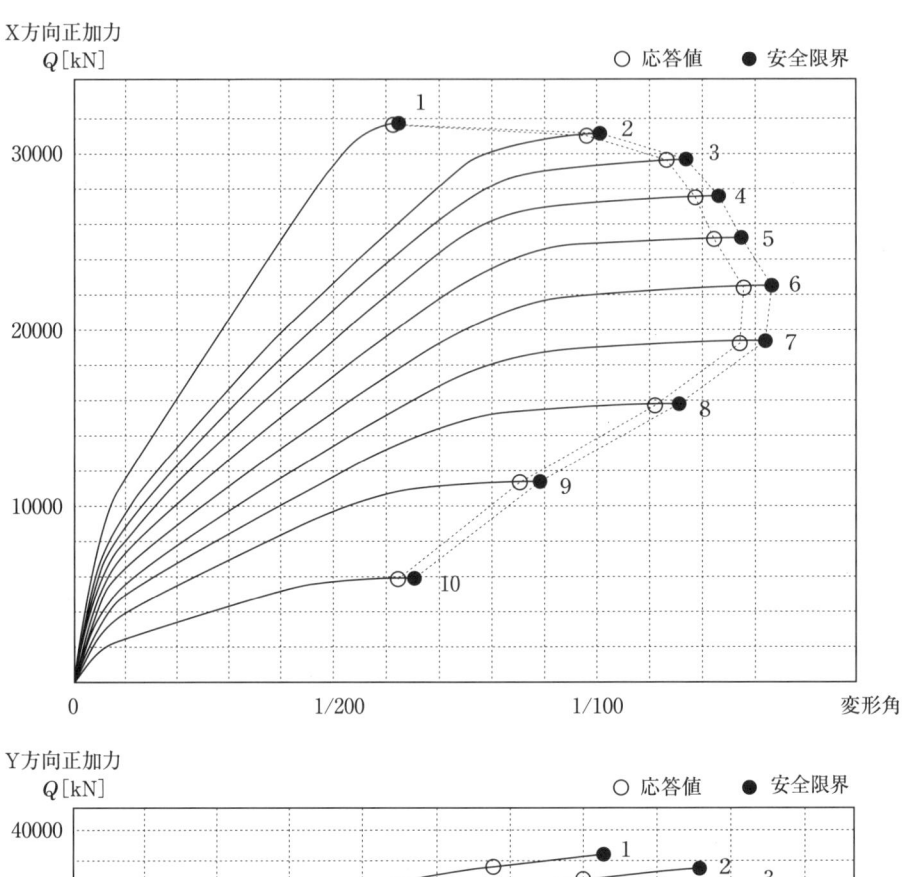

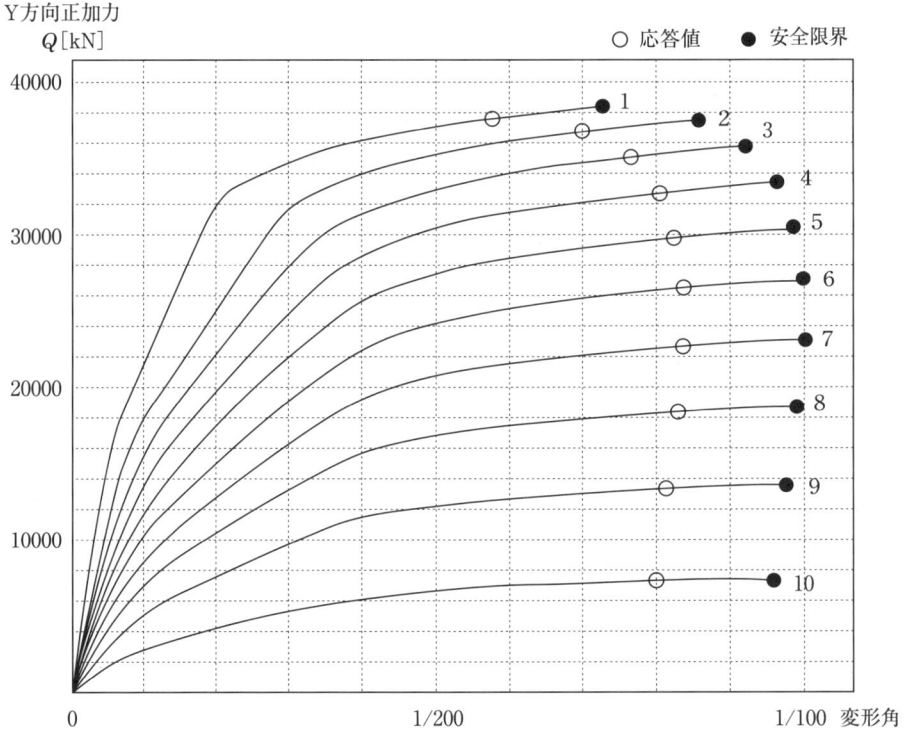

図3.9　安全限界時の建築物の層間変形角と応答値

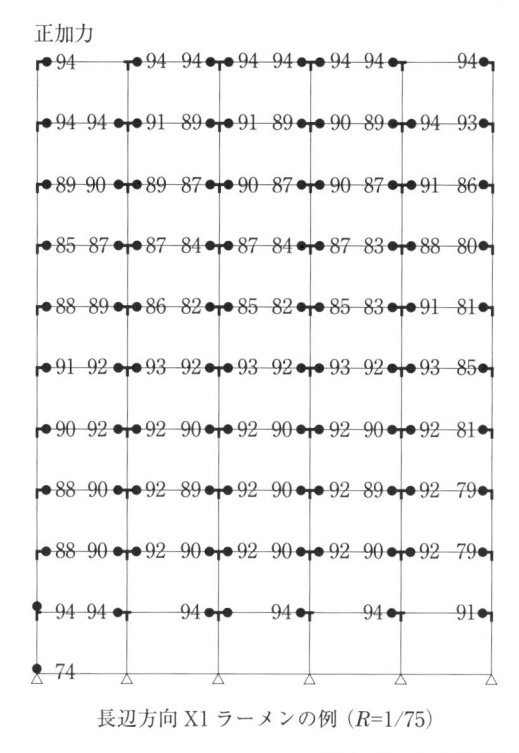

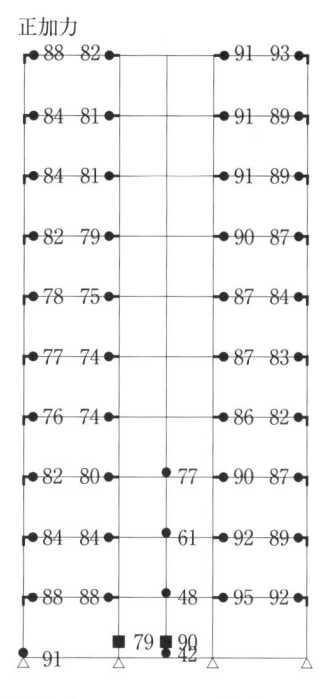

3.1 鉄筋コンクリート造 10 階建ての設計例　71

長辺方向 X1 ラーメンの例（$R=1/75$）　　　　　短辺方向 Y1 ラーメンの例（$R=1/100$）

図 3.10　安全限界時のフレームのヒンジ図

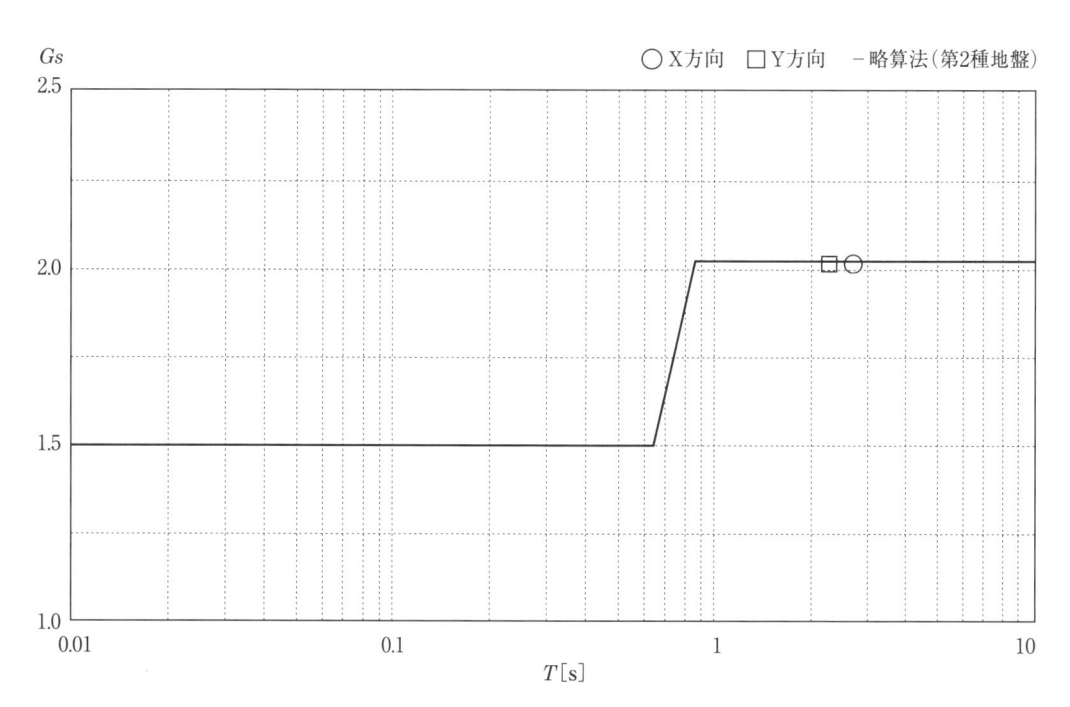

図 3.11　安全限界時の表層地盤簡易増幅率 Gs と安全限界固有周期 Ts

項 2) に述べられている．各階の水平方向に生ずる水平力の算定式である (4.11) 式の安全限界固有周期が，$Ts \geqq 0.64$ の場合の式を適用して求める．Ps_i の計算式 (3.3) 式中の増幅率 Gs の長辺・X，短辺・Y 方向の Ts に対応する値が，図 3.11 中に○と□印で示される．

必要安全限界耐力

3.1.3 項「地震荷重」の b) Ps_i の計算結果を表 3.4 の Ps_i の欄に示す．当該層から上の Ps_i を加算することによって各層の必要層せん断力 Qsn_i が得られる．長辺，短辺両方向の 1 階の層せん断力 Qsn_1 が必要ベースシアである．

損傷限界時と同様に，表 3.4 の値をチェックすることを勧める．

表 3.4 必要安全限界耐力の計算表

必要安全限界耐力
m_i：質量　　　　　　Ps_i：水平方向に作用する力
bs_i：震度分布　　　　Qsn_i：必要安全限界耐力
Bs_i：加速度の分布係数

X 方向正加力

階	m_i [t]	Bs_i	Ps_i [kN]	Qsn_i [kN]
10	629.2	1.816	5671.2	5671.2
9	747.3	1.425	5285.5	10956.7
8	760.8	1.120	4228.8	15185.5
7	760.8	0.913	3448.0	18633.5
6	789.0	0.763	2988.7	21622.2
5	805.3	0.649	2594.4	24216.6
4	824.7	0.569	2326.8	26543.4
3	834.8	0.477	1973.9	28517.3
2	834.8	0.327	1355.9	29873.2
1	840.8	0.141	588.8	30462.1

Y 方向正加力

階	m_i [t]	Bs_i	Ps_i [kN]	Qsn_i [kN]
10	629.2	1.838	6196.7	6196.7
9	747.3	1.328	5320.0	11516.7
8	760.8	1.084	4419.0	15935.6
7	760.8	0.931	3795.3	19730.9
6	789.0	0.797	3368.8	23099.8
5	805.3	0.678	2926.2	26026.0
4	824.7	0.574	2536.3	28562.3
3	834.8	0.463	2069.8	30632.1
2	834.8	0.325	1454.0	32086.1
1	840.8	0.163	736.2	32822.2

(4) 安全限界の検証

Qsn・Qs 比較グラフ

各層の安全限界耐力と必要安全限界耐力を長辺，短辺ごとに示したのが図 3.12 である．必要安全限界耐力は長辺，短辺でほぼ同じ耐力であるが，耐震壁を有する短辺方向の耐力が大き

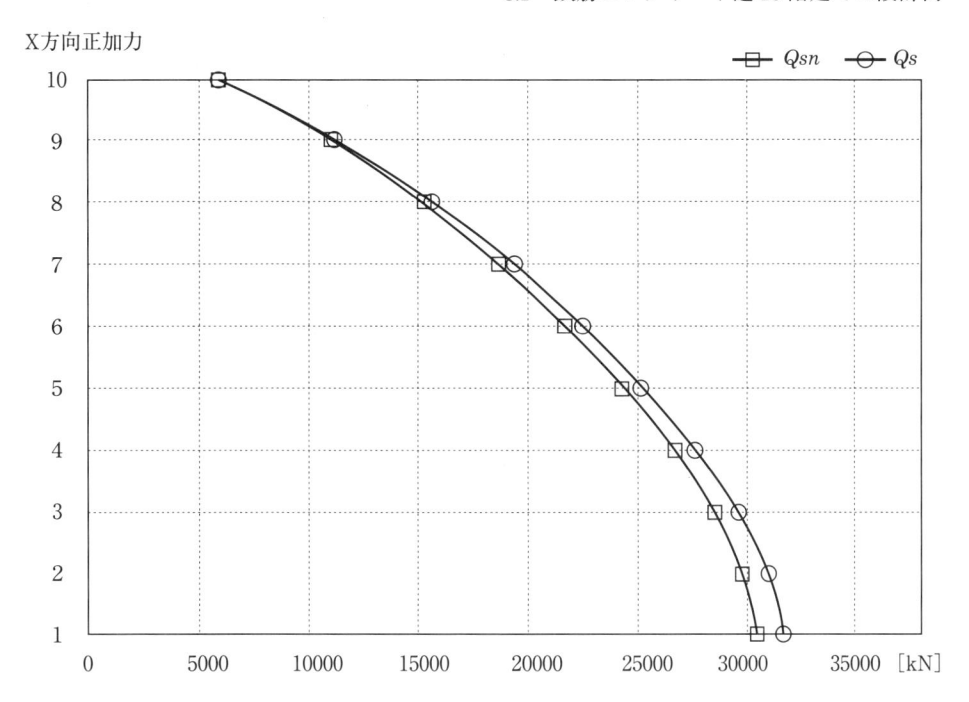

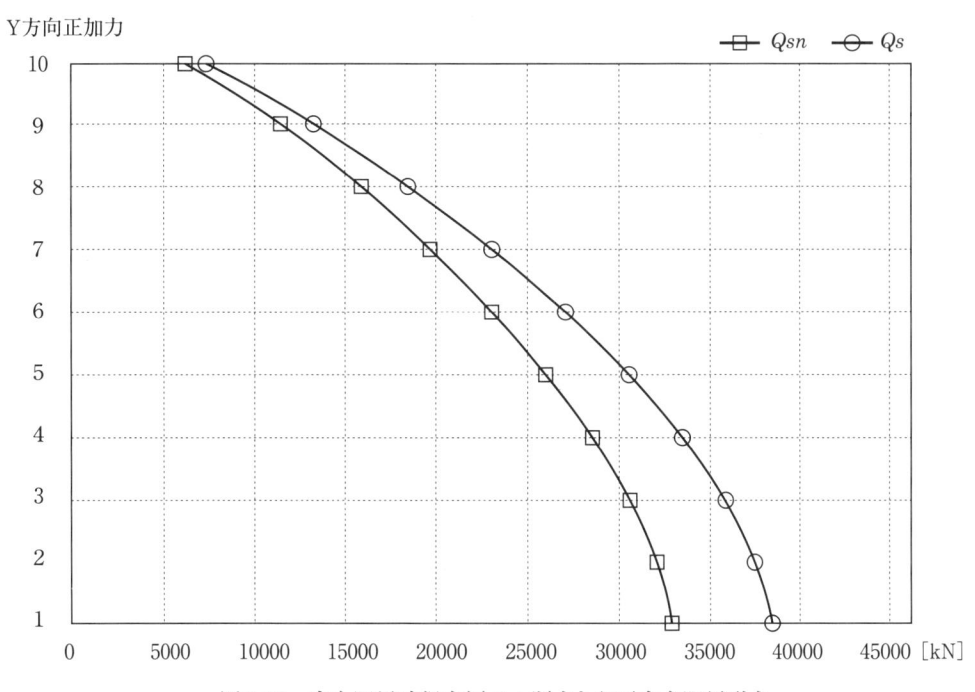

図3.12 安全限界時保有層せん断力と必要安全限界耐力

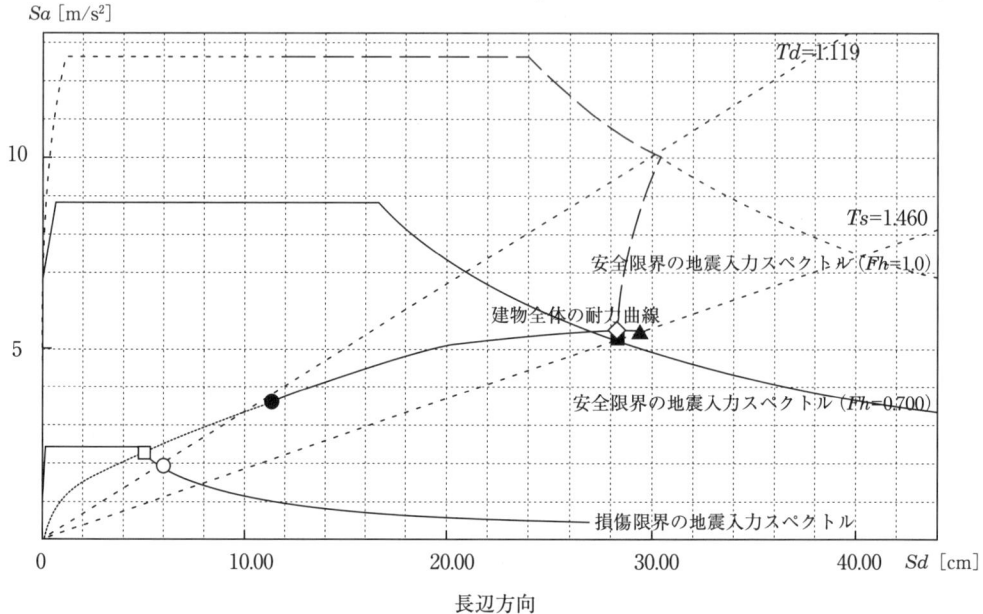

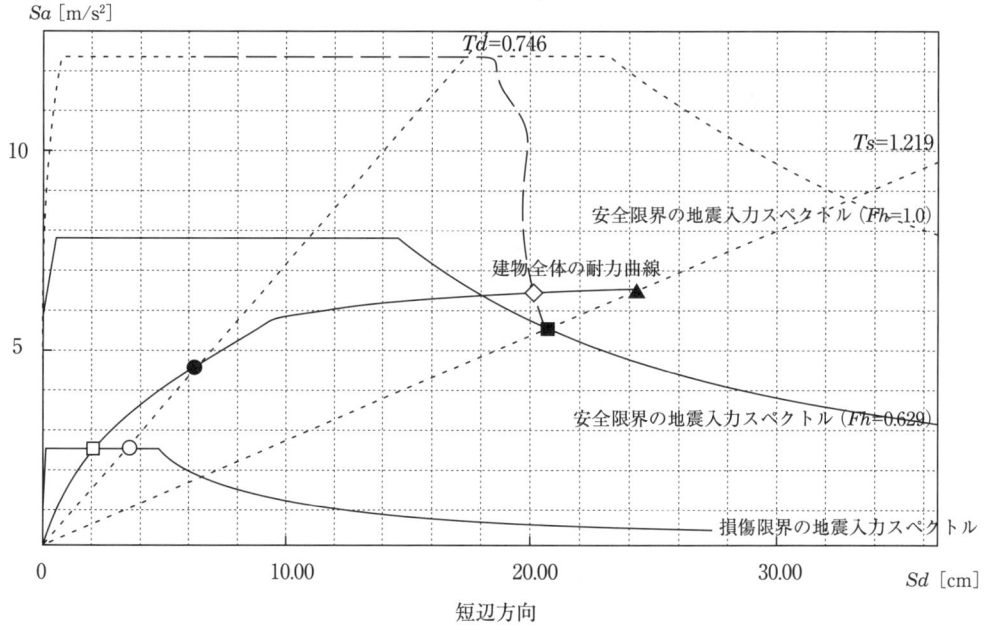

74　第3章　限界耐力計算による設計例

図3.13　限界値の検証図

く余裕度が高い．

表 3.4，図 3.12，表 3.5 より，長辺，短辺方向のそれぞれの安全限界耐力をベースシアで比べると，純ラーメンの長辺方向の安全限界耐力（ベースシア）は 31684 kN であり，必要安全耐力 30462 kN との差は非常に小さいが，耐震壁のある短辺 Y 方向の場合には，必要安全耐力が 32,822 kN に対してベースシアは 38,438 kN でかなり余裕がある．

長辺方向は，図 3.12 から明らかなように，上部に行くほど余裕がなくなっている．

Sa-Sd 関係図による検証結果の確認

設計した建築物の挙動を等価 1 質点系の安全限界に至るまでの挙動，減衰による低減を考慮した要求スペクトルとの関係を，全体として把握できるのが，Sa-Sd 関係図である．

図 3.13 に示すように，損傷限界点●と必要損傷限界点○そして応答値□の関係，安全限界点▲と必要安全限界点■そして応答値◇の関係を一望できる．

(5) 安全限界検証のまとめ

Sa-Sd 関係図は建築物の挙動を把握するのに便利である．最後に，設計した建築物の安全限界の保有値と必要値を列記し，安全性の検証がなされる．

安全限界耐力と必要安全限界耐力の比率が余裕度であり，1 以上を示す時，安全性を検証したこととなる．

表 3.5　安全限界検証のまとめ

	項目	X 正	X 負	Y 正	Y 負
保有値	全質量 M [t]	7827	7827	7827	7827
	安全限界耐力 Q_s [kN]	31684	31683	38438	38438
	ベースシア係数 C_b	0.413	0.413	0.501	0.501
	有効質量 Mu_s [t]	5838	5838	5949	5949
	有効質量比 Mu_s/M	0.75	0.75	0.76	0.76
	代表変位 Δs [m]	0.293	0.293	0.243	0.243
	安全限界固有周期 T_s [s]	1.46	1.46	1.22	1.22
必要値	必要安全限界耐力 Q_{sn} [kN]	30462	30463	32822	32822
	ベースシア係数 C_b	0.397	0.397	0.428	0.428
	加速度低減率 F_h	0.70	0.70	0.63	0.63
	建築物の減衰 h	0.115	0.115	0.138	0.138
	余裕度	1.04	1.04	1.17	1.17
応答	応答せん断力 [kN]	31616	31615	37636	37636
	応答変位 [m]	0.281	0.281	0.202	0.202

3.2 鉄骨造 12 階建ての設計例

　鉄骨造で中規模の一般的な建築物である 12 階事務所ビルに対して限界耐力計算による設計例を示す．この建築物は事務室である空間を，無柱空間で設計することとする．また，ここでは，RC 構造の設計例と同様に構造的検討に限っているのでエレベーター，避難階段等の一般的な建築基準による要求は考慮していない．

　なお，上部構造の設計を例示するために基礎の設計は省略するが，各柱は剛強な基礎梁により連結されていることを想定している．また，固定荷重（床厚 $=160\,\mathrm{mm}$）及び積載荷重は一般的な事務所ビル（床用 $=2900\,\mathrm{N/m^2}$，ラーメン用 $=1800\,\mathrm{N/m^2}$，地震用 $=800\,\mathrm{N/m^2}$）を想定している．

3.2.1 建築物の概要

地盤の概要：所在地は関東地方で，地盤は第 2 種地盤を想定している．
建築物の構造と規模：鉄骨構造，地上 12 階，地下なし．
建　築　面　積：$481.28\,\mathrm{m^2}$，延べ面積 $5775.4\,\mathrm{m^2}$，建物高さ：$52.8\,\mathrm{m}$
略　伏　図：図 3.14 は基礎梁伏図であり RC の基礎梁としている．また，図 3.15 は 10 階の略伏図である．R 階（12 階）を除く 1 階から 11 階までを同様とする．R 階は大梁の横座屈を防

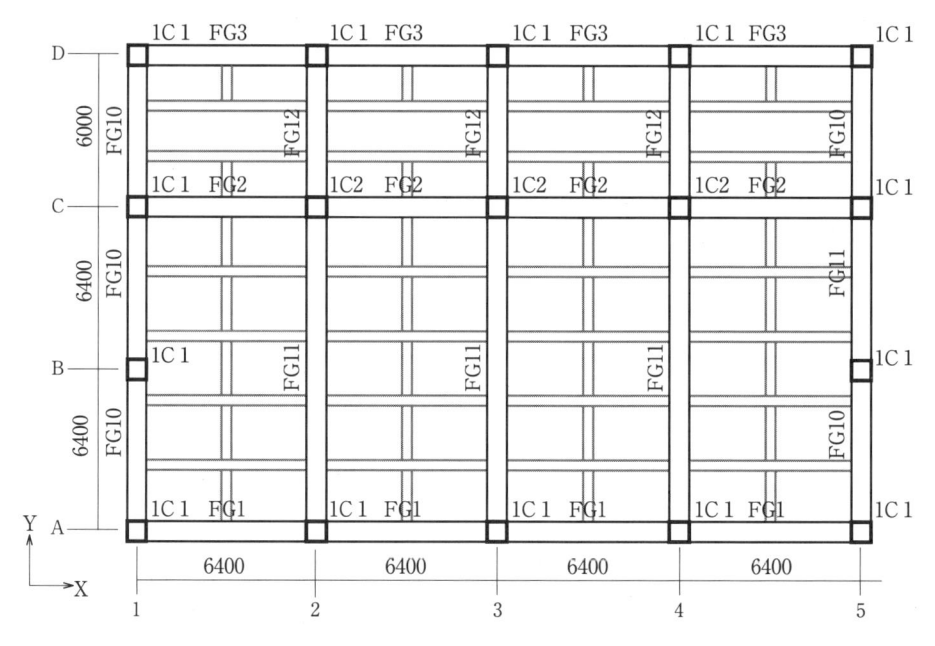

図 3.14　基礎梁略伏図

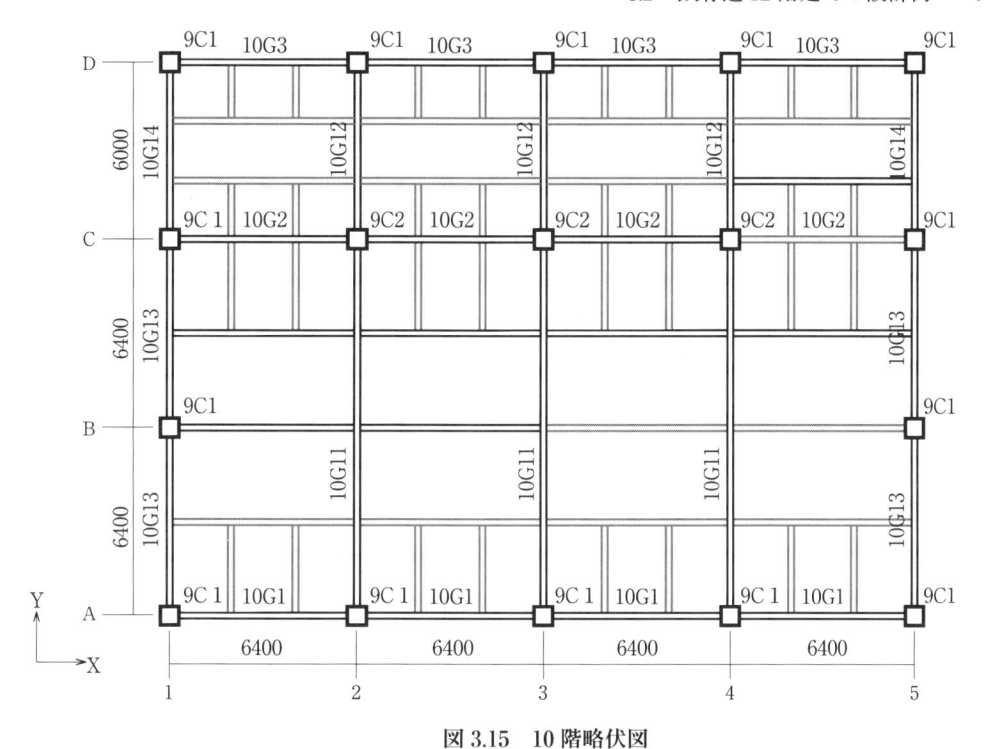

3.2 鉄骨造12階建ての設計例　77

図 3.15　10 階略伏図

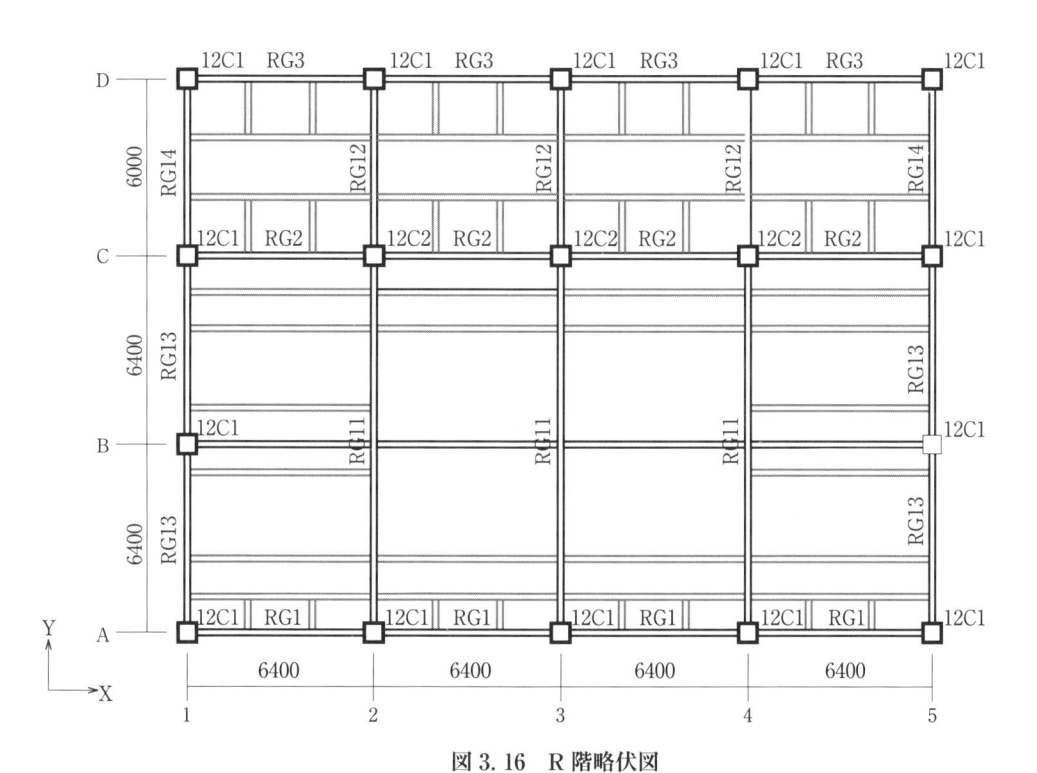

図 3.16　R 階略伏図

ぐため図 3.16 のような略伏図となっている．事務室である 327.7 m^2 の空間は，無柱空間となるように設計しており，桁行方向及び妻側方向周りに 6.4m スパンの角形鋼管柱（表 3.7 柱リスト参照）を配している．また，無柱空間内の大梁の長さは最大 12.8 m となっている．

略 軸 組 図：図 3.17 に長辺 X 方向の A ラーメン，短辺 Y 方向の 2 ラーメンの略軸組図を示す．A，C，D ラーメンは 5 本の柱から構成される剛接純ラーメン構造の 4 スパンとしており長辺 X 方向の剛性を確保している．また，2〜4 ラーメンは無柱空間を構成しているラーメン部分であり，1 ラーメン及び 5 ラーメンは 4 本の柱から構成される剛接純ラーメン構造の 3 スパンとしており短辺 Y 方向の剛性を確保している．

主要部材の柱は角形鋼管（BCP325）を用い外側コアー周りを柱記号 C1 で，中柱を C2 で構成している（表 3.7 柱リスト参照）．大梁の主要部材は圧延 H 形鋼材（SN490B）を用い外側

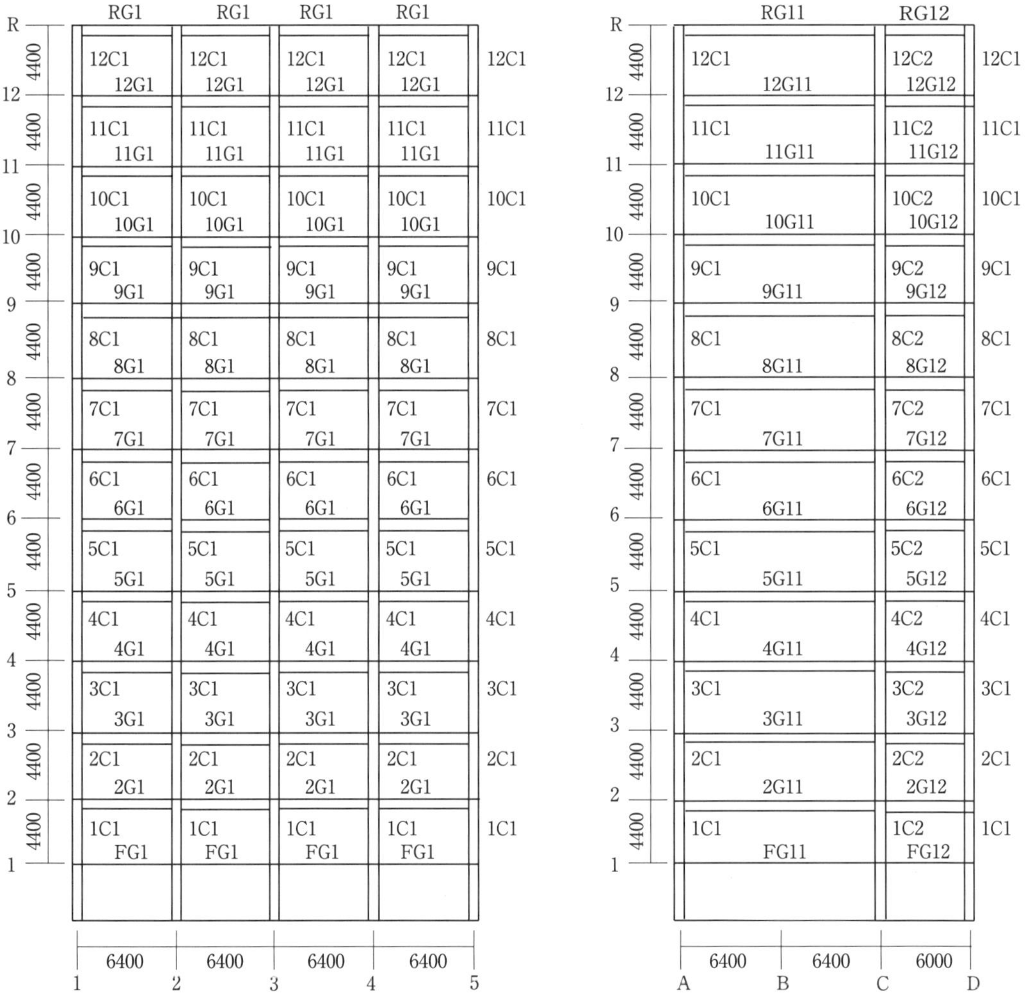

[長辺X方向：Aラーメン]　　　　　　　　　　　　　[短辺Y方向：2ラーメン]

図 3.17　建築物の略軸組図

表 3.6 梁リスト　　　（単位：mm）

階	G1	G2	G3
R	400×200×9×16×13	400×200×9×16×13	400×200×9×16×13
12	400×200×9×22×13	450×200×12×22×13	400×200×9×16×13
11	650×250×12×25×13	700×300×12×25×18	400×200×9×16×13
10	650×250×12×25×13	750×300×16×28×18	400×200×9×16×13
9	650×250×12×28×13	800×350×16×28×18	400×200×9×16×13
8	700×250×14×28×18	800×350×16×28×18	400×200×9×16×13
7	750×300×14×25×18	800×350×16×28×18	650×250×12×25×13
6	750×300×14×25×18	800×350×16×28×18	650×250×12×25×13
5	800×300×14×28×18	800×350×14×25×18	650×250×12×25×13
4	800×300×14×28×18	800×350×16×28×18	650×250×12×25×13
3	800×300×14×28×18	800×350×16×28×18	650×250×12×25×13
2	800×300×14×28×18	800×350×16×28×18	650×250×12×25×13

階	G11	G12	G13	G14
R	700×200×12×28×18	400×200×9×19×13	400×200×9×12×13	400×200×9×12×13
12	800×300×16×32×18	400×200×9×22×13	400×200×9×19×13	400×200×9×19×13
11	800×300×16×32×18	450×200×12×22×13	550×250×12×22×13	400×200×9×19×13
10	800×400×16×32×18	450×200×12×22×13	550×250×12×28×13	400×200×9×22×13
9	800×400×16×32×18	450×200×12×22×13	600×250×12×25×13	400×200×9×22×13
8	800×400×16×32×18	800×300×16×32×18	600×250×12×25×13	400×200×9×22×13
7	800×400×16×32×18	800×300×16×32×18	600×250×12×25×13	500×200×12×25×13
6	800×400×16×32×18	800×300×16×32×18	750×300×14×28×18	500×200×12×25×13
5	900×350×19×25×18	800×300×16×32×18	750×300×14×28×18	500×200×12×25×13
4	900×350×19×25×18	800×300×16×32×18	750×300×14×28×18	600×250×12×25×13
3	900×350×19×25×18	800×300×16×32×18	750×300×14×28×18	600×250×12×25×13
2	900×350×19×25×18	800×300×16×32×18	750×300×14×28×18	600×250×12×25×13

特記なき限り　種別：SN490B とする

コアー Y 方向を梁記号 G13，14 で，外側コアー X 方向を G1，3 で構成し，コアー内部 Y 方向を G11，12 でコアー内部 X 方向を G2 で構成している（表 3.6 梁リスト参照）．

使 用 鋼 材：柱には冷間成形角形鋼管（BCP325）を用い，梁には圧延 H 形鋼（SN490B）を用いている．

基礎梁リスト

基礎梁は RC 造としている（表 3.8 基礎梁リスト参照）．

表 3.7 柱リスト　　　　　　　　　　　　（単位：mm）

階	項目	C1	C2
12	鉄骨	□−650×650×25×87.5	□−650×650×25×87.5
11	鉄骨	□−650×650×25×87.5	□−650×650×25×87.5
10	鉄骨	□−650×650×25×87.5	□−650×650×25×87.5
9	鉄骨	□−700×700×32×112	□−750×750×28×98
8	鉄骨	□−700×700×32×112	□−750×750×28×98
7	鉄骨	□−700×700×32×112	□−750×750×28×98
6	鉄骨	□−750×750×28×98	□−750×750×28×98
5	鉄骨	□−750×750×28×98	□−800×800×32×112
4	鉄骨	□−750×750×28×98	□−800×800×32×112
3	鉄骨	□−750×750×28×98	□−800×800×32×112
2	鉄骨	□−750×750×28×98	□−800×800×32×112
1	鉄骨	□−750×750×28×98	□−800×800×32×112

特記なき限り　種別：BCP325 とする

表 3.8　基礎梁リスト　　　　　　　　（単位：mm）

符号（層）	項目	左端	中央	右端
FG1 dt 上 6.0 dt 下 6.0	B×D		800×3500	
	上端	7D32	5D32	7D32
	下端	7D32	5D32	7D32
	ST		4D13 @ 200	
FG2 dt 上 6.0 dt 下 6.0	B×D		800×3500	
	上端	7D32	5D32	7D32
	下端	7D32	5D32	7D32
	ST		4D13 @ 200	
FG3 dt 上 6.0 dt 下 6.0	B×D		800×3500	
	上端	7D32	5D32	7D32
	下端	7D32	5D32	7D32
	ST		4D13 @ 200	
FG10 dt 上 6.0 dt 下 6.0	B×D		800×3500	
	上端	7D32	5D32	7D32
	下端	7D32	5D32	7D32
	ST		4D13 @ 200	
FG11 dt 上 6.0 dt 下 6.0	B×D		800×3500	
	上端	7D32	5D32	7D32
	下端	7D32	5D32	7D32
	ST		4D13 @ 200	
FG12 dt 上 6.0 dt 下 6.0	B×D		800×3500	
	上端	7D32	5D32	7D32
	下端	7D32	5D32	7D32
	ST		4D13 @ 200	

コンクリート

種別	設計基準強度 [N/mm²]	使用箇所	備考
普通	27.0	全体（直接指定を除く）	標準使用材料で指定

鉄　筋

種別	使用箇所	備考
SD295A	せん断補強筋（梁　柱）壁筋　床筋	標準使用材料で指定
SD345	主筋（柱　梁）	同上

3.2.2 構造モデル

本建築物を解析するための A, B ラーメンの構造モデルを図 3.18 に示す.

B ラーメンは短辺 Y 方向の剛性を確保するために外側である 1 ラーメン及び 5 ラーメンに柱を増設し，ピン接合とした小梁により連結した構面モデルである.

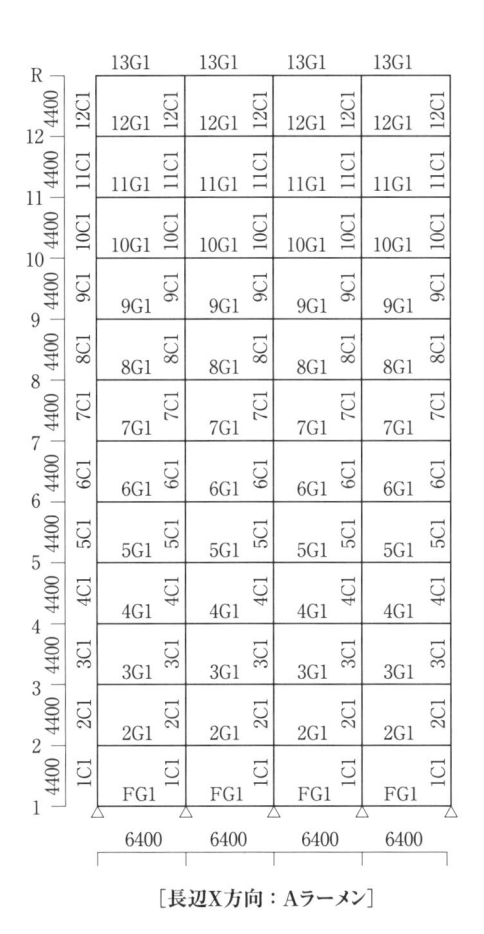

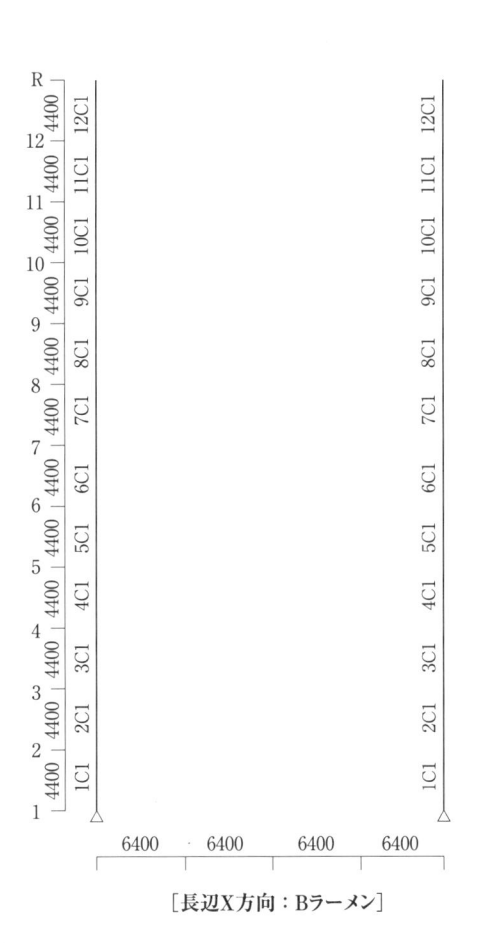

図3.18　構造モデル

3.2.3 検証値の設定

限界変位の設定:

損傷限界変位　　長辺 X, 短辺 Y 方向共に, いずれかの層の層間変形角が 1/200 となった変位とする.

安全限界変位　　長辺 X, 短辺 Y 方向共に, いずれかの層の層間変形角が 1/75 となった変位とする.

地震荷重: 必要損傷及び安全限界荷重を算定する（本書 4.5.1 項の 1), 2)参照).

a) 各階床位置に作用する必要損傷限界時の荷重

X 方向　正加力　$Pd_i = 1.024 \cdot m_i \cdot Bd_i \cdot Z \cdot Gs / Td$　$(0.64 \leq Td)$　$Td = 1.679$　(3.5)

Y 方向　正加力　$Pd_i = 1.024 \cdot m_i \cdot Bd_i \cdot Z \cdot Gs / Td$　$(0.64 \leq Td)$　$Td = 1.652$　(3.6)

Pd_i : 各階に水平方向に生じる力

m_i : 各階質量

Bd_i : 加速度の分布係数（bd_i 分布により求める）

Z : 地域係数(1.0)

Gs : 表層地盤による加速度の増幅率（略算法により求める）

Td : 損傷限界固有周期

b) 各階床位置に作用する必要安全限界時の荷重

X 方向　正加力　$Ps_i = 5.12 \cdot m_i \cdot Bs_i \cdot Fh \cdot Z \cdot Gs / Ts$　$(0.64 \leq Ts)$　$Ts = 1.915$　(3.7)

Y 方向　正加力　$Ps_i = 5.12 \cdot m_i \cdot Bs_i \cdot Fh \cdot Z \cdot Gs / Ts$　$(0.64 \leq Ts)$　$Ts = 1.870$　(3.8)

Ps_i : 各階に水平方向に生じる力

m_i : 各階質量

Bs_i : 加速度の分布係数（bs_i 分布により求める）

Fh : 振動の減衰による加速度の低減率（$1.5/(1+10h)$）

h : 建築物の減衰性を表す数値（第一号により求める）

Z : 地域係数(1.00)

Gs : 表層地盤による加速度の増幅率（略算法により求める）

Ts : 安全限界固有周期

3.2.4 地震時損傷限界の検証

(1) 検証方針

損傷限界条件

  損傷限界の定義   X方向   Y方向
   ○接合部   定義しない 定義しない
   ○浮き上がり   定義しない 定義しない
  損傷限界固有周期
   ○損傷限界固有周期 Td と加速度の分布係数 Bd_i は bd_i 分布により求める。
    注) 前述 RC 造例題においては加速度の分布係数 Bd_i は固有値解析による方法を選択しているが本 S 造例題では A_i 分布より換算された bd_i 分布を用いて計算している．
  荷重増分

                  X方向   Y方向
   ○弾性解析時における必要損傷限界
    耐力までのステップ数   100   100
   ○荷重増分量の分割方法   等分割   等分割
   ○重心並びに最大の層間変形角 1/200   1/200
   ○剛床回転の拘束   考慮しない 考慮しない
  地盤条件
   ○表層地盤による加速度の増幅率 Gs は略算法による．
   ○スウェイ・ロッキングは考慮しない．
   ○地表面から基礎底面までの深さ 3.5 m

(2) 損傷限界耐力の算定

損傷限界時までの荷重変形曲線

 損傷限界としては，漸増載荷によってラーメン内のいずれかの部材応力度が短期許容応力度に達した時点（図 3.19(a),(c)）か，いずれかの層の層間変形角が 1/200（以後，最大層間変形角 1/200 と記述）となる時点（図 3.19(b),(d)）のいずれか早い時点をもって損傷限界と定義する．本例題では各層の中での最大層間変形角が 1/200 となった時点で，まだ，どの層の部材においても短期許容応力度に達していないので，最大層間変形角が 1/200 をもって損傷限界の検証を行っている．長辺 X 方向及び短辺 Y 方向において 8 階の層間変形角が 1/200 に達している（図 3.19(b),(d)参照）．ただし，図 3.19(b)においては 8 階の層間変形角が 1/200 に達するワンステップ手前の変形角における各層の層せん断力関係を記している．

損傷限界耐力

 本 S 造例題において，長辺 X 方向，短辺 Y 方向で 8 階の重心層間変形角が 1/200 に到達するので，損傷限界耐力はその時点での 1 階の層せん断力（ベースシア）の大きさで表わす．長

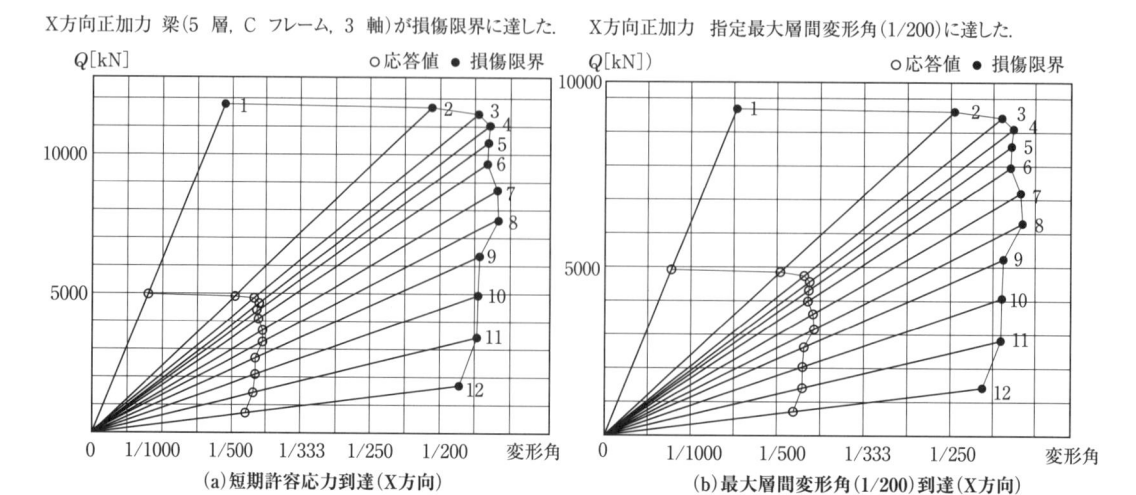

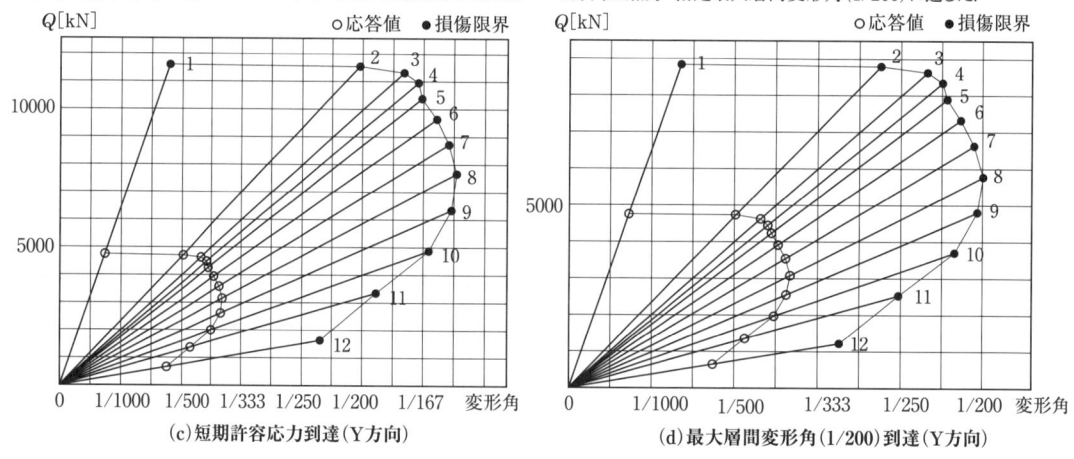

図3.19 損傷限界時の層せん断力と層間変形角関係（損傷限界と応答値）

(a) 短期許容応力到達（X方向）　X方向正加力　梁（5層，Cフレーム，3軸）が損傷限界に達した．
(b) 最大層間変形角（1/200）到達（X方向）　X方向正加力　指定最大層間変形角（1/200）に達した．
(c) 短期許容応力到達（Y方向）　Y方向正加力　梁（7層，2フレーム，C軸）が損傷限界に達した．
(d) 最大層間変形角（1/200）到達（Y方向）　Y方向正加力　指定最大層間変形角（1/200）に達した．

辺 X 方向で $Qd=9663$ kN，短辺 Y 方向で $Qd=8800$ kN となっている（表3.10）．

(3) 必要損傷限界耐力の計算

必要損傷限界耐力

RC 造の例題と同様に必要損傷限界耐力 Qdn を基準として損傷限界を検証する．本例題の各層の損傷限界時における必要層せん断力の値を表3.9に示す．3.2.3項の「地震荷重」で述べているように各層の必要層せん断力 Qd_i は，当該層から上の Pd_i を加え合わせることにより求められる．そして，1階の層せん断力が必要損傷限界耐力となる．具体的な計算はRC造の例題3.1節で述べているのでここでは省略する．

表層地盤の増幅率 Gs

図3・20に Pd_i の計算で用いられる増幅率 Gs が示されている．長辺 X，短辺 Y 方向の Td に対応している値が○，□で示されている（詳しくは本書4.5.1項の「表層地盤の増幅率と要

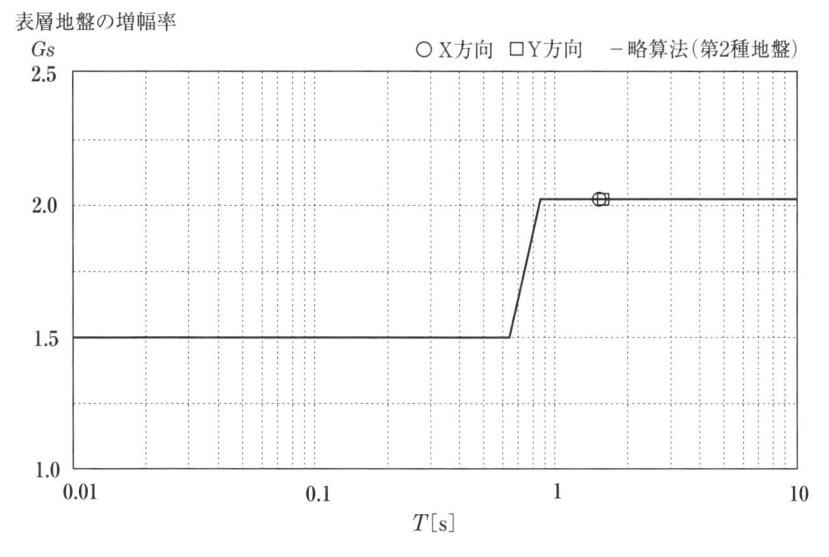

図3.20 稀に発生する地震動に対する略算法による簡易増幅率Gsと損傷限界固有周期Td

表3.9 損傷限界時の必要層せん断力

X方向正加力

階	m_i [t]	Bd_i	Pd_i [kN]	Qdn_i [kN]
12	343.4	1.489	703.8	703.8
11	375.1	1.364	704.0	1407.7
10	381.3	1.232	646.4	2054.2
9	391.0	1.102	593.0	2647.1
8	398.5	0.971	532.7	3179.8
7	401.8	0.834	461.4	3641.2
6	404.3	0.698	388.3	4029.5
5	406.4	0.565	316.3	4345.8
4	406.4	0.433	242.3	4588.1
3	407.5	0.300	168.2	4756.3
2	407.5	0.171	95.7	4852.0
1	407.5	0.057	32.0	4884.0

Y方向正加力

階	m_i [t]	Bd_i	Pd_i [kN]	Qdn_i [kN]
12	343.4	1.476	678.0	678.0
11	375.1	1.379	691.9	1369.9
10	381.3	1.261	642.9	2012.8
9	391.0	1.125	588.1	2600.9
8	398.5	0.980	522.3	3123.2
7	401.8	0.834	447.9	3571.0
6	404.3	0.690	373.0	3944.1
5	406.4	0.552	299.9	4243.9
4	406.4	0.419	227.9	4471.8
3	407.5	0.288	156.8	4628.6
2	407.5	0.162	88.1	4716.7
1	407.5	0.052	28.4	4745.1

求スペクトル」を参照).

損傷限界時の必要層せん断力計算表

表3.9は，損傷限界時の必要層せん断力の計算結果である．その計算過程はRC造の例題（3.1.4項(3)必要損傷限界耐力の計算）で詳述されている．

(4) 損傷限界の検証

損傷限界と応答値（図3.19）並びに安全限界と応答値（図3.22）に示されている各層の荷重と変形角を用いて図3.27に示されている特性曲線（Sa-Sd曲線）が得られる．図3.19中のように長辺X，短辺Y方向とも限界耐力損傷時の各層の層せん断力（耐力）●印が応答値（必要損傷限界層せん断力）○印を上回っている．本S造の例題では図3・19(a)，(c)に示されているように8層における部材が最初に短期許容応力に到達するが，その時点では変形角の制限

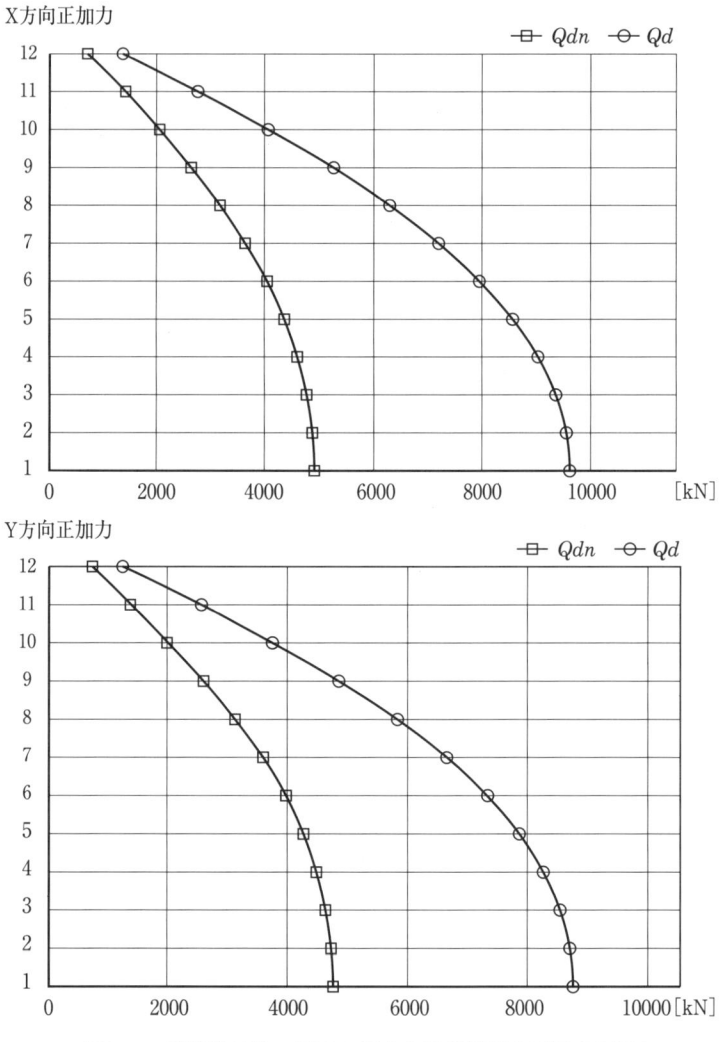

図3.21 損傷限界時の層せん断力と損傷限界必要層せん断力

値（1/200）を超えるので損傷限界としては変形角の制限値（1/200）の時点における各層の層せん断力（耐力）を損傷限界時の各層の耐力と定義して以降の検証をしている．図 3.19 中の各層の応答値（○印）は，図 3.27 中の○印の点をモード法を用いて変換したものであり，図 3.21 では，各層の応答層せん断力と損傷限界層せん断力の比較を行っている．また，損傷限界時までの荷重変形関係を RC 造例題（図 3.5 損傷限界と応答値）と本 S 造例題（図 3.19 損傷限界と応答値）で比較すると，RC 造は早期に曲げひび割れが発生し剛性の線形性を失い，その後徐々に剛性低下を起こし非線形挙動となる．また，鉄筋の降伏を持って，さらに剛性低下を生じ，その後ほぼ緩やかな一定の低下を起こしながら損傷限界耐力に到達している．従って，損傷限界耐力値と応答値は一直線状にはないことがわかる．一方，本 S 造では，損傷限界耐力に到達するまで，ほぼ剛性は線形性を失わず損傷限界耐力値と応答値は一直線状にあることがわかる．3.1.4 項の(4)損傷限界の検証で詳述されている必要損傷限界値と応答値の差異については鉄骨構造においては見られず，必要損傷限界値は応答値と一致する．

(5) 損傷限界検証のまとめ

以上(1)から(4)までの検証が表 3.10 にまとめてある．

表 3.10 損傷限界検証のまとめ一覧

	項目	X 正	X 負	Y 正	Y 負
保有値	全質量 M [t]	4730	4730	4730	4730
	損傷限界耐力 Q_d [kN]	9663	9663	8800	8800
	ベースシア係数 C_b	0.208	0.208	0.190	0.190
	有効質量 Mu_d [t]	3478	3478	3442	3442
	有効質量比 Mu_d/M	0.74	0.74	0.73	0.73
	代表変位 Δd [m]	0.160	0.160	0.156	0.156
	損傷限界固有周期 T_d [s]	1.51	1.51	1.55	1.55
必要値	必要損傷限界耐力 Q_{dn} [kN]	4884	4884	4745	4745
	ベースシア係数 C_b	0.105	0.105	0.102	0.102
	層間変形角（最大）	1/391	1/391	1/368	1/368
	余裕度	1.97	1.97	1.85	1.85
応答	応答せん断力 [kN]	4888	4888	4748	4748
	応答変位 [m]	0.081	0.081	0.084	0.084

3.2.5 地震時安全限界の検証

前述の RC 造例題（3.1.5 地震時安全限界の検証）において，限界耐力計算の本領である損傷限界時以降の建築物の挙動を評価する安全限界の検証に対する意義がわかり易く詳述されているので参照していただきたい．

(1) 算定方針
安全限界条件
部材終局耐力の計算方法
　　○ウェブ曲げ耐力の考慮はする．
　　○S梁 Mu 算定時の横座屈の考慮はする．
　　○柱脚曲げ耐力は，自動計算値を採用する．
　　○柱降伏曲面の算定式
　　　角形鋼管　$(M_x/Mu_x)^{\wedge}1.000+(M_y/Mu_y)^{\wedge}1.000=1$
　　　角形CFT柱　$(M_x/Mu_x)^{\wedge}1.000+(M_y/Mu_y)^{\wedge}1.000=1$

降伏の認識
　　○支点の浮き上がり降伏の考慮はしない．
　　○支点の圧壊降伏の考慮はする．
　　○支点の水平方向降伏の考慮はしない．
　　○梁のせん断降伏の考慮はする．
　　○柱のせん断降伏の考慮はする．
　　○脆性破壊した時の処理

		X方向	Y方向
S梁	せん断破壊	解析終了	解析終了
S柱	せん断破壊	解析終了	解析終了
	軸圧縮破壊	解析終了	解析終了

　　○柱危険断面位置採用方法はXY方向で長い方を採用する．

部材塑性率による解析終了

	曲げ	せん断	引張	圧縮
S造　梁	考慮しない	考慮しない		
S造　柱	考慮しない	考慮しない	考慮しない	考慮しない

荷重増分

	X方向	Y方向
○推定崩壊荷重の倍率	0.30	0.30
○推定崩壊荷重までのステップ数	50	50
○荷重増分量の分割方法	等分割	等分割
○重心の層間変形角	1/75	1/75
○最大の層間変形角	1/75	1/75
○最大ステップ数　正加力	999	999
負加力	999	999
○剛床回転の拘束	考慮しない	考慮しない

　　○弾性剛性に対する降伏後の部材剛性

           RC 部材　1/1000

           S 部材　1/1000

        支点（水平）　自由とする

  安全限界固有周期

　　○安全限界固有周期 T_s と加速度の分布係数 Bs_i は固有値解析により求めた 1 次モードまでの合成による．

　　○収束判別値　0.001

　　○最大反復回数　1

　　○Bs_i 初期値　　前回の結果による

　　○偏心階による安全限界耐力及び固有周期への影響は考慮しない．

  減　　衰

　　○X 方向

　　　建築物の減衰を表す数値 h は告示第三号（等価面積）による．

　　　減衰特性を表す係数 γ_1　0.25

　　○Y 方向

　　　建築物の減衰を表す数値 h は告示第三号（等価面積）による．

　　　減衰特性を表す係数 γ_1　0.25

  S 造「エネルギー法に基づく耐震性能評価法」による変形能の検討

  塑性率の検討　　X 方向　　　Y 方向

  梁　　　　　　　する　　　　する

　　　　η/μ　　1.00　　　　1.00

  梁　　　　　　　する　　　　する

　　　　η/μ　　1.00　　　　1.00

  地　盤　条　件

　　○表層地盤による加速度の増幅率 Gs は略算法による．

　　○スウェイ・ロッキングは考慮しない．

　　○地表面から基礎底面までの深さ 3.5 m

（2）　安全限界耐力の算定

安全限界時までの層せん断力と層間変形角曲線

　図 3.19 に示した損傷限界後，長辺 X，短辺 Y 方向共にいずれかの階が設定した安全限界変形角（本例題では長辺及び短辺方向共に 1/75）に達するまで，漸増載荷した時の荷重層間変形角曲線を図 3.22 に示す．図中の●印は安全限界時の各層の変形角を示し，長短辺方向で 4, 5 階床位置が安全限界変形角 1/75 に達している．損傷限界の検証で述べたように，図 3.19 と図 3.22 から，漸増載荷によって得られる各載荷ステップ時の各層の変形を 1 次の振動モードとして漸増載荷のステップごとに 1 自由度に置換して，図 3・27 の Sa-Sd 曲線が得られる．

　また，損傷限界の検証で述べたように図 3・22 の○印の応答値は，図 3・27 Sa-Sd 曲線中

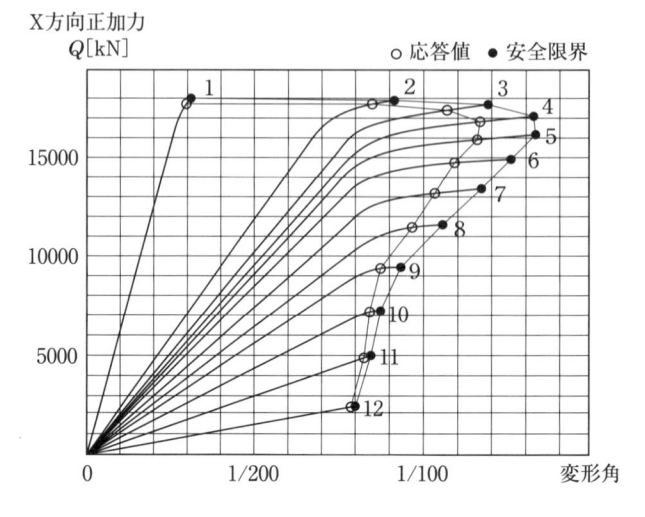

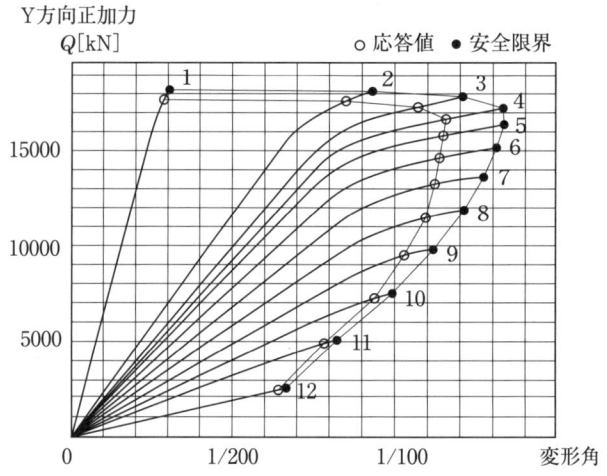

図3.22 安全限界時の層せん断力と層間変形角関係（安全限界と応答値）

の1自由度の応答値から，モード法により各層の安全限界時の応答層せん断力と応答変位を求め応答値として示したものである．また，RC 例題（図3.9）では，安全限界と応答値の対応に関しては，長辺 X 方向で良く対応しており，短辺 Y 方向で差異のある対応となっているが，S 造（図3.22）においては長辺 X，短辺 Y 方向共に同程度の差異のある対応となっている．

安全限界時の破壊形式

図3.23には，安全限界に達した時点での骨組みが塑性化している状態の長辺 X 方向 A ラーメンと短辺 Y 方向1ラーメンの場合を示している．基礎梁を RC（80 cm×350 cm）として耐力・剛性を大きくし1階柱の曲げモーメント関する中立軸を上げたため2階の梁は降伏に到達していない．また，上層階の梁においても塑性ヒンジは発生していない．本設計例において，梁の降伏変形が安全限界耐力時でのラーメンの変形に対して支配的となる．

3.2 鉄骨造12階建ての設計例　91

長辺X方向Aラーメン（正加力）　　　短辺Y方向1ラーメン（正加力）

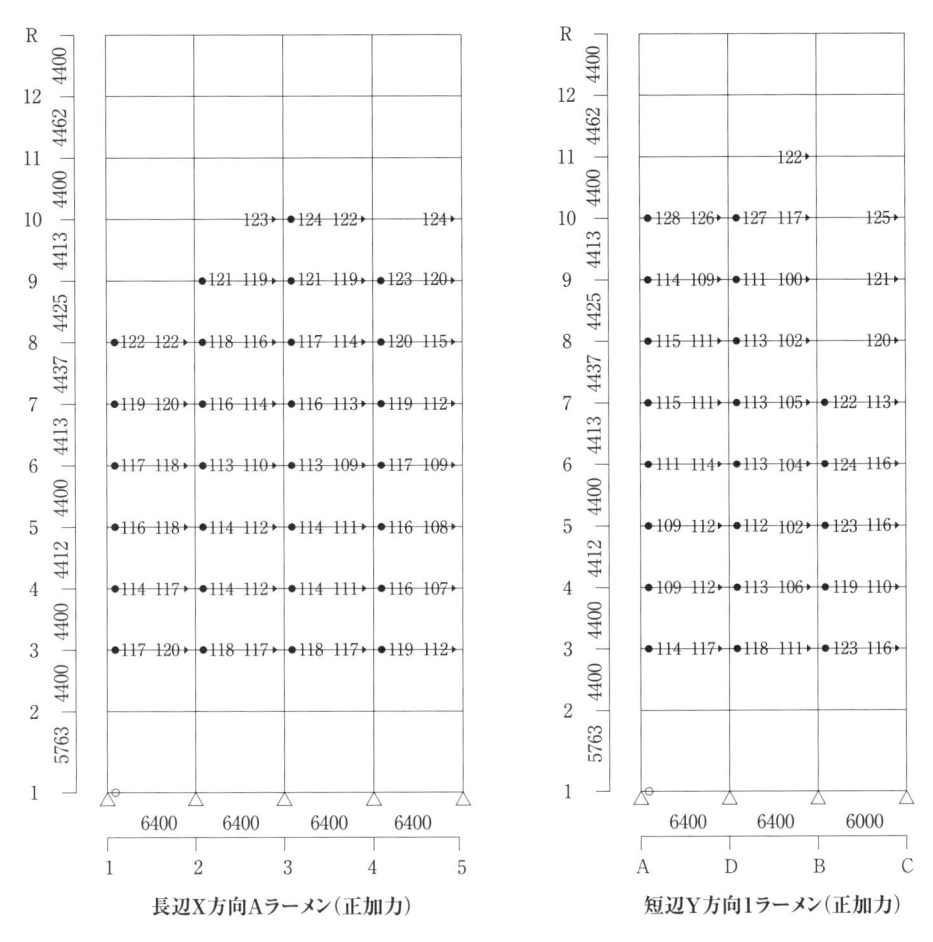

図3.23　安全限界時（$R=1/75$）での骨組みのヒンジ発生位置

塑性率

図3.24に安全限界時における各層の各塑性率を示す．

図3.23に示されるように柱には塑性ヒンジが生じておらず各層の塑性化した梁材に対しての塑性率が示されている．

梁部材の塑性率

本設計例において，安全限界耐力時でのラーメンの変形は，梁の降伏変形が支配的となるため，安全限界時に各梁部材の塑性率が限界変形塑性率を上回っていないことを確認する．各梁部材の限界変形塑性率（$_b\mu_u$）と安全限界時の梁部材塑性率（$_b\mu$）を表3.11に示す．

本例題では「エネルギー法に基づく耐震性能評価法」[1]に準じて計算される部材の保有累積塑性変形倍率（$_b\eta_u$）より，部材の限界変形塑性率（$_b\mu_u$）を推定している．

$$_b\mu_u = {_b\eta_u}/\alpha + 1 \tag{3.9}$$

α：累積塑性変形倍率と最大塑性変形倍率の比で本解析の場合は$\alpha=1$としている．

長辺X方向Aラーメン（正加力）　　　　短辺Y方向1ラーメン（正加力）

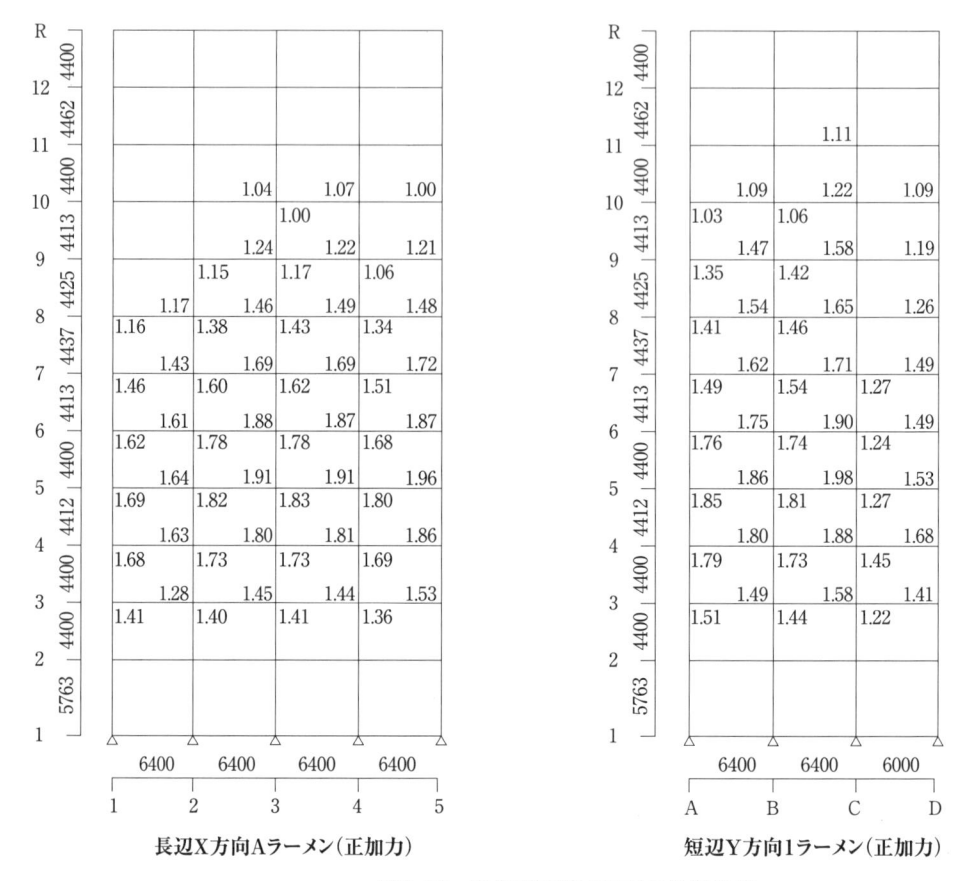

図3.24 安全限界時における各塑性率

安全限界時の各梁部材の塑性率は梁部材の限界変形塑性率を上回っていないことが表3.11より確認できる．

(3) 必要安全限界耐力の算定

図3.25は，Ps_iの計算で用いられる増幅率Gsが示されている．長辺X，短辺Y方向のTdに対応している値が○，□で示されている．また，損傷限界時と同様に安全限界時の各諸因が表3.12に示してある．

(4) 安全限界の検証

各層の安全限界耐力と必要安全限界耐力を長辺X，短辺Y方向ごとに示しているのが図3.26である．本例題では，長辺X，短辺Y方向で安全限界耐力と必要安全限界耐力の両者は全体的には接近しており，下層にゆくほど余裕度が大きくなる．

3.2 鉄骨造 12 階建ての設計例

表 3.11(その 1) 梁部材の限界変形塑性率と安全限界時の梁部材塑性率

S 梁限界変位
σ_{yf}：フランジ部の鋼材の降状強度 [N/mm²]
σ_{yw}：ウェブ部の鋼材の降状強度 [N/mm²]
$_b\mu_u$：部材の限界変形塑性率　　　　　$_b\mu$：安全限界時の部材塑性率

X 方向正加力

層　フレーム　軸　一軸　位置 形状	σ_{yf}	σ_{yw}	$_b\mu_u \geq {}_b\mu$	判定
10　A　3　−4　右端 H- 650 * 250 * 12.0 * 25.0 * 13	325	325	5.91　1.07	OK
10　C　2　−3　右端 H- 750 * 300 * 16.0 * 28.0 * 18	325	325	6.49　1.15	OK
9　A　2　−3　右端 H- 650 * 250 * 12.0 * 28.0 * 13	325	325	6.07　1.23	OK
9　C　2　−3　右端 H- 800 * 350 * 16.0 * 28.0 * 18	325	325	5.98　1.38	OK
9　D　2　−3　右端 H- 400 * 200 * 9.0 * 16.0 * 13	325	325	6.50　1.00	OK
8　A　3　−4　右端 H- 700 * 250 * 14.0 * 28.0 * 18	325	325	6.42　1.49	OK
8　C　2　−3　右端 H- 800 * 350 * 16.0 * 28.0 * 18	325	325	5.98　1.57	OK
8　D　2　−3　右端 H- 400 * 200 * 9.0 * 16.0 * 13	325	325	6.50　1.11	OK
7　A　4　−5　右端 H- 750 * 300 * 14.0 * 25.0 * 18	325	325	5.69　1.71	OK
7　C　2　−3　右端 H- 800 * 350 * 16.0 * 28.0 * 18	325	325	5.98　1.69	OK
7　D　4　−5　右端 H- 650 * 250 * 12.0 * 25.0 * 13	325	325	5.91　1.54	OK
6　A　2　−3　右端 H- 750 * 300 * 14.0 * 25.0 * 18	325	325	5.69　1.87	OK
6　C　3　−4　右端 H- 800 * 350 * 16.0 * 28.0 * 18	325	325	5.98　1.84	OK
6　D　2　−3　右端 H- 650 * 250 * 12.0 * 25.0 * 13	325	325	5.91　1.68	OK
5　A　4　−5　右端 H- 800 * 300 * 14.0 * 28.0 * 18	325	325	5.51　1.95	OK
5　C　2　−3　右端 H- 800 * 350 * 14.0 * 25.0 * 18	325	325	5.08　2.02	OK
5　D　2　−3　右端 H- 650 * 250 * 12.0 * 25.0 * 13	325	325	5.91　1.72	OK
4　A　4　−5　右端 H- 800 * 300 * 14.0 * 28.0 * 18	325	325	5.51　1.85	OK
4　C　3　−4　右端 H- 800 * 350 * 16.0 * 28.0 * 18	325	325	5.98　1.83	OK
4　D　2　−3　右端 H- 650 * 250 * 12.0 * 25.0 * 13	325	325	5.91　1.64	OK
3　A　4　−5　右端 H- 800 * 300 * 14.0 * 28.0 * 18	325	325	5.51　1.53	OK
3　C　3　−4　右端 H- 800 * 350 * 16.0 * 28.0 * 18	325	325	5.98　1.50	OK
3　D　4　−5　右端 H- 650 * 250 * 12.0 * 25.0 * 13	325	325	5.91　1.36	OK

表3.11（その2） 梁部材の限界変形塑性率と安全限界時の梁部材塑性率

Y方向正加力

層	フレーム	軸 －軸	位置	σ_{yf}	σ_{yw}	$_b\mu_u \geqq {_b\mu}$		判定
形状								
11	1	B －C	右端	325	325	6.53	1.10	OK
H- 550＊250＊12.0＊22.0＊13								
10	1	B －C	右端	325	325	6.89	1.22	OK
H- 550＊250＊12.0＊28.0＊13								
10	1	C －D	右端	325	325	7.03	1.09	OK
H- 400＊200＊9.0＊22.0＊13								
10	2	C －D	右端	325	325	7.52	1.06	OK
H- 450＊200＊12.0＊22.0＊13								
9	1	B －C	右端	325	325	6.33	1.58	OK
H- 600＊250＊12.0＊25.0＊13								
9	1	C －D	右端	325	325	7.03	1.19	OK
H- 400＊200＊9.0＊22.0＊13								
9	3	A －C	右端	325	325	6.03	1.14	OK
H- 800＊400＊16.0＊32.0＊18								
9	2	C －D	右端	325	325	7.52	1.23	OK
H- 450＊200＊12.0＊22.0＊13								
8	1	B －C	右端	325	325	6.33	1.65	OK
H- 600＊250＊12.0＊25.0＊13								
8	1	C －D	右端	325	325	7.03	1.25	OK
H- 400＊200＊9.0＊22.0＊13								
8	2	A －C	右端	325	325	6.03	1.09	OK
H- 800＊400＊16.0＊32.0＊18								
8	2	C －D	右端	325	325	6.38	1.71	OK
H- 800＊300＊16.0＊32.0＊18								
7	1	B －C	右端	325	325	6.33	1.70	OK
H- 600＊250＊12.0＊25.0＊13								
7	1	C －D	右端	325	325	7.32	1.49	OK
H- 500＊200＊12.0＊25.0＊13								
7	2	A －C	右端	325	325	6.03	1.15	OK
H- 800＊400＊16.0＊32.0＊18								
7	2	C －D	右端	325	325	6.38	1.83	OK
H- 800＊300＊16.0＊32.0＊18								
6	1	B －C	右端	325	325	5.88	1.89	OK
H- 750＊300＊14.0＊28.0＊18								
6	1	C －D	右端	325	325	7.32	1.48	OK
H- 500＊200＊12.0＊25.0＊13								
6	2	A －C	右端	325	325	6.03	1.21	OK
H- 800＊400＊16.0＊32.0＊18								
6	2	C －D	右端	325	325	6.38	1.86	OK
H- 800＊300＊16.0＊32.0＊18								
5	1	B －C	右端	325	325	5.88	1.98	OK
H- 750＊300＊14.0＊28.0＊18								
5	1	C －D	右端	325	325	7.32	1.52	OK
H- 500＊200＊12.0＊25.0＊13								
5	3	A －C	右端	325	325	5.94	1.64	OK
H- 900＊350＊19.0＊25.0＊18								
5	2	C －D	右端	325	325	6.38	1.95	OK
H- 800＊300＊16.0＊32.0＊18								
4	1	B －C	右端	325	325	5.88	1.87	OK
H- 750＊300＊14.0＊28.0＊18								
4	1	C －D	右端	325	325	6.33	1.67	OK
H- 600＊250＊12.0＊25.0＊13								
4	2	A －C	右端	325	325	5.94	1.54	OK
H- 900＊350＊19.0＊25.0＊18								
4	2	C －D	右端	325	325	6.38	1.89	OK
H- 800＊300＊16.0＊32.0＊18								
3	1	B －C	右端	325	325	5.88	1.58	OK
H- 750＊300＊14.0＊28.0＊18								
3	1	C －D	右端	325	325	6.33	1.40	OK
H- 600＊250＊12.0＊25.0＊13								
3	2	A －C	右端	325	325	5.94	1.30	OK
H- 900＊350＊19.0＊25.0＊18								
3	2	C －D	右端	325	325	6.38	1.59	OK
H- 800＊300＊16.0＊32.0＊18								

表層地盤の増幅率 Gs ○X方向 □Y方向 —略算法(第2種地盤)

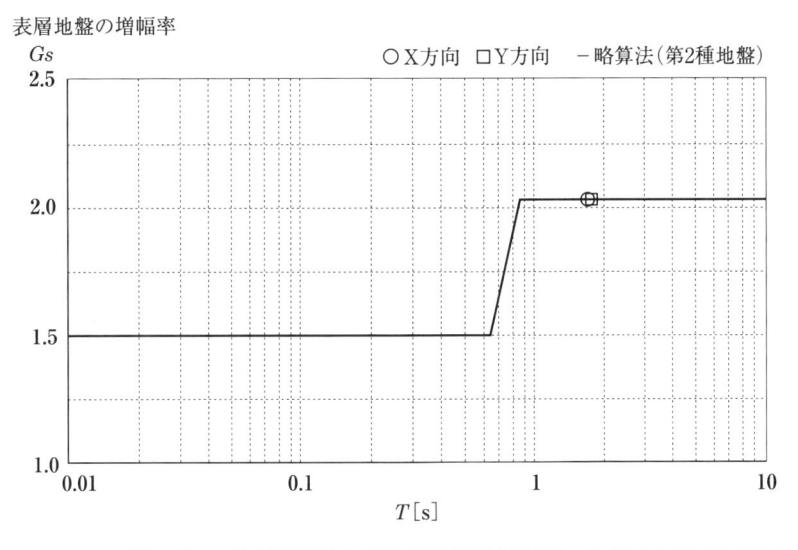

図3.25 安全限界時の表層地盤簡易増幅率Gsと安全限界固有周期

表3.12 安全限界時の必要層せん断力

必要安全限界耐力
m_i：質量　　　　　　Ps_i：水平方向に作用する力
bs_i：震度分布　　　　Qsn_i：必要安全限界耐力
Bs_i：加速度の分布係数

X方向正加力

階	m_i [t]	Bs_i	Ps_i [kN]	Qsn_i [kN]
12	343.4	1.406	2181.8	2181.8
11	375.1	1.315	2228.6	4410.4
10	381.3	1.217	2096.6	6507.0
9	391.0	1.115	1971.2	8478.2
8	398.5	1.006	1811.3	10289.5
7	401.8	0.880	1597.7	11887.2
6	404.3	0.741	1354.0	13241.2
5	406.4	0.594	1091.1	14332.3
4	406.4	0.440	808.8	15141.1
3	407.5	0.288	529.8	15670.9
2	407.5	0.151	278.4	15949.3
1	407.5	0.047	86.1	16035.4

Y方向正加力

階	m_i [t]	Bs_i	Ps_i [kN]	Qsn_i [kN]
12	343.4	1.411	2182.5	2182.5
11	375.1	1.337	2258.4	4440.9
10	381.3	1.244	2136.5	6577.4
9	391.0	1.133	1995.2	8572.6
8	398.5	1.006	1806.9	10379.4
7	401.8	0.869	1572.9	11952.3
6	404.3	0.725	1320.5	13272.8
5	406.4	0.578	1057.9	14330.7
4	406.4	0.429	786.2	15116.9
3	407.5	0.281	516.5	15633.4
2	407.5	0.147	270.6	15904.0
1	407.5	0.044	81.1	15985.1

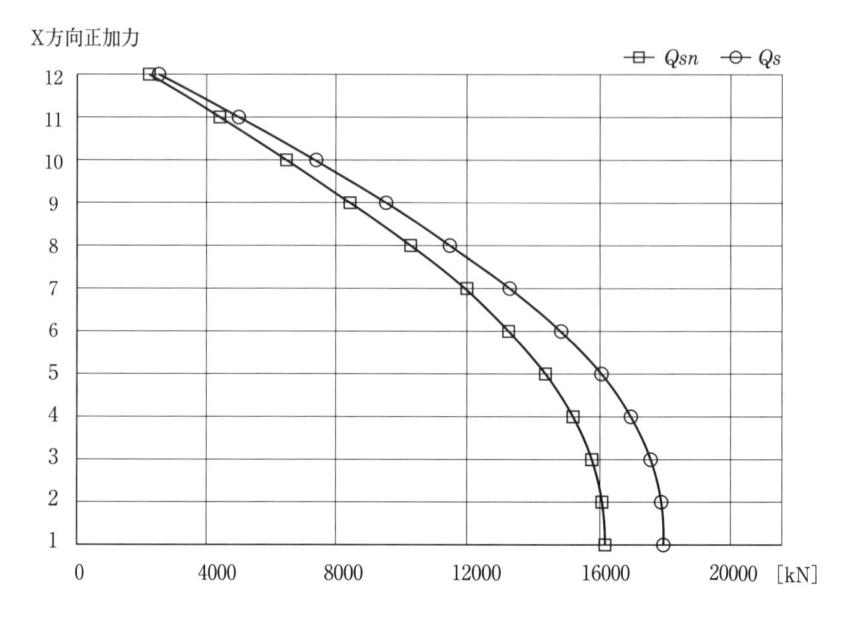

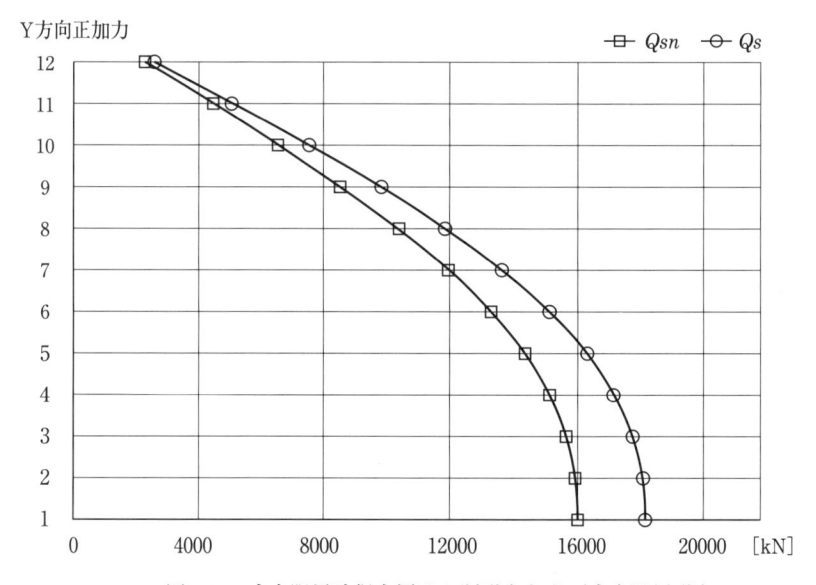

図3.26 安全限界時保有層せん断耐力と必要安全限界耐力

Sa-Sd 関係による検証結果の確認

　図 3.27 に X 方向，Y 方向の正加力に関する損傷限界点●と必要限界点○（応答□）関係が，また安全限界点▲と必要安全限界点■並びにその応答値◇が示されている．

(5) 安全限界検証のまとめ

　建築物の安全限界の保有値と必要値が表 3.13 に示されている．安全限界耐力と必要安全限界耐力との比率が余裕度となり，本設計例は余裕度 1 以上なので安全性を検証したことなる．

3.2 鉄骨造 12 階建ての設計例　97

【X 方向　正加力　Sa–Sd 関係図】

【Y 方向　正加力　Sa–Sd 関係図】

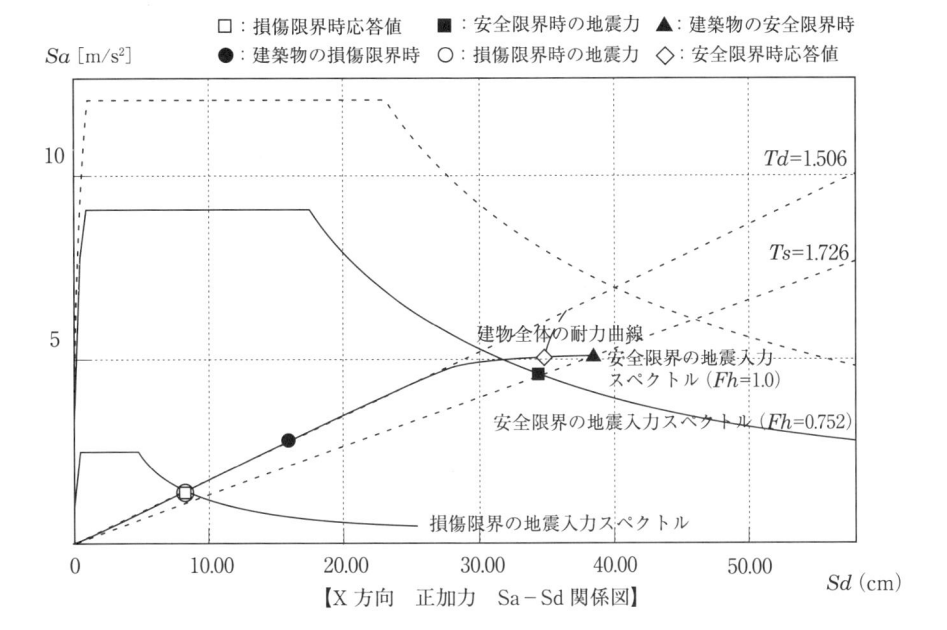

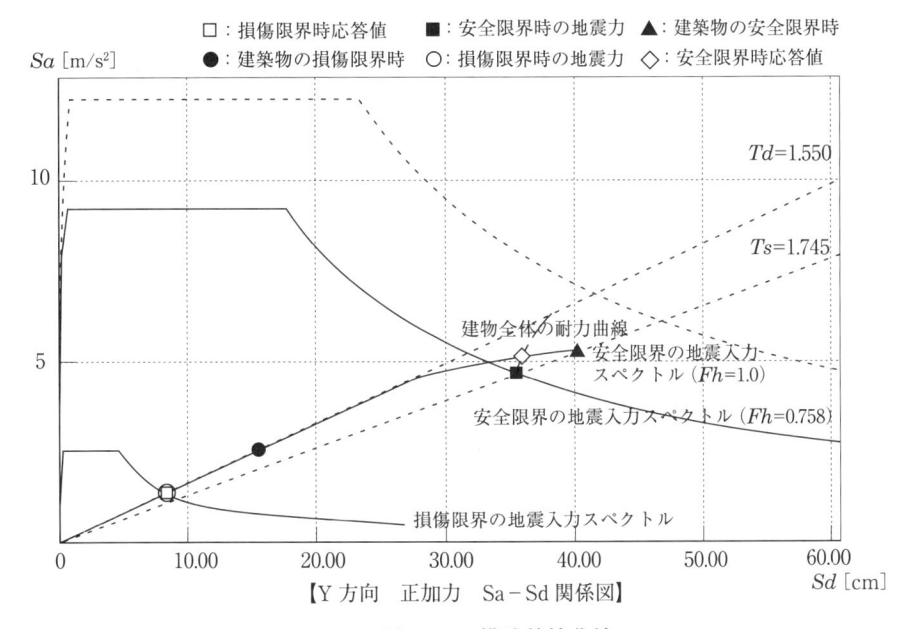

図 3.27　構造特性曲線

表 3.13 安全限界検証のまとめ

	項目	X 正	X 負	Y 正	Y 負
保有値	全質量 M [t]	4730	4730	4730	4730
	安全限界耐力 Qs [kN]	17986	17986	18226	18154
	ベースシア係数 Cb	0.388	0.388	0.393	0.391
	有効質量 Mu_s [t]	3516	3516	3481	3482
	有効質量比 Mu_s/M	0.74	0.74	0.74	0.74
	代表変位 Δs [m]	0.386	0.386	0.404	0.403
	安全限界固有周期 Ts [s]	1.73	1.73	1.75	1.75
必要値	必要安全限界耐力 Qsn [kN]	16035	16036	15985	15990
	ベースシア係数 Cb	0.346	0.346	0.345	0.345
	加速度低減率 Fh	0.75	0.75	0.76	0.76
	建築物の減衰 h	0.099	0.099	0.098	0.098
	余裕度	1.12	1.12	1.14	1.13
応答	応答せん断力 [kN]	17710	17710	17664	17629
	応答変位 [m]	0.348	0.348	0.360	0.361

参 考 文 献

[1] 建設省建築研究所：エネルギー法に基づく耐震性能評価法・鋼構造建築物に適用した場合，2000 年 1 月．

第4章 限界耐力計算を用いる耐震設計法の概説

4.1 限界耐力計算の概要
―耐震性能設計の検証方法として―

　1995年阪神淡路大震災時に，崩壊はしなかったものの大規模な補修補強を必要とする，あるいは補修補強のために長い期間使用できない状態の建築物被害が多数発生した．これは，壊滅的な地震動が生じたときに，最低限建築物の崩壊だけは生じさせることなく，建築物使用者の生命を守るという従来からの設計思想に基づいた当然の結果で，崩壊をまぬかれた建築物の設計者が責めを負わなければならない事態ではなかったと言えよう．

　しかしながら，建築主や住民は，建築物の崩壊を免れ，辛うじて生命は守られたとはいえ，大きく破損して住み続けることのできないマンション，営業できない商業建築などを目の当たりにして，それが建築の専門家の設計思想による当然の帰結などとは，知るはずもなかった．

　阪神淡路大震災を契機に，いわゆる性能設計法が導入されることになった．これは，建築主が，想定した地震動のレベルに応じて，所有する建築物がどの程度の被害を想定して設計されているのかを認識できるようにする，あるいは建築主が，コストとのバランス等勘案して耐震性能の基準を決めて専門家に設計を依頼できるようにする設計思想である．

　もちろん，性能設計は耐震設計に限らず，建築物の機能，設備，耐久性などまさに建築物のすべての面を対象とするものである．ただ，建築物の性能のうち，安全性，とりわけ耐震安全性が，きわめて重要であることは，過去の震災の惨状を思い起こせば明白である．

　限界耐力計算は，建築物の耐震性能を確保し，それを検証する方法として，2000年建築基準法の改定時に導入されたものである．

　限界耐力計算は，従来の許容応力度設計法や保有耐力設計法と技術的に次のような点で大きく違っている．

1) 地震入力を，建築物のレベルまたは地表面で評価するのではなく，表層地盤の下にある工学的基盤（実際は解放工学的基盤）にスペクトルで与え，建設地の表層地盤の増幅特性を考慮して決定する．
2) 建築物の損傷から崩壊に至るプロセスを等価線形化法で，建築物の強度と変位の過程を追跡しながら検証する．
3) 地盤や建築物の非線形化による振動減衰性を応答計算に反映する．

　図4.1は，2000年改定建築基準法，同施行令，関連告示等に基づいて行う限界耐力計算の検

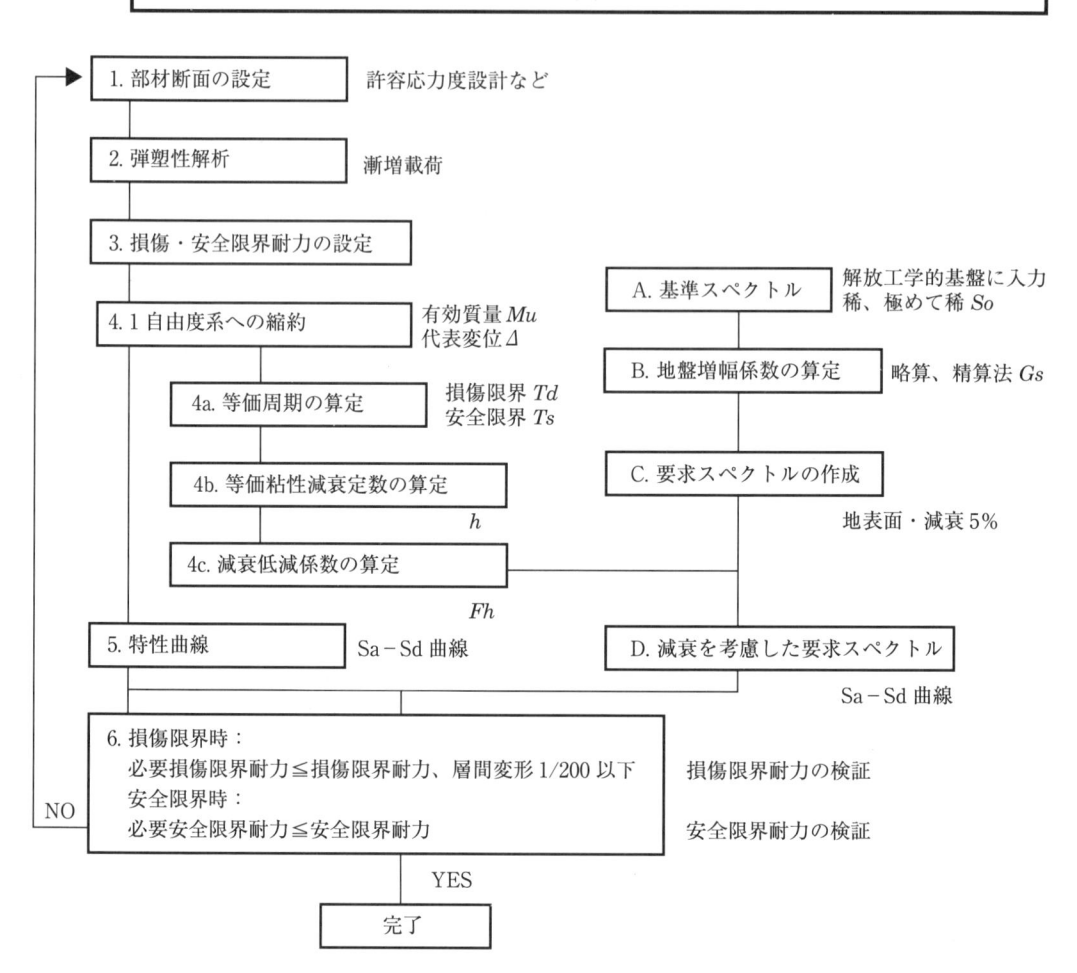

100　第 4 章　限界耐力計算を用いる耐震設計法の概説

```
┌─────────────────────────────────────────┐
│         限界耐力計算による検証の流れ         │
└─────────────────────────────────────────┘
```

[フローチャート]

1. 部材断面の設定　　　　許容応力度設計など

2. 弾塑性解析　　　　　　漸増載荷

3. 損傷・安全限界耐力の設定

4.1 自由度系への縮約　　有効質量 M_u、代表変位 Δ

　A. 基準スペクトル　　　解放工学的基盤に入力　稀、極めて稀 S_o

4a. 等価周期の算定　　　損傷限界 T_d　安全限界 T_s

　B. 地盤増幅係数の算定　略算、精算法 G_s

4b. 等価粘性減衰定数の算定　h

　C. 要求スペクトルの作成　地表面・減衰 5%

4c. 減衰低減係数の算定　Fh

5. 特性曲線　　　Sa-Sd 曲線

　D. 減衰を考慮した要求スペクトル　Sa-Sd 曲線

6. 損傷限界時：
　　必要損傷限界耐力≦損傷限界耐力、層間変形 1/200 以下　　損傷限界耐力の検証
　安全限界時：
　　必要安全限界耐力≦安全限界耐力　　安全限界耐力の検証

NO → (1に戻る)　YES → 完了

図 4.1　限界耐力計算による検証
（日本建築学会関東支部：耐震構造の設計, p.311 の図に加筆）

証方法の流れを示したものである．

　検証とは，当該敷地に将来生ずることが想定される地震動に対して，すでに設計された建築物が所要の性能を有しているかどうかを確認することを意味する．したがって，限界耐力計算による検証は，対象建築物が長期荷重等に対して安全な状態に，すでに構造設計されている状態，すなわち構造がすでに形づくられ，配筋等も決定されている状態から始まる．具体的には，許容応力度等設計で部材断面まで決定した上で検証する．

4.2　損傷限界と安全限界

　図 4.1 は，限界耐力計算による検証方法の大きな流れを示している．第 3 章の設計例のプロ

セスを追いながら，図 4.1 を確認することで検証の手順が理解できよう．以下さらに理解しやすくするために，骨格となる用語や考え方，法令の規定などを概説しよう．

まず，最終判定の損傷限界，安全限界とは何かについて述べる．

本来，要求する性能水準は，建築主が，設定すべきものである．その前提の上で，建築基準法は，建設される建築物が少なくとも最低限満たすべき耐震性能として，損傷限界と安全限界と称する 2 つの性能指標を定めている．

損傷限界とは，あいまいな表現ではあるが，稀に発生する地震，建築物の存在期間に 1 回程度は遭遇する可能性の高い地震によって，建設予定の敷地に生ずる地震動に対して，建築物にきれつや材料の降伏を生じないようにする設計限界である．具体的には，建築物内のいずれかの部材が短期許容応力度に達する時を損傷限界と設定する．

一方，安全限界は，建築物が極めて稀に発生する最大級の地震動を受けても，崩壊することなく人命を保護できるとする設計の限界耐力を示す時点を表す．

具体的には，限界耐力計算法の損傷限界や安全限界は，建築物を水平方向に細かいステップで水平力を漸増載荷して算定する建築物の保有耐力と，想定する地震や建設地の地盤特性，建築物の挙動など考慮して算定される作用地震力（必要耐力）とを比較して検証する．

損傷，安全限界の検証のために，2 つの入力地震動のレベルが設定されている．入力は，解放工学的基盤に設定する地震動を，減衰定数 5% の加速度応答スペクトルで示されており，安全限界の加速度レベルは，損傷限界のレベルの 5 倍の大きさに設定されている．

建築物に作用することを想定する入力地震動については，4.5 節の「基準スペクトル」と「地盤増幅率の算定」で概要を述べる．地震動の表層地盤による増幅特性については第 5 章，第 6 章で詳述する．

また，判定の基準となる「要求スペクトル」および建築物の構造特性を表わす「特性曲線」（耐力曲線，耐力スペクトル，構造特性曲線などと呼ばれているがここでは告示（建告 1457 第九の三）の用語を用いる）についてもそれぞれ該当項目のところで述べる．

4.3 損傷限界と安全限界の検証

限界耐力計算法による具体的な計算は，大きく以下の 2 つの作業からなる．
1. 設計した建築物の耐力，変形性能を算定する．
   損傷限界，安全限界の算定
2. 設計した建築物に作用する地震力を算定する．
   必要損傷限界，必要安全限界

ただ，許容応力度等設計と異なり，必要安全耐力の基になる作用地震力の算定は，これから設計（検証）する建築物の変形の増大による固有周期の変化や減衰性能の増加などを作用地震力の要求値に反映させることである．入力と応答が相互に関わり合う振動学的な知見が巧みに用いられている．

以下に，検証に至る作業の概要を述べる．（図 4.2）

損傷限界耐力と安全限界耐力について

　限界耐力計算法と呼ばれる由縁は，上述のように建築物の挙動を 2 つのレベル，損傷限界と安全限界として把握しようとするものである．
　すなわち，次のような検証となる．
① 稀に発生する地震動に対しては建築物に損傷を生じさせないように損傷限界耐力を保持する．また，2 次部材等の保護のため，変形を制限する．
② 極めて稀に発生する地震動に対しては建築物に相当の損傷が生じても最小限，人命保護するだけの安全性を確保する安全限界耐力を保持する．

　限界耐力計算法は，損傷限界耐力，安全限界耐力の評価を 1 自由度振動系で評価するところに特徴がある．平易に言い換えると，多層（多自由度）の建築物を，1 層の建築物（1 自由度）に置換して限界耐力の検証を行うものである．
　図 4.2 のような流れで計算する（この計算にはモーダルアナリシスの考え方が多く取り入れられている）．（文献：楠木・規矩編『建築と土木の耐震設計・基礎編』関東学院大学出版会，第 5 章を参照）
　損傷限界耐力と安全限界耐力の具体的な計算のイメージについて述べよう．現在は構造計算を手計算でやることはないので，第 3 章で例示したように，市販されているソフトを使うことを前提にイメージ化しよう．

荷重漸増と限界耐力

損傷限界耐力 Q_d：
① ラーメンに作用させる水平荷重を高さ方向に変化させて，漸増載荷する．
② 荷重の載荷ステップごとに全部材が短期許容応力度に達していないかどうかチェックする．
③ ある載荷ステップ時に 1 材でも短期許容応力度に達したら，そのステップを損傷限界耐力と見なす．
④ 損傷限界耐力はこのとき載荷された水平力による 1 層の層せん断力（ベースシア）である．
⑤ 損傷限界耐力に耐えている建築物の各層の層間変位（損傷限界変位）は原則として 1/200 以下（特例として 1/120 以下）である．

安全限界耐力 Q_s：
① 限界変位として層間変形角を設定する．1/75 以下に設定する．
② 損傷限界に達したラーメンをさらに高さ方向に変化させた加速度分布に比例する荷重で漸増載荷させながら，いずれかの層が設定した限界層間変位に達するまで載荷する．

4.3 損傷限界と安全限界の検証　103

損傷限界耐力の検証

検証 $Qd \geq Qdn$

各階に作用する損傷限界時の地震力:
$$Pd_i = So \cdot m_i \cdot Bd_i \cdot Z \cdot Gs = Sa \cdot m_i \cdot Bd_i \cdot Z$$

漸増加力で損傷限界　各層のせん断力 Qd

損傷限界時変位（1次固有振動型とみなす）

Mu_d, Δd, Td, 損傷限界耐力 Qd, Sa

Gs

So（安全限界時の1/5）

必要損傷限界耐力 Qdn

安全限界耐力の検証

検証 $Qs \geq Qsn$

各階に作用する安全限界時の地震力:
$$Ps_i = So \cdot m_i \cdot Bs_i \cdot Z \cdot Gs \cdot Fh = Sa \cdot m_i \cdot Bs_i \cdot Z \cdot Fh$$

漸増加力で安全限界　各層のせん断力 Qs

安全限界時変位（1次固有振動型とみなす）

Mu_s, Δs, Ts, 安全限界耐力 Qs, Sa

Gs

So

必要安全限界耐力 Qsn

図 4.2　限界耐力の検証

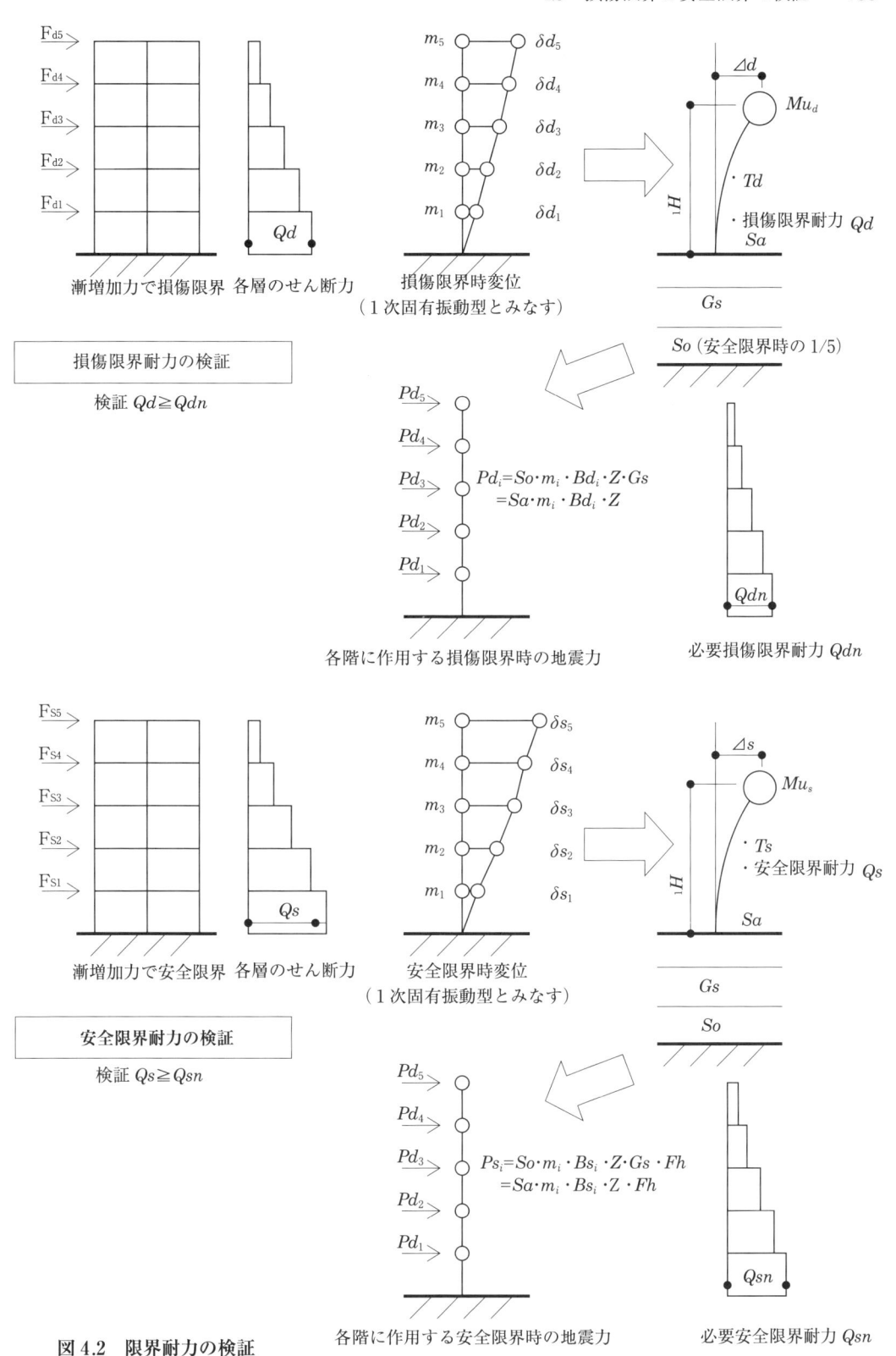

104　第4章　限界耐力計算を用いる耐震設計法の概説

　　　③　設定した限界層間変位に達した載荷ステップを安全限界状態と見なす．
　　　④　安全限界耐力はこのとき載荷された水平力による1層の層せん断力である．

　損傷限界耐力 Qd と安全限界耐力 Qs がそれぞれの必要耐力以上であるか否かの検証のために，基準となる必要損傷限界耐力 Qdn，必要安全限界耐力 Qsn を以下のように求める．

等価1自由度系への縮約

必要損傷限界耐力：Qdn

　　①　漸増載荷によって到達した損傷限界時の各質量（床）位置の水平変位の形状を振動の1次固有振動形とみなし，これより Mu_d, Δd, Td とする1自由度振動系に縮約する．（設計建築物の耐力，変形性能を算定）

　　②　この Td に相当する工学的基盤での損傷限界の基準スペクトル S_0，および地域係数 Z，地盤増幅率 Gs，各層の質量 m_i，加速度の分布係数 Bd_i の積で各質量（床）位置における水平力 Pd_i を求める．（設計建築物に作用する各階床位置の損傷限界耐力時地震力の算定）

　　③　各質量（床）位置における水平力 Pd_i から1層のせん断力を求めると，これが必要損傷限界耐力 Qdn である．（設計建築物に作用する損傷限界耐力時の層せん断力の算定）

必要安全限界耐力：ほとんど必要損傷限界耐力の求め方と同じであるが，非線形化に基づく減衰効果による加速度の低減をしている点が大きく異なる．損傷限界に達した後，さらに，漸増載荷する．

　　①　漸増載荷して，設定した層間変形角に達した安全限界時の水平変位の形状を，振動の1次固有振動形とみなし，これより Mu_s, Δs, Ts とする1自由度の振動系に縮約する．（設計建築物の耐力，変形性能を算定）

　　②　一方，Ts に相当する工学的基盤での安全限界の基準スペクトル S_0，および地域係数 Z，地盤増幅率 Gs，減衰による低減率 Fh，各層の質量 m_i，加速度の分布係数 Bs_i の積で各質量（床）位置における水平力 Ps_i を求める．（設計建築物に作用する各階床位置の安全限界耐力時の地震力の算定）

　　③　各質量位置に1層のせん断力を求めると，これが必要安全限界耐力 Qsn である．（設計建築物に作用する安全限界耐力時の層せん断力の算定）

限界耐力の検証：

　建築物の安全性は，建築物の有する限界耐力とその建設地の表層地盤の特性等を考慮して求めた必要限界耐力との比較で検証される．

　　　　　　損傷限界の検証：（建基法施行令第82条の5三）
　　　　　　　　損傷限界耐力　$Qd \geq$ 必要安全限界耐力 Qdn
　　　　　　　　損傷限界変位　1/200以下
　　　　　安全限界の検証：（建基法施行令第82条の5五）
　　　　　　　　安全限界耐力　$Qs \geq$ 必要安全限界耐力 Qsn

安全限界変位　1/75 以下（建告 1457 第六の 2）

4.4　限界耐力計算に用いられるいろいろの手法と用語

4.4.1　Sa-Sd 応答曲線

1）　応答スペクトルのいろいろの表現

　応答スペクトルは，ある地震動に対して，減衰定数をパラメーターにして，たくさんの異なる固有周期の 1 自由度振動系の地震応答の，それぞれの最大値を示したものである．よく目にするのは，図 4.3 に示すような，加速度，速度，変位の 3 つの図で表現されたスペクトル図である．それぞれの横座標は 1 自由度振動系の固有周期である．

　図 4.3 は，1940 年エルセントロ地震波に対して，$h=0.05$，0.10，0.20 に対して作成した応答スペクトルである．

　この 3 つの応答スペクトルを 1 枚のグラフで表現したものが，図 4.4 の 3 重応答スペクトルである．

　もう 1 つの表現方法として，加速度スペクトルと変位スペクトルを 1 つにした Sa-Sd スペクトルがある．図 4.5 に示したが，図 4.3 の Sa スペクトルの Sa 値を縦座標に，Sd スペクトルの Sd 値を横軸にして，2 つのスペクトルの同じ周期に対応する点を Sa-Sd スペクトルの図上にプロットして作ることができる．図中の直線は固有周期 $T=0.5$ s，1.0 s，2.0 s を示す．これより，0.5 s から 1.0 s の建築物は応答加速度が大きく，変形は小さいが，2.0 s より長い建築物は加速度は小さいものの変位が大きくなることが分かる．

　この Sa-Sd スペクトルが，限界耐力計算の損傷限界，安全限界の検証に用いられる．

2）　擬似応答スペクトル

　変位スペクトル Sd，速度スペクトル Sv，加速度スペクトル Sa の間には，(4.1)～(4.3)式に示した関係がある．

　限界耐力計算法の応答値の検証にも，これらの関係が用いられる．その例を図 4.6 に示す．

　図 4.6 に示した加速度応答スペクトルは，限界耐力計算に用いる，ある地盤の地表面の加速度要求スペクトルである．この加速度スペクトルは工学的基盤に設定された基準スペクトル S_0 に表層地盤の増幅率 Gs を乗じて作られたものである．

　このスペクトルを Sa とし，Sa と Sd との関係を示す(4.3)式を用いて，作成したのが擬似変位応答スペクトル図である．図 4.5 を作成したのと同じ方法で加速度応答スペクトルと擬似変位応答スペクトルを組み合わせて，作成した Sa-Sd スペクトルを図 4.6 に示した．

$$Sd = \frac{1}{\omega} Sv = \frac{T}{2\pi} Sv \tag{4.1}$$

$$Sv = \omega Sd = \frac{2\pi}{T} Sd \tag{4.2}$$

106　第 4 章　限界耐力計算を用いる耐震設計法の概説

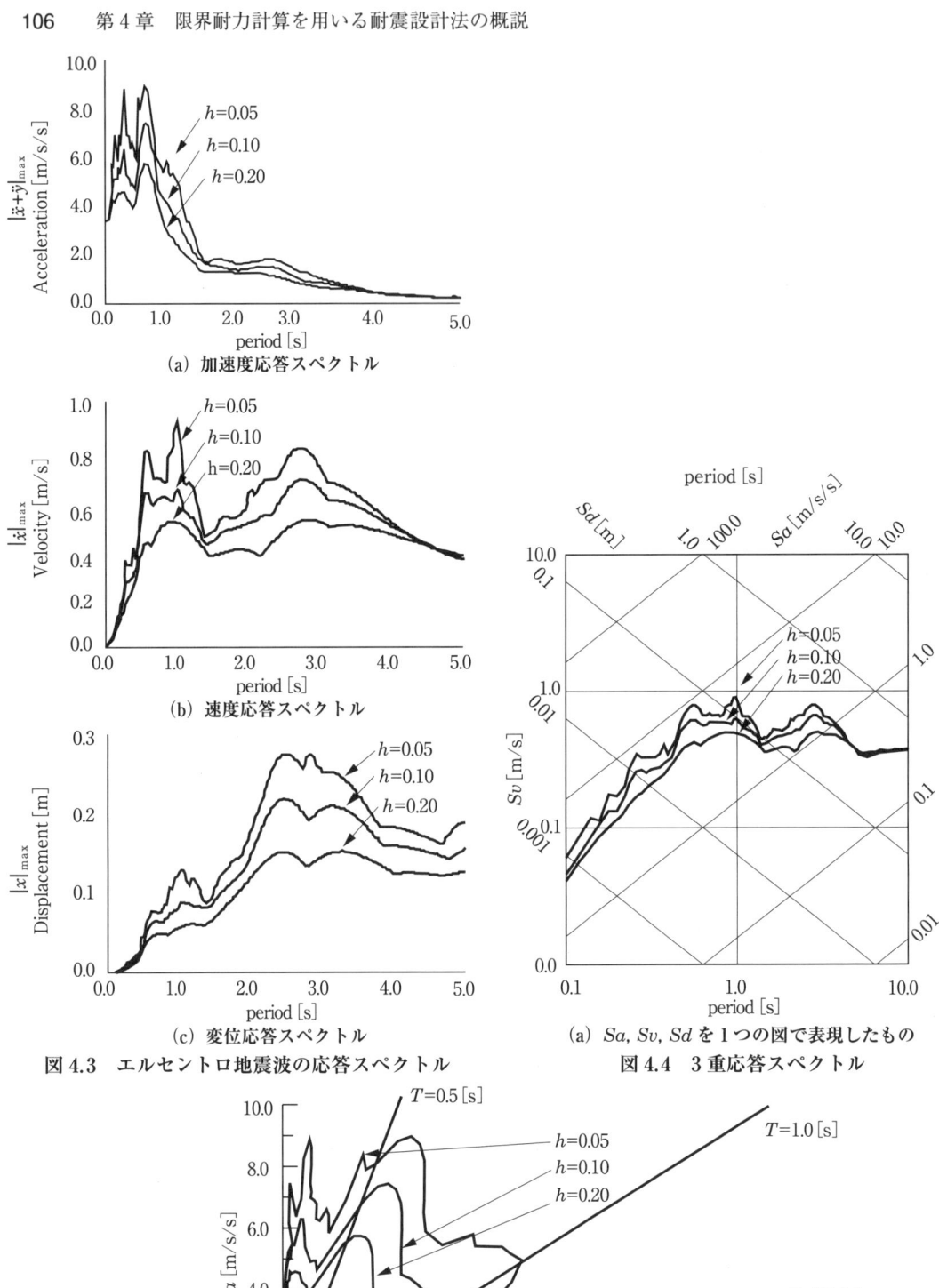

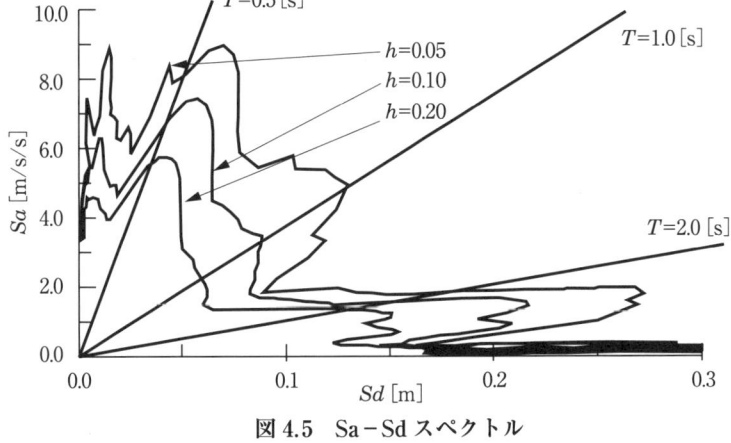

(a) 加速度応答スペクトル

(b) 速度応答スペクトル

(c) 変位応答スペクトル

図 4.3　エルセントロ地震波の応答スペクトル

(a) Sa, Sv, Sd を 1 つの図で表現したもの

図 4.4　3 重応答スペクトル

図 4.5　Sa−Sd スペクトル

4.4 限界耐力計算に用いられるいろいろの手法と用語　　107

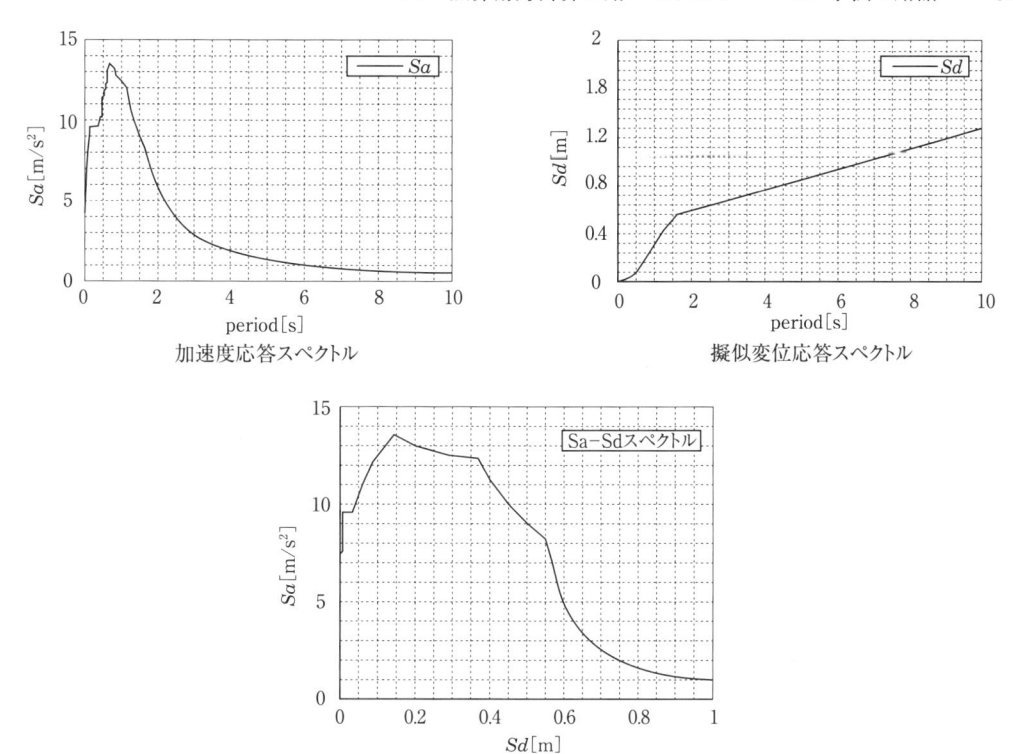

図4.6　加速度応答スペクトルからSa-Sdスペクトル

周知のように，$Sa = \omega Sv = \omega^2 Sd = \left(\dfrac{2\pi}{T}\right)^2 Sd$ の関係がある．

すなわち

$$Sd = \left(\dfrac{T}{2\pi}\right)^2 Sa \tag{4.3}$$

地表面の要求スペクトル Sa が得られた時，(4.3)式で擬似速度応答スペクトルを作成し，Sa と Sd スペクトルの組み合わせにより Sa-Sd スペクトルが作られる．

同じ周期に対応する Sa スペクトルと Sd スペクトルの値を Sa-Sd スペクトルのグラフ上にプロットすることで Sa-Sd スペクトルは作成できる．

4.4.2　多自由度振動系から1自由度振動系への縮約
　　　—等価線形化法—

Pd_i，Ps_i の計算は，応答スペクトルである要求スペクトルを用いて計算していることから，この計算は多自由度系を1自由度系に置き換えて応答計算をする固有モード法による計算である．

そこで，「多自由度系から1自由度系への縮約」について述べる．

108　第4章　限界耐力計算を用いる耐震設計法の概説

損傷限界固有周期 T_d，安全限界固有周期 T_s をはじめ，縮約された1自由度振動系の有効質量 Mu_d，代表変位 Δd や有効質量 Mu_s，代表変位 Δs などの算定法について，以下に述べる．(この考え方の理解には，固有モード法あるいはモーダルアナリシスと呼ばれる固有値解析に基づく地震応答の計算法の知識が必要である．(『建築と土木の耐震設計・基礎編』関東学院大学出版会，第5章参照)

1)　外力分布の算定

図4.7のように地震力に相当する水平力で載荷する．載荷を少しずつ増加させながら加力する漸増載荷によって，建築物の荷重-変形関係を求める．これを，漸増荷重による増分解析という．

載荷は，建築物の振動挙動時に準じるように，加速度の高さ方向の分布係数に比例させながら，漸増載荷する．

載荷の高さ方向の加速度の分布係数 Bd_i，Bs_i は，建告1457第四に示されている．

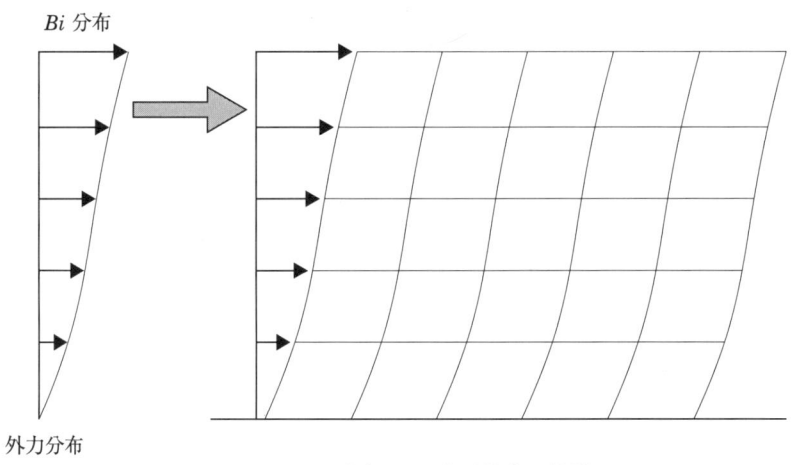

図4.7　B_i分布による水平載荷の状態

基本的には載荷ステップごとの変形状態の固有値を求め，その刺激関数を用いて，決定するように建築基準法施行令に定められている．ただ，地上階数が5以下の場合は以下に記す，建告1457第四の bd_i，bs_i を用いることができる．図4.7は B_i に比例して載荷されている建築物の変形状態のイメージを示す．

5階以下の Bd_i，Bs_i に用いられる bd_i，bs_i は，次の各式によって計算される．なお，現状では，固有値を用いて分布係数を決める方法を一定の精度を確保しながら計算すると，膨大な時間がかかる．多くの限界耐力の解説書の例題は，告示の規定にも関わらず，bd_i，bs_i分布が多用されているが，法令等の条文通りではない．

以下の(4.4)，(4.5)式は，5階建て以下の建築物に適用できる bd_i，bs_i で，建告1457第四の表（一），（二）に規定されているものである．

$$bd_i = 1 + (\sqrt{a_i} - a_i^2) \cdot \frac{2h(0.02 + 0.01\lambda)}{1 + 3h(0.02 + 0.01\lambda)} \cdot \frac{\sum m_j}{m_N} \tag{4.4}$$

最上階以外の bd_i 算定式

$$bd_i = 1 + (\sqrt{a_i} - \sqrt{a_{i+1}} - a_i^2 - a_{i+1}^2) \cdot \frac{2h(0.02 + 0.01\lambda)}{1 + 3h(0.02 + 0.01\lambda)} \cdot \frac{\sum m_j}{m_i} \tag{4.5}$$

ここで,

a_i ：建築物の bd_i を計算しようとする高さの部分が支える部分の固定荷重と積載荷重との和を地上部分の固定荷重と積載荷重との和で除した数値

h ：建築物高さ［m］（軒高）

λ ：鉄骨造部分の高さの h に対する比

m_i ：第 i 階の質量［t］

N ：建築物の階数

2) 荷重漸増解析から求める損傷限界・安全限界状態

荷重漸増解析は，柱・梁部材を線材置換したモデルを，静的弾塑性解析ソフト（本書では一貫構造計算ソフト Super Build/SS3 を用いている）によって行う．Bd_i に比例した漸増載荷で徐々に荷重を増していき，建築物のいずれかの部材の箇所が短期許容応力度に達したその時を損傷限界状態，また安全限界耐力時として設定した層間変形角に至った状態を安全限界状態と判定する．

解析の精度は何らかの方法，たとえば保有耐力の地震荷重を推定崩壊荷重とみなして，それ

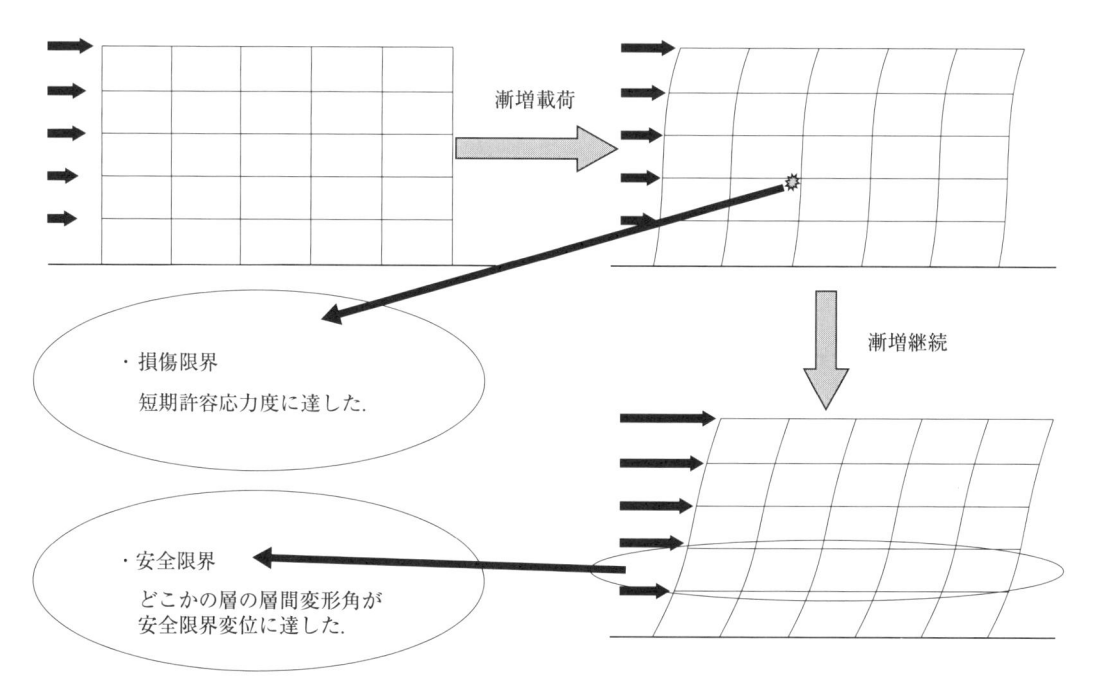

図4.8 荷重漸増解析の概略

110　第4章　限界耐力計算を用いる耐震設計法の概説

を基に，どのくらいに区分して漸増載荷するかで精度が決まる．

荷重漸増解析の概念図を図4.8に示す．

3) 1自由度系への縮約と特性曲線―縮約方法―

建築物の構造性能を代表する縮約1自由度振動系の特性曲線は，荷重漸増解析で得られたステップごとの1階層せん断力（ベースシア Q_B），i層の基礎位置からの相対変位 δ_i および各層の質量 m_i を用いて作られる(4.6)～(4.9)式より算出することができる．すなわち，各階の水平変位 $\{\delta_i\}$ を1次の固有振動形としてモード法に基づいて N 自由度振動系を1自由度系に置換する．そうして，載荷ステップごとに，ばねと質量が変わる線形の1自由度振動系へと置換することを意味し，これを等価線形化という．

建築物の全質量と置換した1自由度の質量との比を有効質量比といい(4.8)式で計算する．また，置換1自由度系の固有周期である等価周期は(4.9)式より求める．

荷重漸増解析で得られた層せん断力―相対変位関係と置換した1自由度の荷重―変位関係を図4.9に，縮約1自由度系の特性曲線（Sa-Sd曲線）を図4.10に，有効質量比および等価周期 T の推移を図4.11に示した．

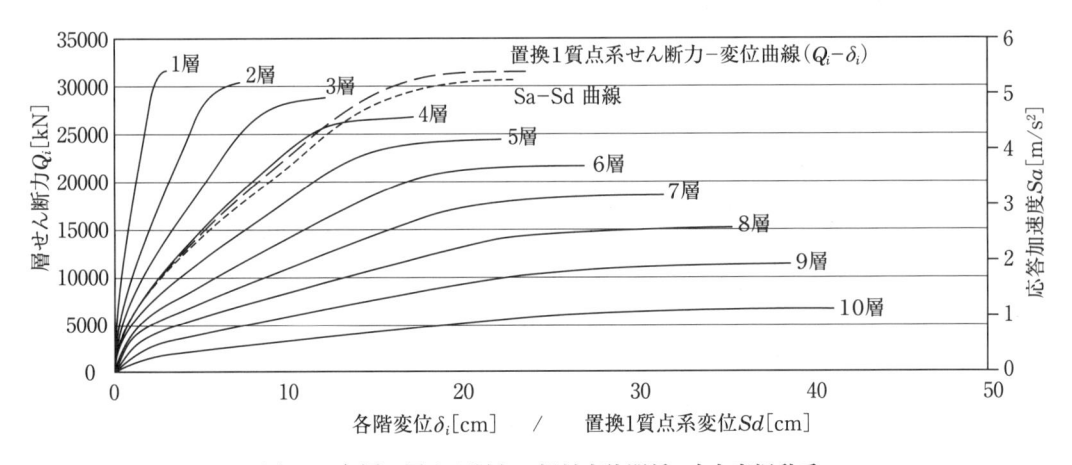

図4.9　各層の層せん断力―相対変位関係N自由度振動系

$$Sa = (\sum_{i=1}^{N} m_i \cdot \delta_i^2 / (\sum_{i=1}^{N} m_i \cdot \delta_i)^2) \times Q_B \tag{4.6}$$

$$Sd = \Delta = \sum_{i=1}^{N} m_i \cdot \delta_i / M_u = \sum_{i=1}^{N} m_i \cdot \delta_i^2 / \sum_{i=1}^{N} m_i \cdot \delta_i \tag{4.7}$$

$$M_u = (\sum_{i=1}^{N} m_i \cdot \delta_i)^2 / \sum_{i=1}^{N} m_i \cdot \delta_i^2 \qquad 有効質量比 = M_u / \sum_{i=1}^{N} m_i \tag{4.8}$$

$$T = 2\pi(1/\omega) = 2\pi\sqrt{M_u/K} = 2\pi\sqrt{M_u + \Delta/Q_b} = 2\pi\sqrt{Sd/Sa} \tag{4.9}$$

ここで，Sa：応答加速度［gal］，Sd：応答変位［cm］，m_i：i層の質量［t］，δ_i：i層の基礎位置からの相対変位［cm］，Q_B：ステップごとのベースシア［kN］，Δ：ステップごとの代表変位［cm］，M_u：ステップごとの有効質量［t］，K：ステップごとの等価剛性．なお，ここで

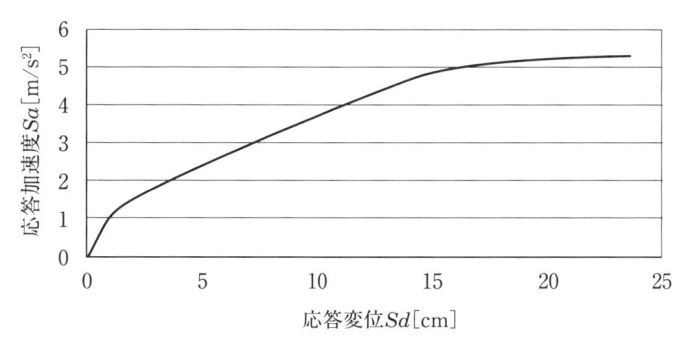

図4.10　特性曲線(Sa−Sd 曲線)置換1自由度振動系

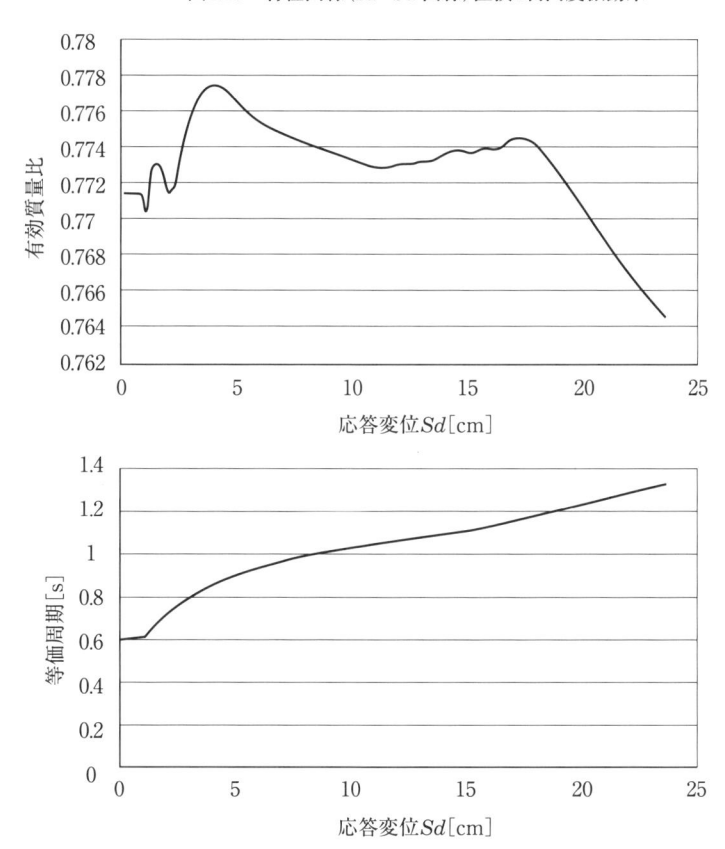

図4.11　有効質量比及び等価周期の推移

ステップごととは荷重増分解析での載荷ステップを意味する.

　特性曲線を作成するには，載荷ステップごとに Sa と Sd とを求めるので計算式には損傷限界時及び安全限界時を表す添え字 d 及び s は記述していない．すなわち，損傷限界時は漸増載荷によって1材が短期許容応力度に達した載荷ステップ，同様に安全限界時は設定したある層が最大層間変形角に達した時のステップである.

4.5 各階の損傷限界時，安全限界時の作用地震力と必要損傷耐力，必要安全限界耐力

4.3 節で述べたように，損傷限界耐力は必要損傷限界耐力以上，安全限界耐力は必要安全限界耐力以上となることが要求されている．

本節では，検証の基準となる，それぞれの要求耐力の求め方について述べる．具体的には，まず，必要損傷限界時の各階に作用する地震力，および安全限界時の地震力を求める．各階に作用する地震力が求められれば最上階から順次累積加算し，各層の層せん断力を求めると，1 層の層せん断力が必要耐力となる．

以下に法令に基づいた計算法について述べる．

4.5.1 必要損傷限界耐力と必要安全限界耐力

まず各階に作用する地震力を求めて，それによる層せん断力を求める．損傷限界時と安全限界時に分けて述べる．(建基法施行令第 82 条の 5 三，五)

1) 損傷限界時の各階に作用する地震力 Pd_i

$$Pd_i = S_0 \, m_i Bd_i Z \, Gs \tag{4.10}$$

S_0 ：解放工学的基盤に作用する基準スペクトル（損傷限界時）（表 4.1 参照）
m_i ：i 階床位置の質量
Bd_i ：高さ方向の分布係数
Z ：地域係数
Gs ：表層地盤の増幅率

m_i は建築物の質量であり，Bd_i は建築物の振動特性から決まる高さ方向の加速度の分布係数である．

(Bd_i は，建築物の固有値解析に基づく刺激関数で決定するものであるが，5 階建て以下は A_i 分布から導かれた bd_i 分布を用いることが許されている．)

質量 m_i と質量位置 i に作用する加速度（すなわち $S_0 \cdot Gs \cdot Z \cdot Bd_i$）の積が i 階に作用する地震力である．

地表面に作用する地震動の加速度の応答スペクトルとは，S_0 と Gs の積の形で表現したものである．

基準スペクトル S_0 について

・**工学的基盤と表層地盤**：一般に建設する敷地の地層は軟弱な層の下に堅固な地層がある．この堅固な地層が，せん断波速度が $V_s = 400$ m/s 以上で層の厚さが 4 m 以上ある場合この層

を工学的基盤と呼ぶ．その上に堆積している軟弱な地層を表層地盤と呼ぶ．

- **解放工学的基盤**：工学的基盤上の表層をはぎ取ったと想定する基盤を解放工学的基盤と言う．

基準スペクトルは，この解放工学的基盤上に，減衰定数が5％の加速度応答スペクトルで定義する．工学的基盤上で定義せず，解放工学的基盤で定義したのは，堆積する表層は様々で，それらの表層は基盤に入射する地震動に強い影響を与えるので，その影響を排除するために，表層をはぎ取った解放工学的基盤で定義したものである．

基準スペクトルは，日本全国一律に同じもので定義している．

基準スペクトル S_0 は，損傷限界時—稀に生ずる地震動に対して—と，安全限界時—極めて稀に生ずる地震動—の2つが定義されている．

それぞれの建設地の表層の影響は，後に述べる増幅率 Gs で与えるが，Gs には略算法と精算法とあるが，略算法を用いる場合，損傷限界時，安全限界時とも同じ関数である．

損傷限界時の基準スペクトル S_0 は，次表の数値を採用する．

表 4.1 損傷限界時の解放工学的基盤での基準スペクトル

$Td<0.16$ の場合	$S_0=0.64+6Td$
$0.16 \leq Td<0.64$ の場合	$S_0=1.6$
$0.64 \leq Td$ の場合	$S_0=\dfrac{1.024}{Td}$

この表で Td 建築物の損傷限界固有周期（単位：s）

2) 安全限界時の各階に作用する地震力 Ps_i

$$Ps_i = S_0 \, m_i \, Bs_i \, Z \, Fh \, Gs \tag{4.11}$$

ここで，S_0：解放工学的基盤に作用する基準スペクトル（安全限界時）
m_i：i 階床位置の質量
Bs_i：高さ方向の分布係数
Z：地域係数
Fh：要求スペクトルの低減係数
Gs：表層地盤の増幅率

損傷限界時，安全限界時のいずれの基準スペクトルも，減衰定数5％の加速度応答スペクト

表 4.2 安全限界時の解放工学的基盤での基準スペクトル

$Ts<0.16$ の場合	$S_0=3.2+30Ts$
$0.16 \leq Ts<0.64$ の場合	$S_0=8$
$0.64 \leq Ts$ の場合	$S_0=\dfrac{5\times 1.024}{Ts}$

この表で Ts 建築物の安全限界固有周期（単位：s）

114　第4章　限界耐力計算を用いる耐震設計法の概説

図4.12　基準スペクトル

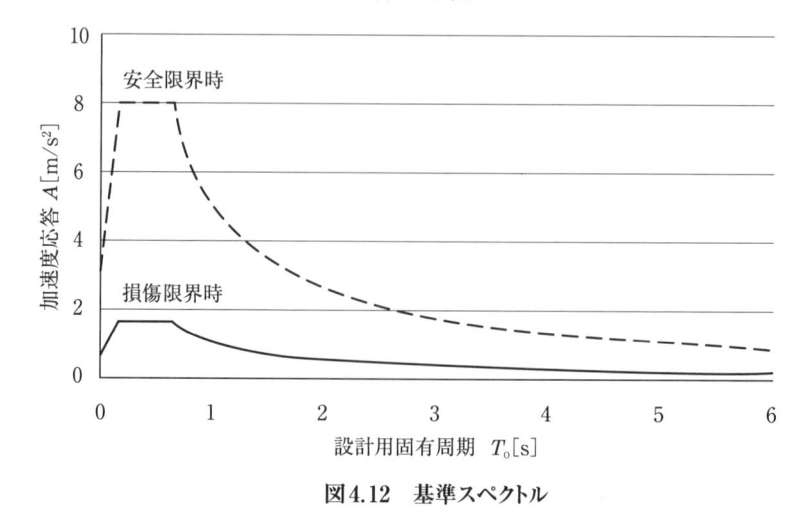

ルである．容易にわかるように，安全限界の基準スペクトルは，全周期領域で，損傷限界時の基準スペクトルの5倍である．この関係を明らかにするために，表4.1，表4.2の損傷限界と安全限界の基準スペクトルを1つの図で示したのが図4.12である．

　以上から明らかなように，基準スペクトル S_0 は，表層地盤に入力する地震動であり，その地震動をスペクトルの形で示したものである．

　このスペクトルは，全国一律に全く同じものを，解放工学的基盤に，加速度スペクトルで与えている．

・表層地盤の増幅率と要求スペクトル

　以上，損傷限界時と安全限界時の各床位置（質量の位置）に作用する地震力の計算式中の S_0 について述べた．そこで述べたように，解放工学的基盤に設定した基準スペクトル S_0 が全国一律であるのに対して，表層地盤の増幅率 Gs は，本来建設地盤ごとに異なるものである．表層の地層構造，地盤物性など，まったく同じ地盤は存在しないと言っても過言ではない．また，表層地盤は，工学的基盤に入力する地震動によって，塑性化する可能性があり，その度合いは入力地震動の大きさによって異なる．

　そこで，同じ記号 Gs を用いるが，損傷限界時の地震動（稀に生じる地震動）に対する Gs と安全限界時の地震動（極めて稀に生じる地震動）に対するものとレベルに応じて異なる増幅率が計算される．

　ただし，建築基準法施行令に基づく平12建告1457号第十は増幅率の略算法として，第1種，第2種，第3種の地盤種別ごとに増幅率を示している．上記のような，建設敷地の地盤ごとではなく，大きく地盤種別で簡単に計算できるように規定されている．

　ここでは，この略算法について述べる．

　なお，基盤上に堆積する表層地盤の地盤物性を考慮して地表面の地震動の求め方や精算法による増幅率 Gs を求める方法については，本書の第6章を参照されたい．

4.5 各階の損傷限界時，安全限界時の作用地震力と必要損傷耐力，必要安全限界耐力　　115

・表層地盤による加速度の増幅率 Gs

　先に述べた建基法施行令第82条の5三と五に示された建築物各層に作用する地震力 Pd_i または Ps_i の計算式中にある，表層地盤による加速度の増幅率 Gs について平12建告第1457号第十に示される．

　Gs の計算法には地盤種別ごとに規定した略算法と，表層地盤の地層構造，地盤物性，地形を考慮して算定する精算法があることはすでに述べた．

　略算法の増幅率には，損傷限界時と安全限界時の区別はない．以下に，略算法の増幅率について述べる．

・要求スペクトル

　解放工学的基盤上の基準スペクトル S_0 に表層地盤の増幅率 Gs を乗じたものは，地表面に作用する，減衰定数5%の応答スペクトルとなる．これを要求スペクトルという．ただし，安全限界耐力を検証する際には，建築物の損傷の度合いに応じて，減衰性が増すのでそれに応じて，要求スペクトルを低減する．5%の要求スペクトルは，弾性振動する建築物に求められる要求スペクトルである．

・略算法による Gs

　略算法による増幅率は，平12建告第1457号第十に以下のように示されている．

　本書の第3章限界耐力計算の例題での Gs は，特定の地盤を想定しないという前提から，略算法の Gs を適用し，地盤は第2種地盤とした．

　図4.13は，第1種，第2種，第3種の地盤の増幅率を示したものである．これと解放工学的基盤上で規定された基準スペクトル S_0 との積で，地表面での要求スペクトルが作成される．

表4.3　略算法の Gs

1. 第1種地盤の増幅率 Gs

$T<0.576$	$Gs=1.5$
$0.576 \leq T<0.64$	$Gs=0.864/T$
$0.64<T$	$Gs=1.35$

この表において，T は，建築物の固有周期（単位：s）を表す．

2. 第2種，第3種地盤の増幅率 Gs

$T<0.64$	$Gs=1.5$
$0.64 \leq T<T_u$	$Gs=1.5 \, (T/0.64)$
$T_u<T$	$Gs=gv$

この表において，T，T_u 及び gv はそれぞれ次の数値を表すものとする．
　T：建築物の固有周期（単位：s）
　$T_u=0.64 \, (gv/1.5)$（単位：s）
　gv：地盤種別に応じた次の表に掲げる数値

第2種地盤	2.025
第3種地盤	2.7

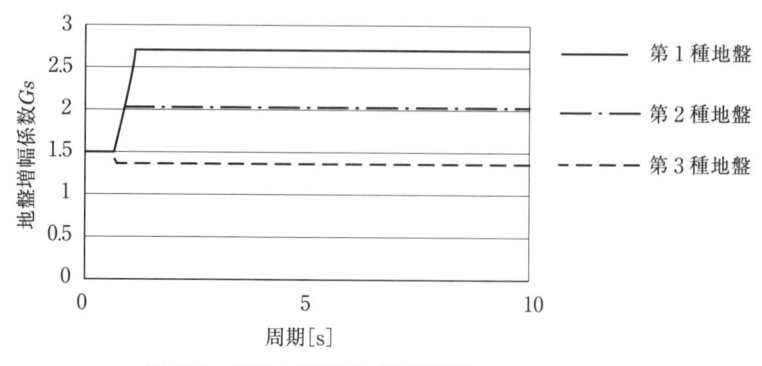

図4.13 地盤の増幅率−周期関係

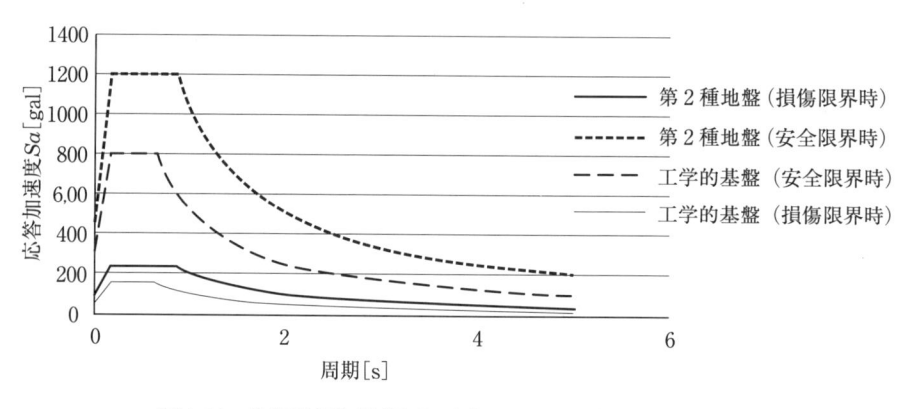

図4.14 地盤増幅を考慮した要求スペクトルの例

図4.14は例として第2種地盤の安全限界スペクトル時の要求スペクトル（$h=5\%$）を示したものである．

・Gsの精算法について

以上，Gsは略算法を用いた要求スペクトルを求める方法について述べたが，精算法では地盤物性を考慮して等価線形化法等によってGsを求めるが，応答スペクトル法を用いる場合には，同じく解放工学的基盤上のS_0と計算されたGsとの積によって要求スペクトルを求める．

なお，地盤の増幅率の理解には地盤震動の理論が欠かせない．本書では，特に精算法が理解できるように，地盤震動の基礎理論から，応答スペクトル法による増幅率を求める方法まで，第6章に詳述してある．

3) 必要損傷限界耐力と必要安全限界耐力の算定

必要損傷限界耐力 Qdn の算定

N層の建物の必要損傷限界耐力Qdnは次式となる．

$$Qdn = \sum_{i=1}^{N} Pd_i \tag{4.12}$$

Pd_iは各階の水平方向に生じる力で前述の(4.10)式である．

4.5 各階の損傷限界時，安全限界時の作用地震力と必要損傷耐力，必要安全限界耐力　117

必要安全限界耐力 Qsn の算定

N 層の建物の必要安全限界耐力 Qsn は次式で

$$Qsn = \sum_{i=1}^{N} Ps_i \tag{4.13}$$

Ps_i は各階の水平方向に生ずる力で(4.11)式であらわされた次式である．

4.5.2　損傷限界耐力 Qd と安全限界耐力 Qs

損傷限界耐力は，所定の方法で建築物に水平力を漸増載荷して，構造部材のいずれかが短期許容応力度に達したステップの建築物の1階の層せん断力であり，Qd であらわす．

また，安全限界耐力は，いずれかの階において設定した安全限界変形角に達した時の1階の層せん断力である．安全限界変形角は層間変形角 1/75 を超えてはならず，またいずれかの階で1つの部材の限界変形角が部材の限界変形角に達した場合，1/75 未満であってもその時を安全限界とし，その時の1階の層せん断力を安全限界耐力とする．（建告1457 第六）．

以上より明らかに，損傷限界耐力，安全限界耐力は，損傷限界時，安全限界時に建築物が保有する耐力そのものであり，その時の1階の層せん断力であらわし，それぞれ Qd，Qs で表現する．

漸増載荷によって上記のような損傷限界に達した時の各階の変位と質量を用いて上記(4.6)，(4.7)式から Sa，Sd を計算すると図4.10の特性曲線上に損傷限界点が示される．

同様に，安全限界時の各階の変位と質量から Sa，Sd を計算すると図4.10の特性曲線上に安全限界点が示される．

Sa は Qd，Qs を次に述べる1自由度振動系に置換した時の質量（有効質量）で除して求める．

1自由度振動系に置換して求めた特性曲線を，地震力として求めた要求スペクトルと同一座標上に描くことで，建築物の耐力・変位と作用する地震力の関係をビジュアルに知ることができる．

1)　損傷限界固有周期 Td，有効質量 Mu_d，代表変位 Δd

上に述べた Sa-Sd 曲線の作成法を基に，特定点損傷限界時の諸量を求める．

損傷限界に達した時の各質量（床）位置の変位を振動の1次固有振動型（モード）として，モード法（モーダルアナリシス，モード合成法）の手法に従って，1自由度振動系に置換する．告示で示されている記号を用いて，以下のように損傷限界固有周期 Td，有効質量 Mu_d，代表変位 Δd を計算する．

建築物の損傷限界固有周期計算式

$$Td = 2\pi \sqrt{Mu_d \frac{\Delta d}{Qd}} \tag{4.14}$$

ここで

Td ：損傷限界固有周期［s］

$$Mu_d = \frac{(\sum m_i \delta d_i)^2}{\sum m_i \delta d_i^2} : \text{有効質量 [t]} \tag{4.15}$$

m_i ：第 i 階の質量 [t]

δd_i ：第 i 階に次の式によって計算した建築物の損傷限界耐力に相当する水平力 Pd_i [kN] が作用しているとき（損傷限界時）に生じる第 i 階の基礎からの変位 [m]

$$Pd_i = \frac{Bd_i m_i}{\sum_{i=1}^{N} Bd_i m_i} \cdot Qd : \text{建築物の損傷限界耐力に相当する各層の水平力 [kN]} \tag{4.16}$$

Bd_i ：第 i 階における加速度の分布係数で，固有値解析に基づく刺激関数に表 4.4 及び表 4.5 の p, q をかけることを原則とし，建築物の階数が 5 階以下の場合は下記によることもできる．

$$Bd_i = p \cdot q \cdot [Mu_d / \{\sum_{j=1}^{N} m_j\}] \cdot bd_i \tag{4.17}$$

ここで，bd_i は(4.4), (4.5)式とする．

Qd ：損傷限界耐力 [kN]（1 階の層せん断力）

$$\Delta d = \frac{\sum m_i \delta d_i^2}{\sum m_i \delta d_i} : \text{代表変位 [m]} \tag{4.18}$$

2) 安全限界固有周期 Ts, 有効質量 Mu_s, 代表変位 Δs

$$Ts = 2\pi \sqrt{Mu_s \frac{\Delta s}{Qs}} \tag{4.19}$$

ここで

Ts ：安全限界固有周期 [s]

$$Mu_s = \frac{(\sum m_i \delta s_i)^2}{\sum m_i \delta s_i^2} : \text{有効質量 [t]} \tag{4.20}$$

表 4.4 p の値

階数	$Td \leq 0.16$ s	$Td > 0.16$ s
5 以上	1.0	1.00
4	$1.00 - \frac{0.05}{0.16} Td$	0.95
3	$1.00 - \frac{0.05}{0.16} Td$	0.90
2	$1.00 - \frac{0.05}{0.16} Td$	0.85
1	$1.00 - \frac{0.05}{0.16} Td$	0.80

表 4.5 q の値

有効質量比	q
0.75 未満	$0.75 \cdot \sum m_i / Mu_d$
0.75 以上	1.0

m_i：第 i 階の質量 [t]

δs_i：第 i 階に次の式によって計算した建築物の安全限界耐力に相当する水平力 Ps_i [kN] が作用しているとき（安全限界時）に生ずる第 i 階の基礎からの変位 [m]

$$Ps_i = \frac{Bs_i m_i}{\sum_{i=1}^{N} Bs_i m_i} \cdot Qs：建築物の安全限界耐力に相当する各層の水平力 [kN] \tag{4.21}$$

Bs_i：第 i 階における加速度の分布係数で，固有値解析に基づく刺激関数に p, q をかけることを原則とし，建築物の階数 5 階以下の場合は下記によることもできる．Bs_i は(4.17)の Bd_i を準用する．

$$Bs_i = p \cdot q \cdot [Mu_s / \{\sum_{j=1}^{N} m_j\}] \cdot bs_i \tag{4.22}$$

Qs：安全限界耐力 [kN]（1 階の層せん断力）

$$\Delta s = \frac{\sum m_i \delta s_i^2}{\sum m_i \delta s_i}：代表変位 [m] \tag{4.23}$$

4.5.3 要求スペクトルの低減

1) 加速度の低減率 Fh と等価粘性減衰 h

建基法施行令第 82 条の 5 五ハに示す Fh は，建築物の振動による加速度の低減率を表すもので，次式で算出する．（平 12 建告 1457 号第九の 1）

$$Fh = \frac{1.5}{1 + 10\,h} \tag{4.24}$$

ここで，h は建築物の減衰を表す数値であり，建告 1457 第九の 2 の一，二，三に次の 3 つの方法が規定されている．

1. 個々の部材の減衰性から求める場合
2. 建築物の代表変位から求める場合で塑性化する部材の減衰特性が等しい場合
3. 建築物により生ずる水平力と当該水平力により建築物に生ずる変位の関係から求める場合

ただし，鉄筋コンクリート造のような剛性低下が生ずるような建築物には，2. は採用できないと規定されている．

ここでは，3.1 節の鉄筋コンクリート造の設計例で用いた 3. の場合について述べる．

次式によって計算する．

$$h = \gamma_1(1 - 1/\sqrt{Df}) + 0.05 \tag{4.25}$$

この式において，γ_1 及び Df はそれぞれ次の数値とする．

γ_1：ラーメン構造 0.25，ブレース材等を用いる構造 0.2

Df：建築物の塑性を表す数値 $Df = \Delta s / \Delta y$

Δs：建築物の安全限界時の代表変位

Δy：次の図における点 X2 における建築物に生ずる変位

Δy は図 4.15 の座標原点から Δs までを底辺として耐力曲線 L で囲まれた面積と直線で構成

図中のラベル:
- Y 軸: 建築物に作用する水平力
- エネルギー等価なバイリニア履歴
- 建物全体の耐力曲線
- Qs, L, X₂, Δy, Δs

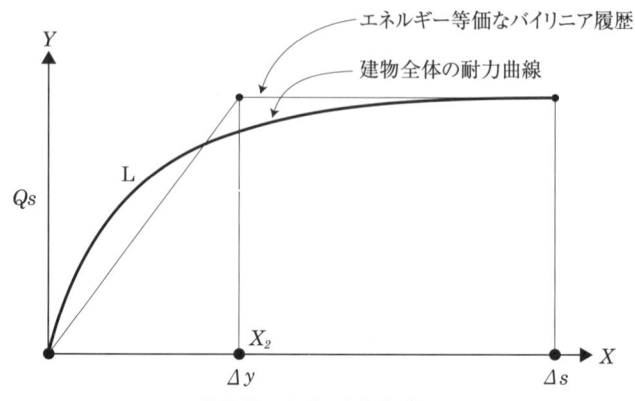

X：建築物に生ずる変位[m]
Y：建築物に作用する水平力[kN]

図4.15 Δyの決定図

される台形の面積が等しくなるように決定する．

2) 低減率 Fh による要求スペクトルの低減

上に述べた，告示で与えられている減衰補正係数 $Fh = \dfrac{1.5}{1+10\,h}$ を用いた適用例を示す．

ある敷地での $h=5\%$ の加速度応答スペクトル（以下 Sa とする）に対して $h=10\%$ の Sa に対する低減は次のようになる．

$h=10\%$ の時の減衰補正係数 Fh は

$$Fh = \frac{1.5}{1+10\times 0.1} = 0.75$$

この Fh を 5% の Sa に乗じて 10% の Sa が求まる．同様にして 15%，20%，25% の Sa を求めると，図4.16のようになる．また，求められたそれぞれの h に対する Sa に対して $Sd = Sa/\omega^2$ の関係を用いて Sd を求めて，前述の図4.6にならって Sa-Sd 曲線を描くと図4.17のようになる．

3) 応答値の算定

限界耐力計算は漸増載荷のステップごとに等価線形化による１自由度振動系に置換し，最大応答値の変位 Δ と加速度 Sa をチェックする．図4.18に示すように安全限界耐力時の変位 Δs に対応する減衰定数 h は(4.25)式で計算できる．図4.18の場合 $h=15\%$ が求められたとすると(4.24)式によって要求スペクトルの低減率 $Fh = 1.5/(1+10\,h) = 0.6$ となる．

図4.18の減衰5%の要求スペクトルに $Fh=0.6$ を乗ずると，この安全限界耐力時の要求スペクトルは図中の15%スペクトルに低減される．必要安全限界耐力は，安全限界耐力時の固有周期 Ts を表す直線と15%スペクトルの交点の加速度 Sa であり，これと変位 Δs に対応する加速度 Sa と比較して検証する．ただ，Ts と15%スペクトルとの交点は特性（耐力）曲線上にない．そこで，真の応答値は図中の安全限界応答値と記した点であるが，これは次のように

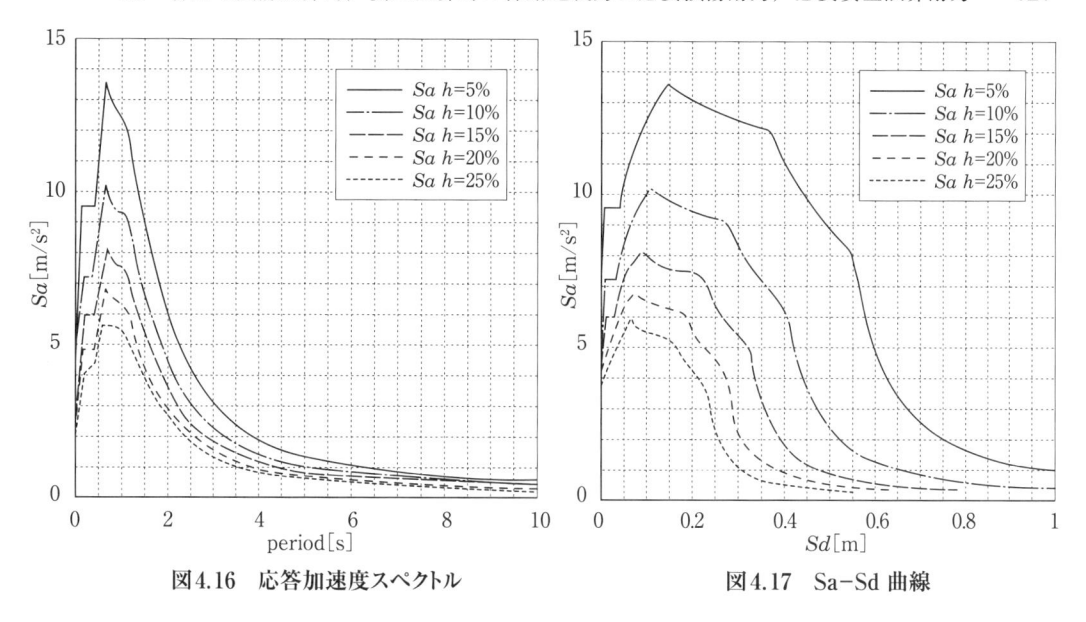

4.5 各階の損傷限界時,安全限界時の作用地震力と必要損傷耐力,必要安全限界耐力　　121

図4.16 応答加速度スペクトル

図4.17 Sa–Sd 曲線

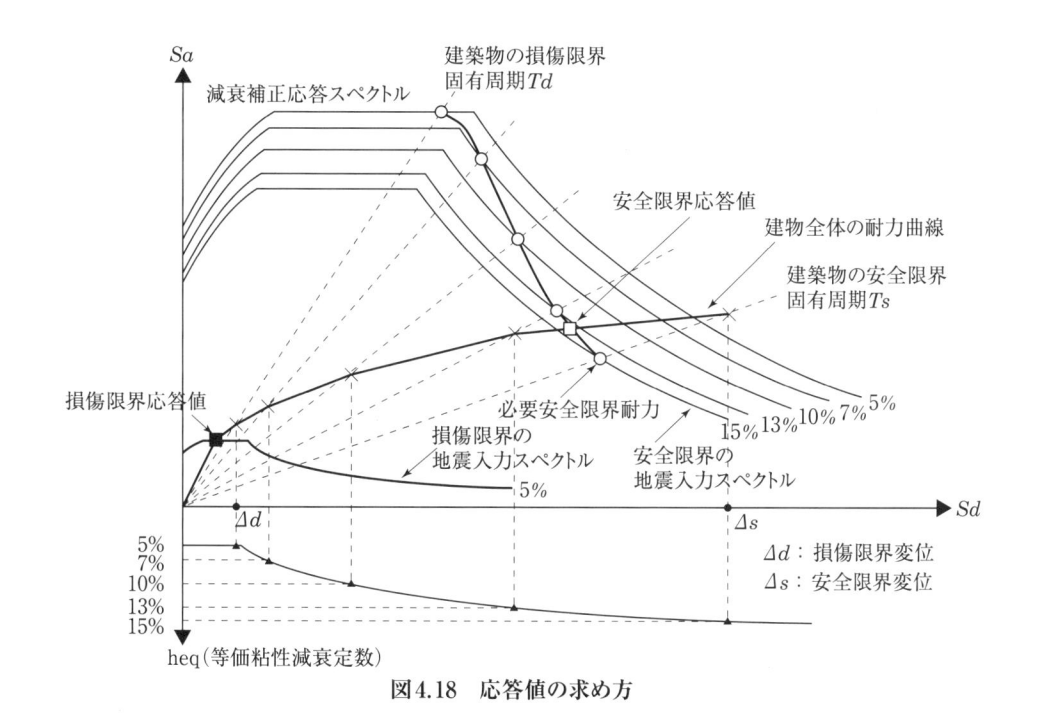

図4.18 応答値の求め方

求める.

　すなわち,上で述べた安全限界時の耐力と必要安全限界耐力を求めた時と同じように,漸増載荷のいくつかのステップで破線のような固有周期 T を表す直線の最大変位 Δ を求め,それに対応する h,Fh を計算して $h=5\%$ スペクトルに乗じ新たに低減したスペクトルを作り固有周期 T の直線(破線)との交点を求める.この作業を損傷限界時から安全限界に至るまでの

122　第4章　限界耐力計算を用いる耐震設計法の概説

図に示すように複数行うことで真の応答値を求めることができる．

4) 各層の応答値に対応する層間変形角と応答層せん断力

3)のようにして，真の応答値を求めるとモード法によって，図4.19のように設計対象建築物各層の層間変形角と層せん断力を逆算することができる．この図から，応答値と限界耐力を比較でき，層ごとの耐力の余裕度を知ることができる．

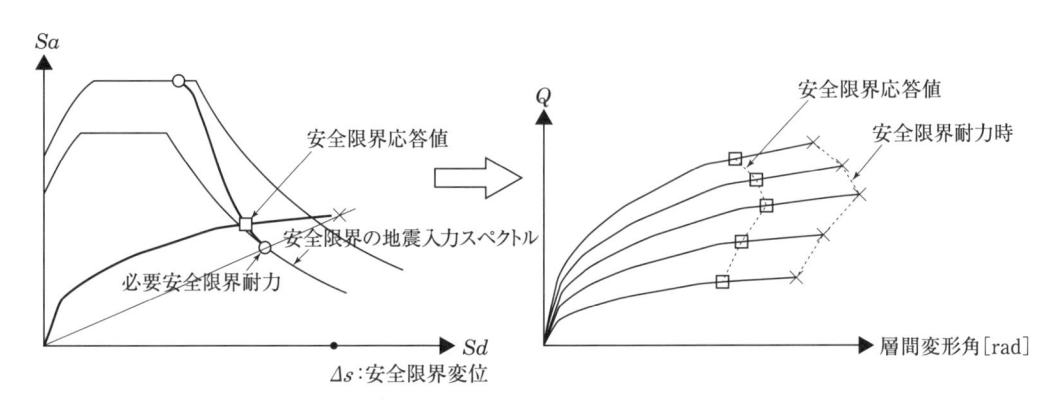

図4.19　応答値に対応する層間変形角と層せん断力の求め方

以上，限界耐力計算について主として検証の方法の骨格について述べた．

限界耐力計算は，2000年にはじめて法令に導入され，計算法そのものが，建築基準法，同施行令，告示等にかなり細かく記載されている．長年用いられてきた許容応力度設計法や保有耐力設計法は法令に加えて建築学会構造計算基準・同解説をはじめ設計の背景になる資料が数多く刊行されていた．

限界耐力計算のようにはじめから，骨格から詳細に至るまで法令に規定された設計法は，現場技術者にはかなりとっつきにくいと思われる．加えて，設計は完全にコンピュータに依存せざるを得ず，膨大な計算結果の検証は容易でない．

本章では，理論的な背景まで十分に説明できなかったことと，また設計法についても細部に至るまでは紹介できなかった．とくに，整形の建築物に限ったので偏心等の取り扱いや例示は省略した．限界耐力計算法全体については法令等を参照されたい．

ただ，限界耐力計算の流れと骨格を理解できるように，本章と第3章の鉄筋コンクリート造と鉄骨造の例題とをリンクさせながら記述したつもりである．

参 考 文 献

〔1〕 国土交通省住宅局・日本建築学会編『建築基準法令集（法令編）』2009年版，技報堂出版.

〔2〕 国土交通省住宅局・日本建築学会編『建築基準法令集（告示編）』2009 年版，技報堂出版．

〔3〕 建築物の構造関係技術基準解説書編集委員会『2007 年版建築物の構造関係技術基準解説書』全国官報販売協同組合，2007 年 8 月．

〔4〕 国土交通省住宅局建築指導課他編『2001 年版建築物の構造関係技術基準解説書』工学図書，2001 年 3 月．

〔5〕 国土交通省住宅局建築指導課他編『2001 年版限界耐力計算法の計算例とその解説』工学図書，2001 年 3 月．

〔6〕 国土交通省建築研究所編著『改正建築基準法の構造関係規定の技術的背景』ぎょうせい，2001 年 3 月．

〔7〕 建設大臣官房技術調査室『鉄筋コンクリート造建築物の耐震性能評価ガイドライン』技報堂，2000 年 8 月．

〔8〕 建設大臣官房技術調査室『性能試行型設計法のコンセプト―仕様から性能へ―』技報堂，2000 年 8 月．

〔9〕 日本建築学会関東支部『鉄筋コンクリート構造の設計―学びやすい構造設計―』第 3 版，技報堂，2002 年 1 月．

〔10〕 日本建築学会関東支部『耐震構造の設計―学びやすい構造設計―』第 3 版，技報堂，2003 年 7 月．

〔11〕 日本建築学会『鉄筋コンクリート造建築物の耐震性能評価指針』日本建築学会（丸善発売），2004 年 1 月．

〔12〕 楠木紀男・規矩大義編著『建築と土木の耐震設計・基礎編―性能設計に向けて―』関東学院大学出版会（丸善発売），2007 年 10 月．

第5章　時刻歴地震応答解析

　第2章，第3章で，許容応力度等設計（許容応力度設計と保有耐力設計）および限界耐力計算を用いた設計法を，設計例を用いて解説してきた．

　1981年の保有耐力設計を初めて導入したいわゆる新耐震設計法は，長年用いられてきた設計震度法（佐野震度法）になかった建築物の動的な挙動や構造部材の終局に至る力学的な性質を考慮した設計法として画期的であった．さらに，2000年に公布された限界耐力計算は，建築物および地盤ともに非線形性を考慮しつつ，応答スペクトルによる振動解析をして，安全性を検証する設計法であることを，前2章で紹介した．

　一方，もうひとつの設計法（検証法）として，時刻歴地震応答解析が挙げられる．

　本章では，第3章3.1節で取り上げた鉄筋コンクリート造10階建ての設計例を用いて，時刻歴地震応答解析の方法について概説する．

　時刻歴地震応答解析を行うに当たり，重要なことは，設計用入力地震動の作成と適切な復元力特性の作成である．時刻歴地震応答解析では，解析に先立って，まず，将来，建設予定地に発生する可能性のある地震動を予測することが求められている．この作業は，かつては，過去に記録された強震動のいくつかを選び出し，それらを入力して，応答解析していたのであるが，地震工学の発展により，今日では設計者自ら地震動を予測するところから始めなければならない．

　以上を踏まえつつ，5.1節では通常よく使われる設計用入力地震動の作成法について述べる．作成法の解説として，基盤に限界耐力計算の基準スペクトルに対応する時刻歴波形を入力し，表層地盤の非線形応答解析によって作成した．

　5.2節では，第3章3.1節の設計例から解析モデルを作成し，5.1節で作成した入力地震動を用いて，時刻歴応答解析をして，解析法の理解と結果の評価方法を示すものである．したがって作成した1つの地震波に対する1つの解析モデルの応答計算で，流れを説明する．

　5.1，5.2節は，表層地盤の非線形性を考慮した入力地震動を作成して，振動解析方法と結果の評価方法を例示し解析の流れを理解する．

　しかしながら，時刻歴応答解析には，同じスペクトル特性を持つ地震波であっても位相の異なる地震波によって応答結果にばらつきが生ずることはよく知られている．また，同じ骨格曲線（スケルトン・カーブ）のモデルであっても履歴曲線（ループ）の違いで，同じ地震波に対する応答に違いが生ずることも周知である．

　そこで，5.3節では第3章の略算法で求めた，地表面の極めて稀に発生する地震動に対する要求スペクトル（目標スペクトル）に適合する，位相の異なる8つの地震波を作成し，また，6つの履歴特性を用いて時刻歴地震応答解析のばらつきについて例示する．

5.1 設計用入力地震動の作成

時刻歴地震応答解析は，解析に先立って，まず，将来，建設予定地に生ずる可能性のある地震動を予測することが求められている．

現在，一般的に使用されている設計用入力地震動の作成法は，平12建告1461第四に定められる次の（1），（2）に示す解放工学的基盤に入力する加速度応答スペクトルに，表層地盤による増幅特性を考慮する方法である．

 (1) 告　示　波

  設計用入力地震動は，時刻歴応答計算が課せられている超高層建築物の地震荷重評価について規定している，平12建告1461第四イに定められた解放工学的基盤における加速度応答スペクトルを用いて，建設地の表層地盤による増幅特性を考慮して作成する．この入力地震動は，通常「告示波」と略称する．この場合の応答スペクトルは，限界耐力計算で用いているものと同じで，損傷限界に対するものを稀に発生する地震動，安全限界に対するものを極めて稀に発生する地震動と呼んでいる．

  地震波作成にあたり，第四イに定められた継続時間等の事項を満たし，適切な位相特性を用いることなどが，要求されている．

 (2) サ イ ト 波

  第四イのただし書きにより，建設地周辺における活断層分布，断層モデル，過去の地震活動，地盤構造等に基づいて，建設地における模擬地震波を作成することも可能である．この地震波を「サイト波」と呼ぶ．このサイト波を，前項の告示波に代えて，設計用入力地震動として用いることが出来る．

告示波は建築基準法の枠組みの中で，上記のように作成法が定められている．

一方，サイト波と呼ばれる地震動の予測は，今日では，地震動予測手法の目覚ましい発展により，さまざまな方法が提案されている．それらの方法は，2009年に，日本建築学会「最新の地盤震動研究を活かした強震波形の作成法」[1]にまとめられている．

ここでは，前章までに述べた限界耐力計算による応答計算結果とこれから行う時刻歴応答解析による応答結果との対比を行うため，告示波を作成する．告示波の作成を通して，与えられたスペクトルから時刻歴波形を作成する方法を以下に示す．

5.1.1 入力地震波の作成方法

告示波の作成は，正弦波の重ね合わせによって目標とする応答スペクトルに適合させる正弦波合成法を用いる．作成方法は，広く使用されている「建設省建築研究所，財団法人日本建築

センター：設計用入力地震動作成技術指針（案）本文解説編，平成 4 年 3 月」[2] に従う．

加速度時刻歴波形 $\ddot{y}(t)$ は，振幅および周波数の異なる正弦波を合成して求める．その際に，位相角 ϕ は一様乱数，または実際に観測された強震記録の位相特性を用いる．

$$\ddot{y}(t) = e(t) \sum_{i=1}^{N} A_i \cos(\omega_i t + \phi_i) \tag{5.1}$$

N　：周波数成分個数
$e(t)$：時刻歴波形に非定常性を与える包絡関数（強震記録の位相特性を用いる場合は 1.0）
A_i　：i における振幅
ω_i　：i における固有円振動数 [rad/s]
ϕ_i　：i における位相角 (0〜2π)

5.1.2 目標スペクトル

目標スペクトル（ターゲットスペクトル）は，図 5.1 に示す告示平 12 建告 1461 第四イに定められた解放工学的基盤における加速度応答スペクトルとする．

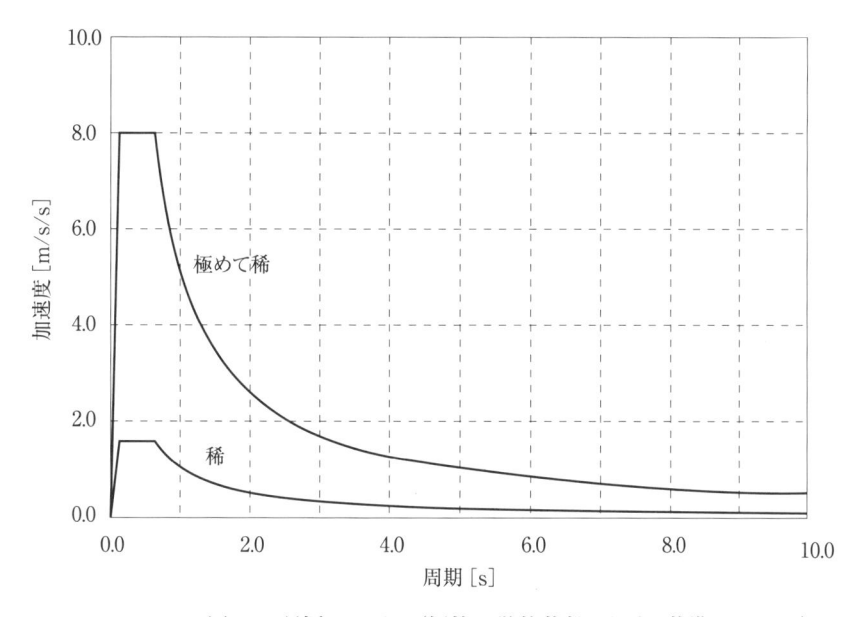

図5.1 目標スペクトル（解放工学的基盤における基準スペクトル）

5.1.3 地震動継続時間と包絡関数

時刻歴波形に乗ずる包絡関数 $e(t)$ は，地震の規模，マグニチュードの影響をうける（Jennings[3]）ことから，稀に発生する地震を M7，極めて稀に発生する地震を M8 とし，継続時間をそれぞれ 60 s，120 s とする．表 5.1 および図 5.2 に包絡関数を示す．

表 5.1 包絡関数[2]

	継続時間	包絡関数	
稀に発生する地震	60 s	$e(t)=\left(\dfrac{t}{5}\right)^2$ $e(t)=1$ $e(t)=\exp\{-0.066(t-25)\}$	$0\leq t<5$ $5\leq t<25$ $25\leq t\leq 60$
極めて稀に発生する地震	120 s	$e(t)=\left(\dfrac{t}{5}\right)^2$ $e(t)=1$ $e(t)=\exp\{-0.027(t-35)\}$	$0\leq t<5$ $5\leq t<35$ $35\leq t\leq 120$

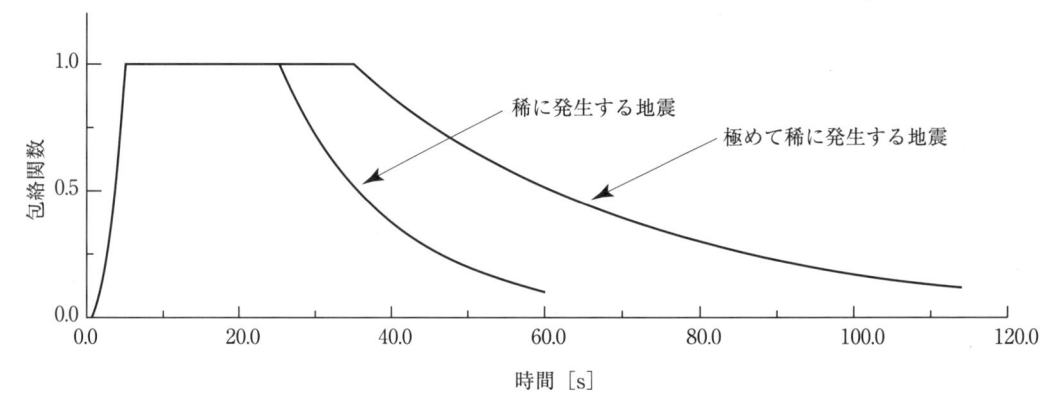

図 5.2 包絡関数[2]

なお,強震記録の位相特性を考慮して作成する場合は,その位相特性によって時刻歴波形が決定されるため包絡関数は乗じない.

5.1.4 地域係数

解放工学的基盤における加速度応答スペクトルには,建基法施行令第 88 条に定められる地域係数 Z を乗ずることができる.

5.1.5 スペクトルの適合条件

擬似応答スペクトル(減衰定数 5%)の適合度を判断する指標として,以下の 3 つの条件が示されている.これらの 3 つの条件は,全て満たす必要がある.

① 最小応答スペクトル比

$$\varepsilon_{\min}=\left\{\frac{Spsv(T_i,0.05)}{DSpsv(T_i,0.05)}\right\}_{\min}\geq 0.85 \tag{5.2}$$

② 目標応答スペクトルからの変動係数 (ν; COV)

$$\nu \leq 0.05 \tag{5.3}$$

③ 平均値の誤差

$$|1-\varepsilon_{\mathrm{ave}}| \leq 0.02 \tag{5.4}$$

ここに，
 $Spsv$ ：擬似速度応答スペクトル
 $DSpsv$ ：設計用速度応答スペクトル
 T_i ：誤差を判定する周期

$$\nu = \sqrt{\frac{\sum(\varepsilon_i - 1.0)^2}{N}}$$

$$\varepsilon_{\mathrm{ave}} = \frac{\sum \varepsilon_i}{N}$$

地震波の作成は，上記3つの適合条件を満たしつつ，繰り返し計算を行ってスペクトルとの適合を高める．

5.1.6 表層地盤を考慮した作成例

モデルとして用いる地盤は図5.3に示すような3層構造の地盤である．この工学的基盤に告示で定められた基準スペクトル（加速度応答スペクトル）から，表5.1に示した包絡関数と位相特性には一様乱数を用いて，時刻歴地震波を求める．

時刻歴波形は，稀に発生する地震動，極めて稀に発生する地震動の2つの地震波形を作成する．

位相特性を一様乱数とした正弦波を重ね合わせ，工学的基盤に作用する地震波形を作成する．

その後，表5.1に示した包絡関数を乗じる．結果が図5.4及び図5.5である．

また，図5.6に目標スペクトルを速度応答スペクトルに変換したものと合成波の3重応答スペクトルを示す．この図から工学的基盤上の基準スペクトルと同じ周期特性・振幅特性である

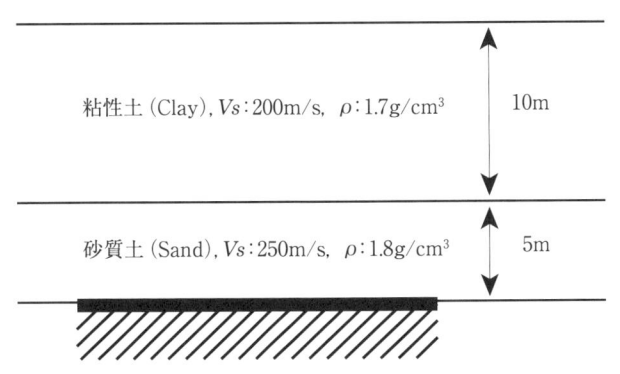

図5.3 例題表層地盤構造

130   第5章　時刻歴地震応答解析

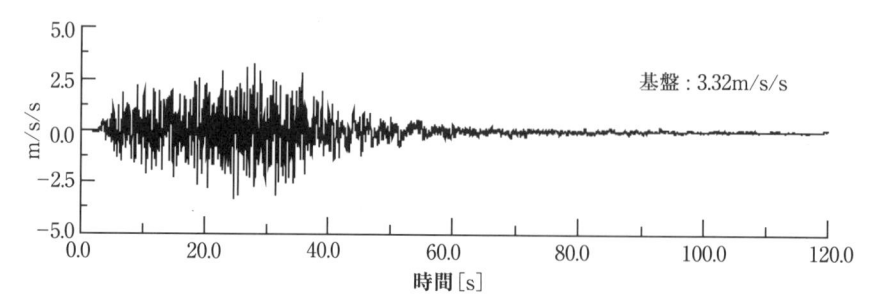

図5.4　極めて稀に発生する地震動（工学的基盤）

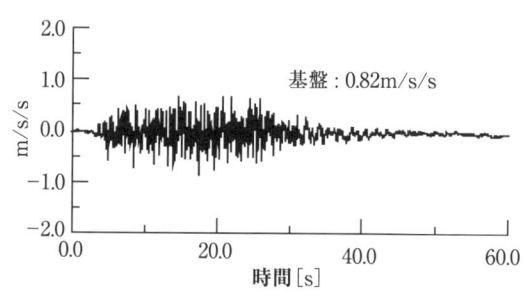

図5.5　稀に発生する地震動（工学的基盤）

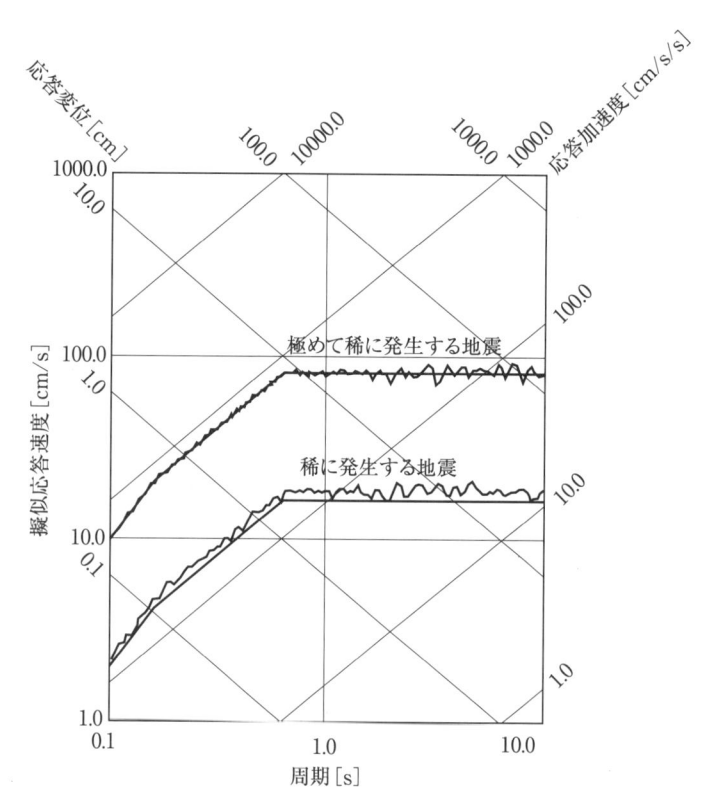

図5.6　目標スペクトルと合成波のスペクトル

ことが分かり，正弦波の合成の精度が確保されていると言える．

次に，図5.3に示す表層地盤の地震応答解析を行う．解析手法は，1次元重複反射理論に基づいた等価線形化手法（ここではSHAKE[4]）を用いる．

1次元解析における層分割，あるいは，有限要素法解析におけるメッシュ分割（これらを単に層分割と呼ぶこともある）は2つの目的から必要である．1つは波動伝播を，もう1つは材料特性の変化を考慮するためである．

解析コードでは，変位関数は直線である．このことは，節点間の変位を強く拘束していることになり，高周波成分の波動を通すことが出来ない．したがって，高周波成分の波動を通すためには，節点変位が高周波数成分に対応するものになっている必要がある．波長をうまくなめらかに表現するためには，波長の1/5〜1/6程度に層の分割を小さくする必要がある．地盤のせん断波速度を Vs，対象とする周波数を f とすれば，波長 λ は次式で表される．

$$\lambda = \frac{Vs}{f} \tag{5.5}$$

したがって，地盤が軟弱，すなわちせん断波速度が小さいほど，また，考慮する振動数が高いほど層分割は小さくしなければならない．建築物の地震応答解析に用いられる地震波を作成するので，作成する地震波の周波数は，安全を見ても，10〜15 Hzまでの波動が再現できていれば十分と考えられる．地震動が大きくなると表層地盤は非線形化し，そのため剛性低下を生じ，その結果せん断波速度も小さくなる．せん断波速度は剛性の平方根に比例するので，剛性が1/2になったとすればせん断波速度は $1/\sqrt{2}=0.71$ 倍となる．したがって波長も0.71倍短くなる．

図5.3の表層地盤の解析モデルは，表5.2となる．地盤の非線形特性を表す G/G_0（せん断剛性の低下），$h\sim\gamma$（減衰定数とせん断ひずみ度の関係）は図5.7に示す．解析結果は図5.8，図5.9のようになり，これを設計用入力地震動とし，これらを用いて次節で対象建築物の振動解析を行う．

図5.10には，工学的基盤上の基準スペクトルと作成した設計用地震動のスペクトルとを合

表5.2 解析地盤モデル

土質	層厚 [m]	S波速度 [m/s]	密度 [t/m³]
粘性土	2.0	200.0	1.7
粘性土	2.0	200.0	1.7
粘性土	2.0	200.0	1.7
粘性土	2.0	200.0	1.7
粘性土	2.0	200.0	1.7
砂質土	2.5	250.0	1.8
砂質土	2.5	250.0	1.8
基盤	—	400.0	2.0

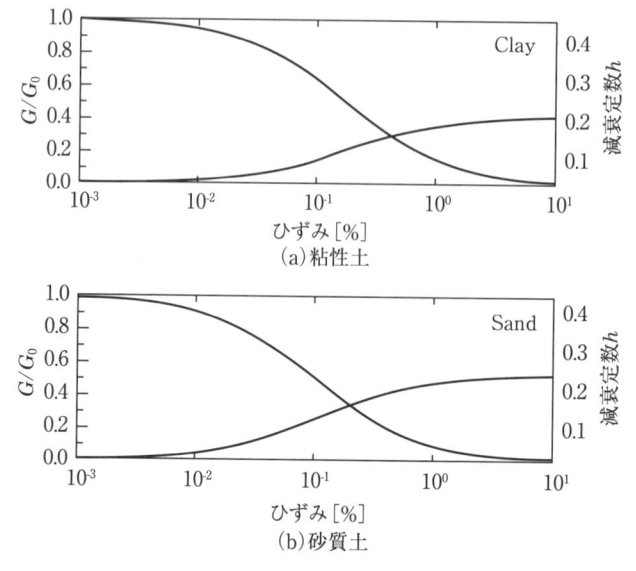

図5.7　ひずみ依存曲線

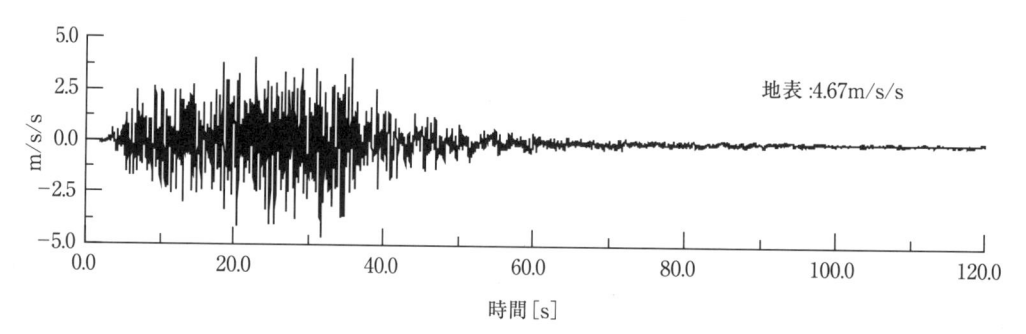

図5.8　極めて稀に発生する地震に対応する設計用入力地震動（地表）

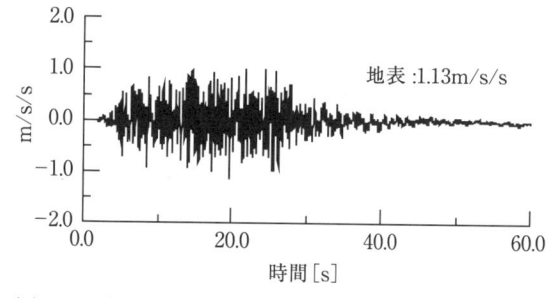

図5.9　稀に発生する地震に対応する設計用入力地震動（地表）

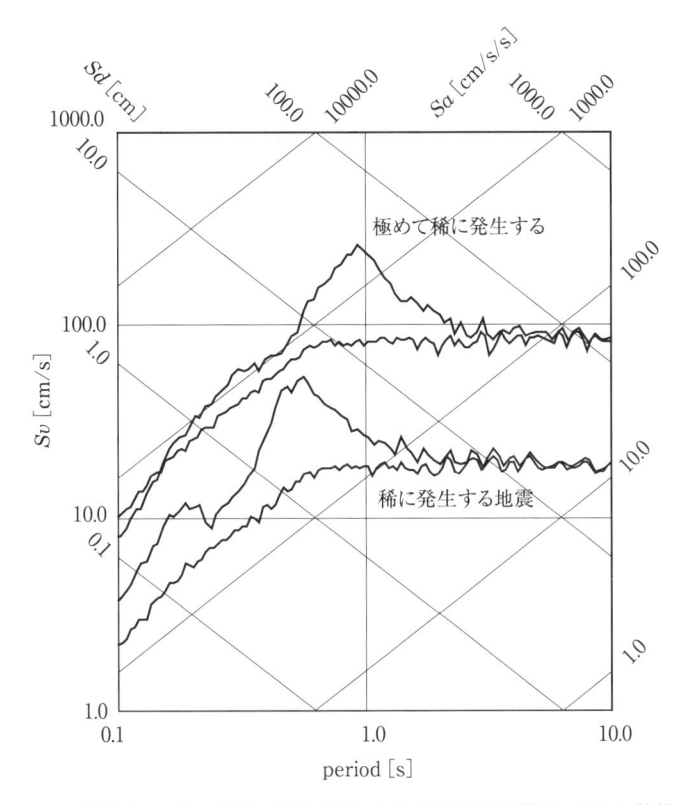

図5.10 稀・極めて稀に発生する地震動の応答スペクトル特性

わせて示した.

図 5.10 から明らかに，極めて稀に発生する地震動の場合，固有周期 1 s 前後で大きく増幅されている．振動レベルの小さな稀に発生する地震動の場合には，増幅する周期は 1 s よりも短い領域になっている．長周期の領域では全く増幅していない．

本章では図 5.3 のような表層地盤の増幅を重複反射計算で求めた．第 3 章の限界耐力計算の設計例では，特定地盤を想定せず，略算法によって第 2 種地盤での増幅率を求め，地表面における要求スペクトルを作成している．

作成した図 5.8 の地震波のスペクトルと第 3 章の略算法で求めた地表面のスペクトルを比較したのが，図 5.11 である．図より明らかなように 1 s 付近では本章で作成した地震波の増幅が略算のスペクトルよりやや大きいものの，1.2 s 付近より長い周期領域では略算のスペクトルの方が大きくなっている．

5.2 節ではここで求めた地震動を用いて時刻歴応答解析をし，一方，略算法の要求スペクトルに適合する地震波を新たに作成し，限界耐力計算と同一条件での時刻歴応答は 5.3 節で解析する．

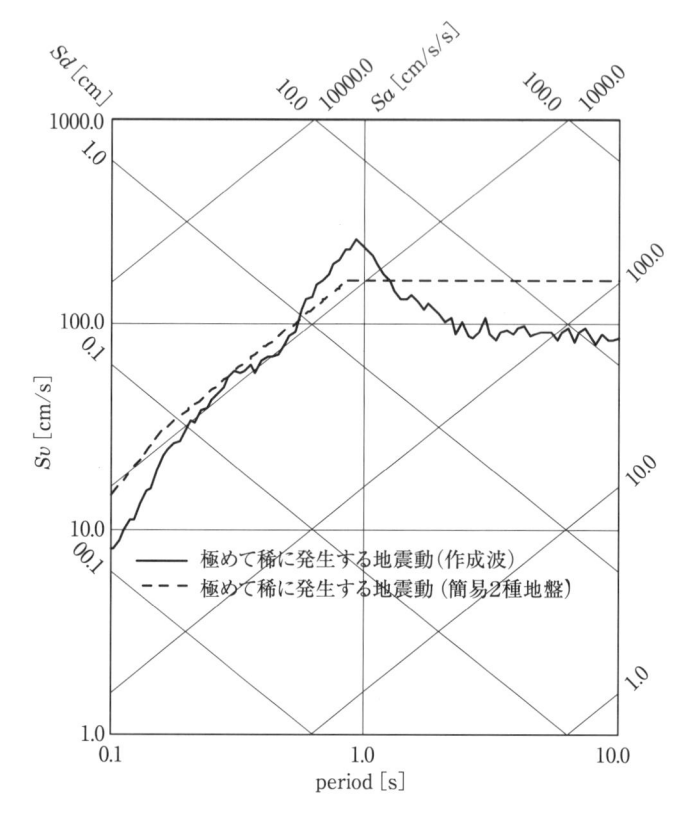

図5.11 応答スペクトルの比較－作成波と略算法

5.2 鉄筋コンクリート構造の時刻歴応答解析例

　第3章3.1節で設計した10階建て鉄筋コンクリート造建築物について時刻歴地震応答解析を行う．第3章の設計例が市販ソフトのSuper Build/SS3を用いたので，限界耐力計算で使用したデータがそのまま使えるように，SS21/DynamicPROによって計算した．SS3で用いたデータを使って，建築物形状を質点系振動モデルに置換して計算した．

　本節では，時刻歴応答計算の流れを把握できるように，前節で作成した1つの入力地震動に対して以下に述べるような1つの振動モデルについての時刻歴地震応答計算を行う．

　ただ，本来時刻歴応答解析による計算の結果は，採用した復元力モデルの違いや，同じスペクトルに対応する入力地震動であっても位相の違いによって結果に大きなばらつきを生ずることに注意する必要がある．

　したがって，本節の計算は，振動解析の流れを把握するための例示であって，設計の実務の世界ではただ1つの入力地震波に対する応答計算結果だけで判断することはない．

　時刻歴応答解析結果のばらつきについては，5.3節で述べる．

5.2.1 建築物のモデル化

時刻歴地震応答解析は，想定した地震動に対する応答加速度や変位を時々刻々に求め，安全性を検討する作業である．

本節では，質点系モデルによって水平方向に対する解析を実行したが，最近は，パーソナルコンピュータの高性能化に伴い，同じ質点系モデルでも床面のねじれ変形を考慮した解析や，部材レベルに履歴特性を与え，有限要素法により，2次元あるいは3次元の骨組のまま振動解析がなされる場合も多い．

一般に，質点系モデルによる解析は解析時間が短いことのほかに，各層ごとのバネで応答値を求めるために建築物全体の応答を把握しやすいことから，解析結果を理解しやすいという利点がある．ただ，質点系にモデル化できる建築物は，整形で，剛床仮定が成り立つことを前提にしているので，不整形な建築物であったり，剛床仮定が成り立たないような複雑な床形状を持つ建築物に対しては，質点系モデルは適さない．

本節で取り上げた設計例のように構造的に整形で，偏心等もない場合には，簡単な質点系モデルで十分の精度を確保できると言える．

対象とする建築物は，図5.12に示すような柱梁で構成されるフレーム構造を図5.13に示す多質点系等価せん断振動モデルに置換し，漸増載荷して得られた骨格曲線（スケルトン・カーブ）を図5.14に示す．具体的には，モデルの作成に際して，SS3等で設計した建築物の数値データを利用することで，剛性低下型の解析モデルは容易に作成できる．

解析対象は，第3章3.1節で設計した建築物である．以下のようにモデル化する．

① 構造形式：鉄筋コンクリート造，10階建て
② 解析モデル：等価せん断系弾塑性質点
③ 復元力：剛性低下型トリリニア

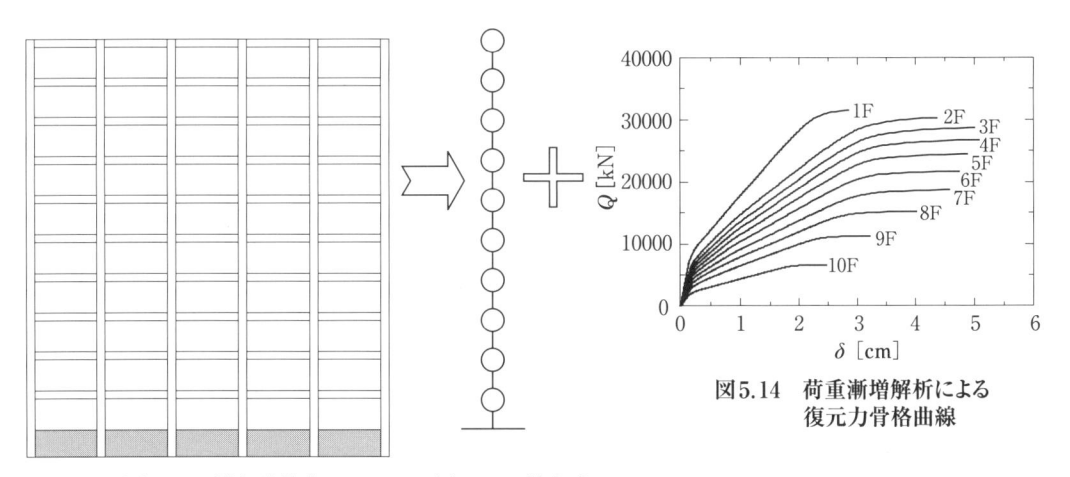

図5.12 対象建築物　　図5.13 質点系モデル

図5.14 荷重漸増解析による復元力骨格曲線

④ 基礎：基礎固定

である．

表 5.3 に質点系モデルのデータを示すが，これは，第 3 章 3.1 節で限界耐力計算によって設計した建築物の一貫構造計算ソフト Super Build/SS3 による解析結果から引用して作成したものである．用いたデータは，階高，質量（重量），漸増載荷によって安全限界耐力まで載荷された荷重–変位関係のデータを用いている．

一般的に，鉄筋コンクリート造の場合は，部材降伏による剛性低下が発生する以前の早期の段階で，コンクリートのひび割れによる剛性低下で線形性を失う．したがって，第 1 折れ点 $\delta1$ は，コンクリートのひび割れにより，原曲線の初期剛性勾配が直線性を失い始める点で設

表 5.3 建築物振動モデルデータ

階名	階高 [mm]	重量 [kN]	$Q1$ [kN]	$Q2$ [kN]	$\delta1$ [mm]	$\delta2$ [mm]
10F	3800	6170	1912	5741	1.6	17.8
9F	3800	7329	3358	11108	2.0	23.0
8F	3800	7461	4342	15390	2.2	28.2
7F	3800	7461	4939	18880	2.2	30.9
6F	3800	7737	5739	21972	2.2	31.6
5F	3800	7897	6434	24665	2.2	31.1
4F	3800	8088	7055	27006	2.0	29.9
3F	3800	8186	7886	28990	2.1	30.0
2F	3800	8186	8264	30370	2.0	28.3
1F	4000	8246	9416	31144	2.7	21.6

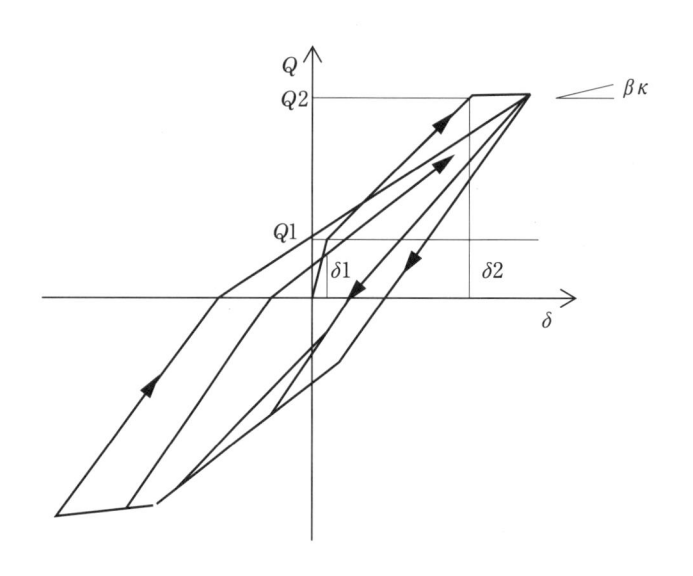

図 5.15 剛性低下型トリリニアモデル

定する．層の塑性率の起点となる弾性限は第2折れ点 $\delta 2$ に設定する．本節では，図5.15に示す剛性低下型トリリニアモデルを採用する．

本節では第1勾配は初期剛性に等しく，第3勾配は層間変形角が1/75に達した時の接線としている．2つの勾配が求まった後，履歴面積が等しくなるように第2勾配を設定している．

5.2.2 応答解析結果

質点系モデルの固有値解析の結果を図5.16に刺激関数のうち5次までを示す．表5.4には5次までの刺激関数と固有周期を合わせて示す．対象とする建築物は10階建てであり，固有値は10次まであるが，建物の地震応答では，一般に低次モードの影響が強く，高次モードの影響は少ないことから，ここでは5次までを示した．

表5.5は，時刻歴地震応答解析の結果一覧である．表5.5a.には各階の加速度，速度，変位の最大応答値を示し，表5.5b.には層せん断力，層せん断力係数，層間変位を示した．

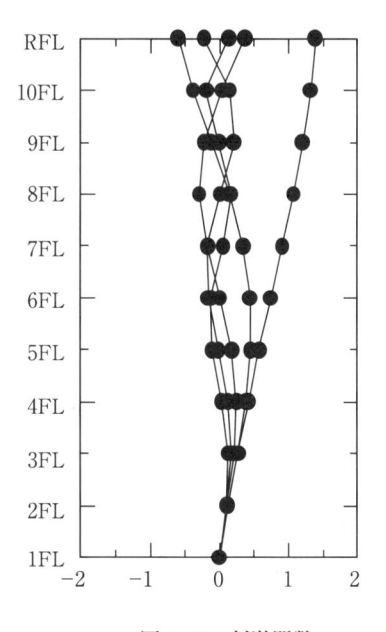

図5.16 刺激関数

図5.17に最大加速度応答値を示すが，5階で応答値が下がるが，ほとんど下層から増幅していることが分かる．図5.18に変位，図5.19に層間変位の応答値を示す．ここで，変位とは，地面を不動として，各床位置の最大変位を表したもので，層間変位は各床位置の変位量（上階と下階との差）を表したものである．

これらの応答値から，次式によって層せん断力と層せん断力係数が分かる．

$$Q_i = \sum_{j=i}^{n} m_j \cdot (\ddot{x}_i + \ddot{y}), \quad C_i = \frac{Q_i}{W_i} \tag{5.6}$$

表5.4 刺激関数

	1次	2次	3次	4次	5次
RF	1.38	−0.60	0.36	−0.22	0.13
10F	1.31	−0.39	0.03	0.14	−0.19
9F	1.20	−0.12	−0.22	0.20	−0.01
8F	1.06	0.14	−0.29	0.01	0.16
7F	0.90	0.33	−0.18	−0.17	0.05
6F	0.74	0.44	0.01	−0.17	−0.12
5F	0.57	0.45	0.17	−0.02	−0.11
4F	0.41	0.39	0.24	0.12	0.02
3F	0.26	0.27	0.21	0.17	0.12
2F	0.11	0.12	0.11	0.10	0.09
1F	0.00	0.00	0.00	0.00	0.00
固有周期	0.62	0.24	0.15	0.11	0.09 [s]

表5.5 応答解析結果一覧

a. 加速度・速度・変位

	加速度 [gal]	速度 [cm/s]	変位 [cm]
RFL	834	143	23.7
10FL	637	129	22.8
9FL	606	118	21.5
8FL	602	105	19.6
7FL	594	92	17.2
6FL	534	80	14.4
5FL	472	66	11.4
4FL	471	51	8.4
3FL	457	33	5.3
2FL	414	15	2.3

b. 層せん断力・層せん断力係数・層間変位

	層せん断力 [kN]	層せん断力係数	層間変位 [cm]
10F	5136	0.83	1.5
9F	9600	0.71	1.9
8F	13077	0.62	2.3
7F	16623	0.58	2.6
6F	20653	0.57	2.9
5F	24123	0.55	3.0
4F	27020	0.52	3.0
3F	29047	0.48	3.1
2F	30477	0.44	3.0
1F	31369	0.41	2.3

ここで，Q_i：層せん断力，C_i：層せん断力係数，W_i：i層から上の建築物重量，
 m_i：建築物質量，$\ddot{x}_i + \ddot{y}$：絶対加速度

図5.20に層せん断力を，図5.21に層せん断力係数を示す．この応答解析は，前述のように入力の大きさを限界耐力計算の極めて稀に発生する地震動相当として作成したものである．応答のベースシア係数は0.4である．

図5.22では，塑性率を示し，図5.23では層せん断力と層間変位の関係を示すが，4階以下の低層階でわずかに第2折れ点を超えるが，それ以外の第2折れ点に達していないことを示している．

図5.23には，参考までに，第3章3.1節の限界耐力計算の安全限界耐力時の耐力と変位も併

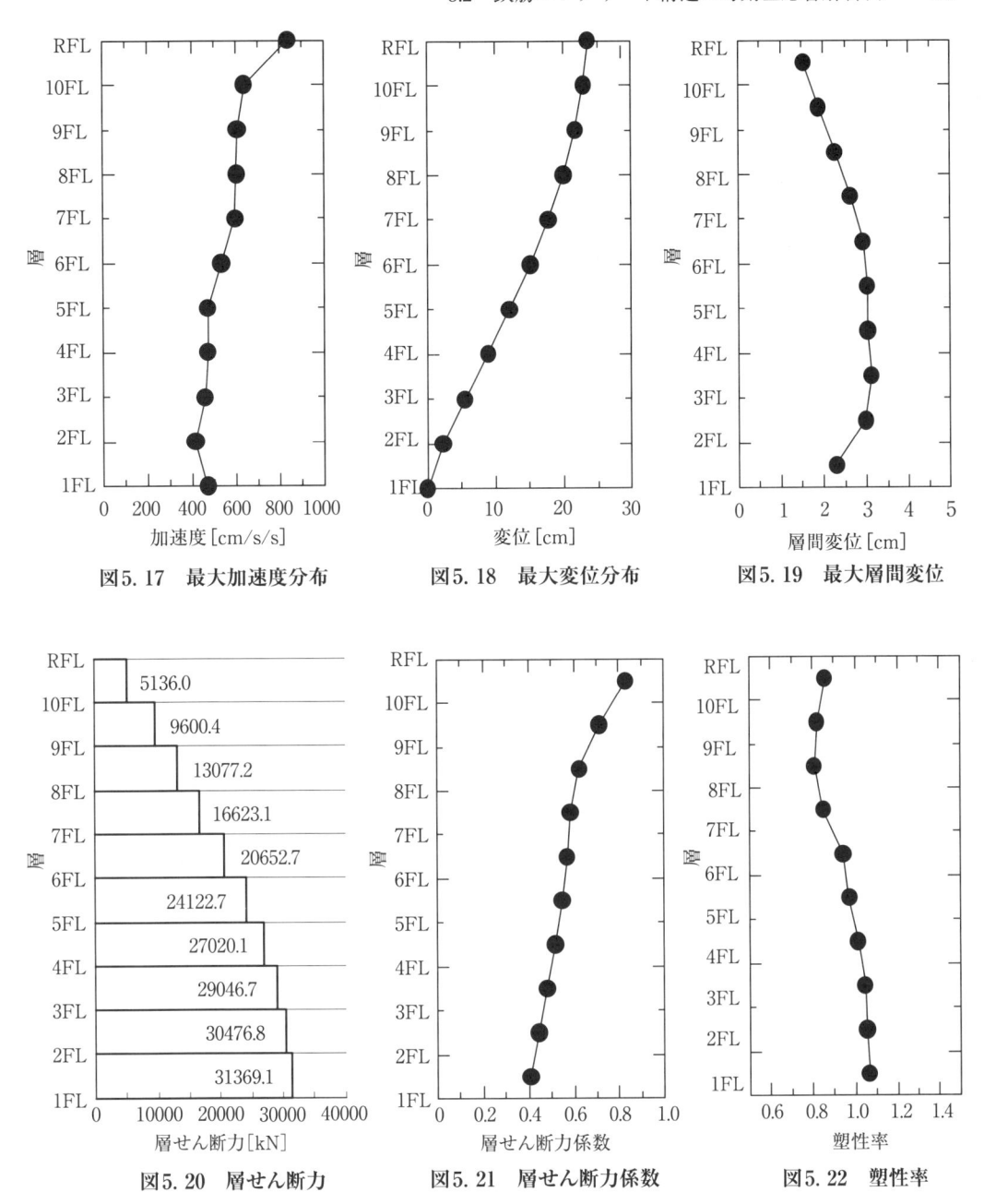

図5.17　最大加速度分布　　図5.18　最大変位分布　　図5.19　最大層間変位

図5.20　層せん断力　　図5.21　層せん断力係数　　図5.22　塑性率

せて示した．図より，時刻歴解析の結果と限界耐力計算の結果を比較すると，1層を除くすべての層で変位に大きな差がある．

一方，図5.24は応答解析から得られた層せん断力であり，図5.25は限界耐力計算から得られた層せん断力である．図5.26はそれぞれから得られた層せん断力係数である．

以上，時刻歴応答解析を理解しやすいように，地震波は1波で，復元力モデルも1つのタイプで検討してきた．しかしながら，時刻歴応答は地震波や復元力の違いで大きくばらつくこと

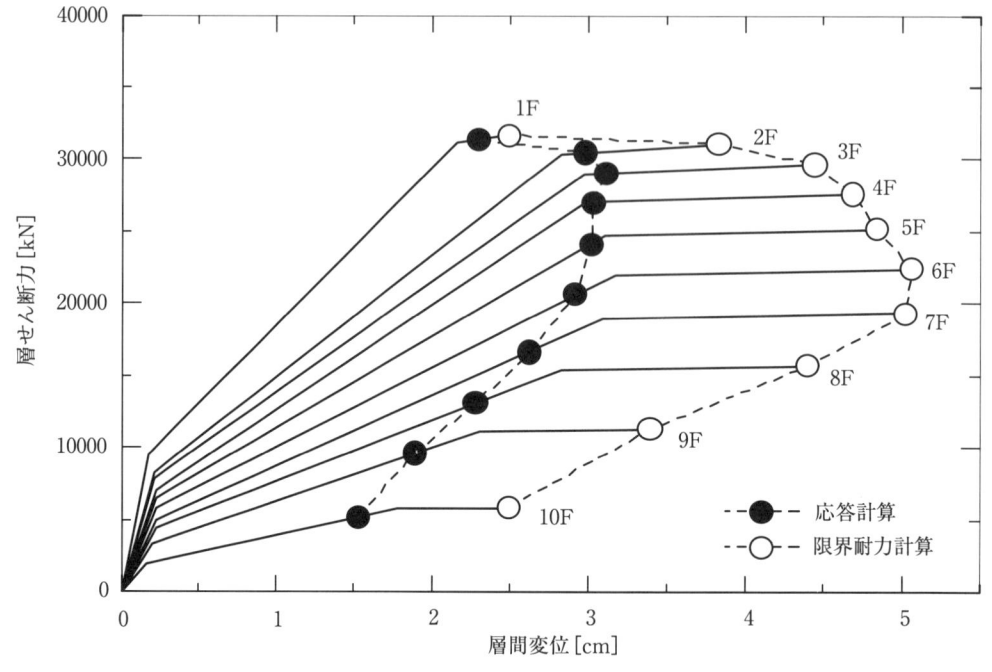

140   第5章　時刻歴地震応答解析

図5.23　層せん断力と層間変位曲線と最大応答値

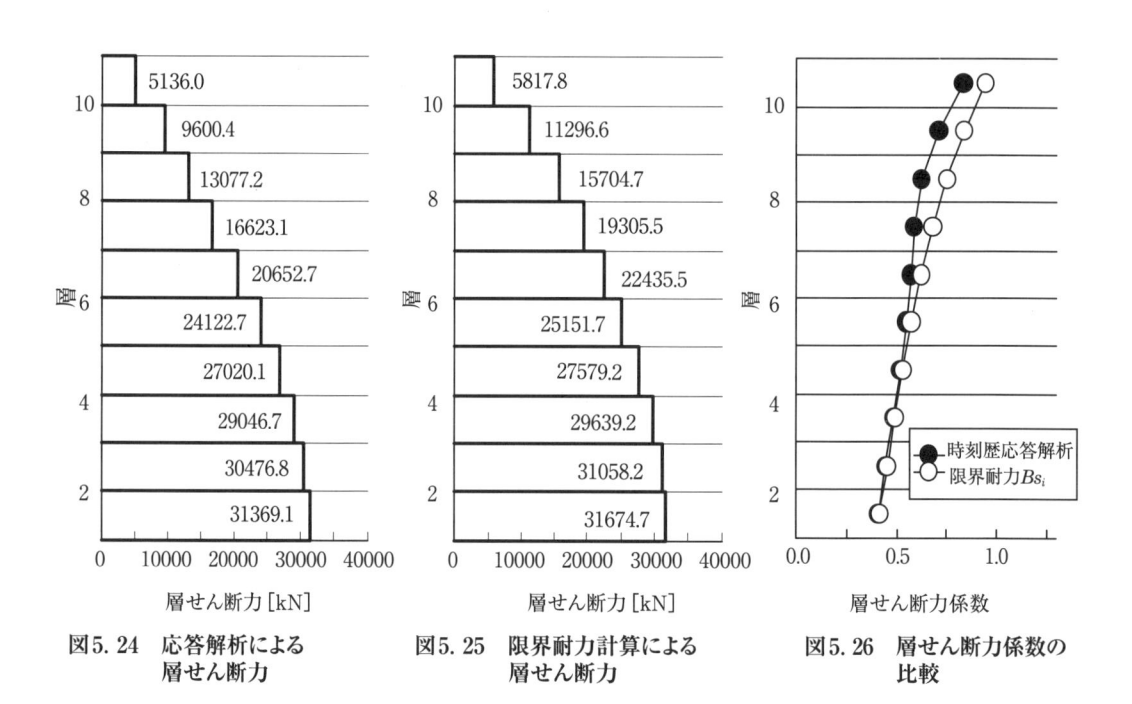

凡例：
- ●-- 応答計算
- ○-- 限界耐力計算

図5.24　応答解析による層せん断力 [kN]

層	値
10	5136.0
9	9600.4
8	13077.2
7	16623.1
6	20652.7
5	24122.7
4	27020.1
3	29046.7
2	30476.8
1	31369.1

図5.25　限界耐力計算による層せん断力 [kN]

層	値
10	5817.8
9	11296.6
8	15704.7
7	19305.5
6	22435.5
5	25151.7
4	27579.2
3	29639.2
2	31058.2
1	31674.7

図5.26　層せん断力係数の比較

凡例：
- ● 時刻歴応答解析
- ○ 限界耐力 Bs_i

に注意が必要である．図5.24，5.25，5.26のように，層せん断力や層せん断力係数がかなり近似しているが，図5.23では変位は大きく違っている．ただ，図5.23から，同じスケルトン・カーブであることから，層せん断力は変位ほど大きなばらつきはないであろうことを示唆して

いる．

応答値のばらつきについては 5.3 節で述べる．

5.3 複数の地震動・復元力の異なる複数のモデルに対する時刻歴地震応答解析

5.3.1 略算法要求スペクトルに適合する入力地震動

本節では，前節と異なり，入力地震波のスペクトルを第 3 章と全く同じになるように作成して検討する．

第 3 章の限界耐力計算で用いた第 2 種地盤に対する略算法による地表面の要求スペクトルが，図 5.27 の破線で示されている．このスペクトルに適合するような地震動は，前節 5.1.1 項と同様に正弦波合成法によって作成できる．

ただ，ここで，作成する地震動は一般に使われることはないが，限界耐力計算と入力地震動での応答を示すためのものである．

ここでは，作成法の説明は省略し，作成した図 5.28 に示す 8 波の地震波を入力地震動として用いる．

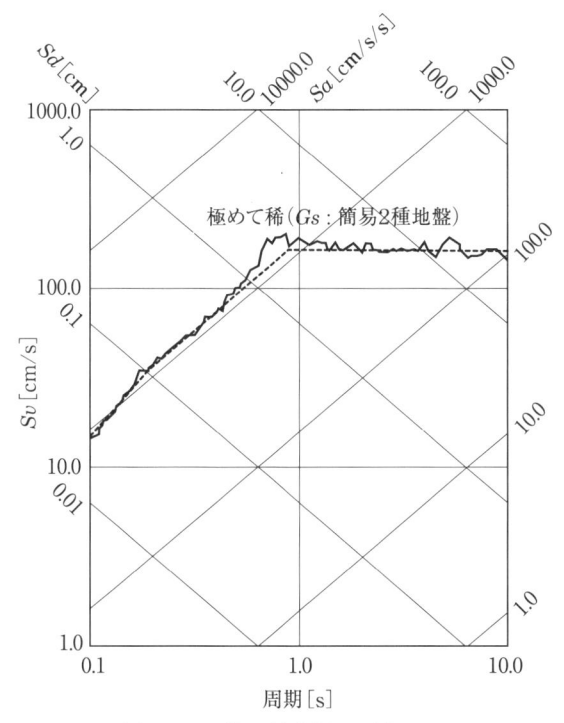

図 5.27 第 2 種地盤の要求スペクトル

142　第5章　時刻歴地震応答解析

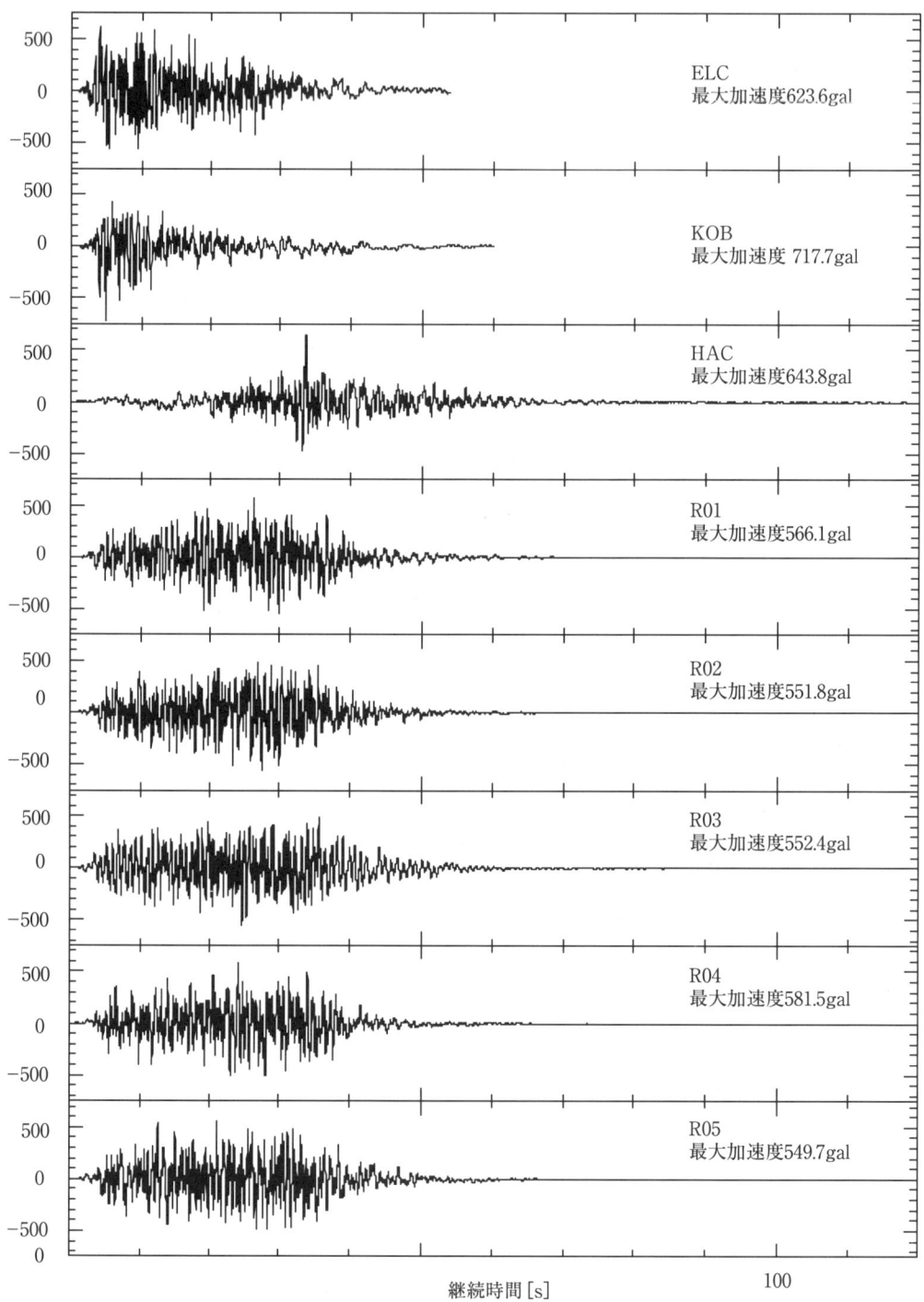

ELC
最大加速度623.6gal

KOB
最大加速度 717.7gal

HAC
最大加速度643.8gal

R01
最大加速度566.1gal

R02
最大加速度551.8gal

R03
最大加速度552.4gal

R04
最大加速度581.5gal

R05
最大加速度549.7gal

継続時間 [s]

図5.28　同一スペクトルで位相の異なる地震動

最初の3波は実際に記録された地震動の位相を用い，残る5波はランダム位相を用いて作成したものである．記録地震動の位相を用いた3波は上から，エルセントロ，神戸そして八戸の地震動のものである．

図5.27の破線のスペクトルの上の細い実線は，作成した1つの地震動の適合状態を例示したものであるが，残りの地震動も同じスペクトルとなるように作成している．

このように，同じ応答スペクトル特性を有するように作成された地震波形であっても，正弦波の位相が異なると，異なる時刻歴波形を示す．具体的には，与えた位相特性が波形を決定する[5]．

スペクトル特性は同じでありながら，位相の特性が異なる地震波に対する1つの振動モデルの応答がばらつくことはよく知られている．また，同じ地震動に対して異なる復元力履歴特性で応答解析すると当然のことながらばらつくが，このことは履歴減衰の違いから予想される．

本節ではこの2つのケースに対する計算例を示し，時刻歴応答解析は，前節のような1つのモデル，1つの地震波で応答値を確定できないことを示す．

5.3.2 いろいろの復元力特性

鉄筋コンクリート造の建築物の復元力特性は，鉄骨造に比べて複雑である．純ラーメンと耐震壁つきのラーメンでは異なるが，その場合も耐震壁とラーメンの比率等で大きく異なる．ここでは，DynamicProに内蔵されている，次の6つの復元力について検討する．これらは，スケルトン・カーブは同一にして，履歴ループ（ヒステリシス）のみを変化させたものである．

図5.29は，5.3.3項で述べる地震動R02に対する応答結果の履歴である．一般に，履歴の形状は履歴減衰に大きく影響を与える．

5.3.3 複数の入力地震動に対する1つの復元力モデルの時刻歴地震応答の比較

骨格曲線（スケルトン・カーブ）は同じで履歴曲線（ループ）の異なる復元力の6つの例を図5.29に示した．

これらの6つの復元力の中から，D-Tri4の復元力モデルを選んで，図5.28の8波を入力して時刻歴応答解析した．その各層の層せん断力と層間変位の最大応答値をスケルトン・カーブ上にプロットしたのが，図5.30である．応答結果は大きく変動し，そのばらつきは極めて大きい．

第3章3.1節から一般階の階高は380 cmであることから，安全限界耐力時の最大層間変形角1/75に対する層間変位は約5 cmである．応答の最大値をみると層間変位4～6 cm（層間変形角1/95～1/63）であり，ほぼ層間変位の平均は5 cm（層間変形角1/75）となっている．ただし，これは履歴モデルにD-Tri4を用いた場合であって，履歴を変えると応答値も変化する．

ただ，図5.30からもわかるように，変位のばらつきに比べて，層せん断力の差はそれほど

144　第5章　時刻歴地震応答解析

最大点指向

原点指向

D-Tri1

D-Tri2

D-Tri3

D-Tri4

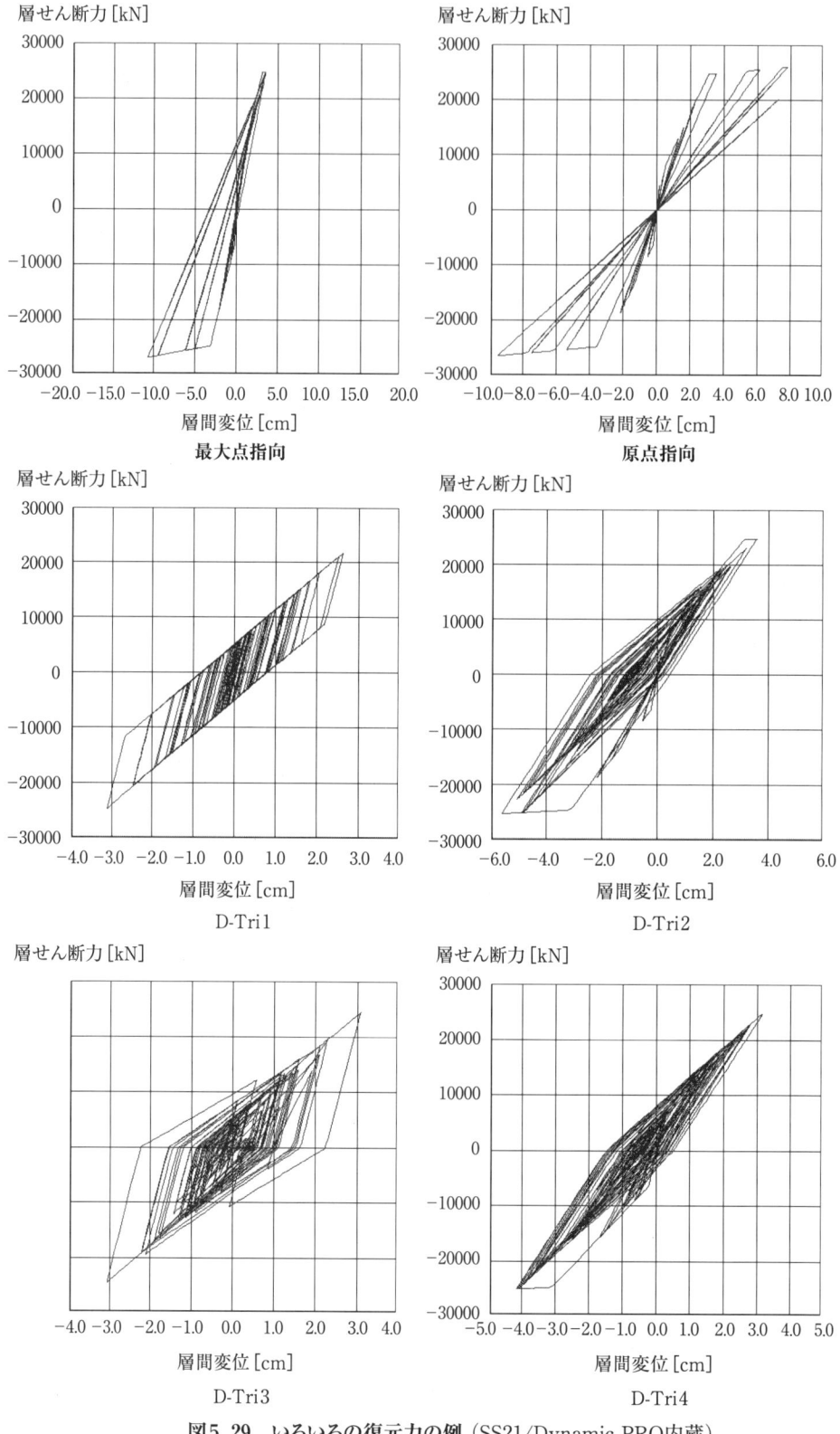

図5.29　いろいろの復元力の例（SS21/Dynamic PRO内蔵）

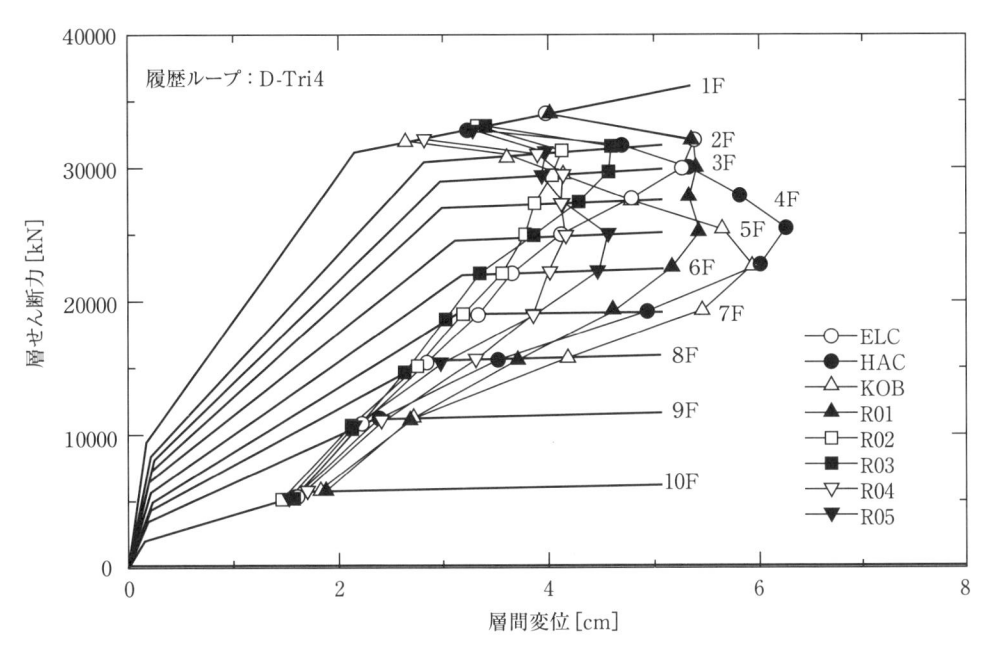

5.3 複数の地震動・復元力の異なる複数のモデルに対する時刻歴地震応答解析　145

図5.30 D-Tri4のモデルに対する8つの地震波の時刻歴応答計算結果

大きくない．これは3.2節で示したところと同じで，同じスケルトン・カーブで，すべての層で第2折れ点に接近しているか超えていれば大きな変化は生じない．

5.3.4　1つの入力地震動によるいろいろの復元力モデルの時刻歴地震応答の比較

ここでは，図5.29の6つの復元力特性モデルの建築物に対して1つの入力地震動，図5.28のR02のランダム位相の地震動による時刻歴応答の結果を比較する．

図5.31に示すように，6つのモデルに対する応答値は大きくばらついている．図5.31は同一の地震に対する応答であり，応答結果に影響を与えるのは，主として履歴減衰によるところが大きいと言える．もちろん，履歴ループの減力，加力の勾配は，剛性を表すので，スケルトンは同じでも6つのタイプの復元力は，地震動の周期特性とも関係し，応答値に影響を与えると推測できる．

しかしながら，図5.31に明らかなように，2つのきわめて大きな最大応答値を示す履歴モデルは，原点指向型と最大点指向型の2つのみである．復元力タイプを示す図5.29から明らかなように，履歴曲線で囲まれる面積（ループ面積）は原点指向モデルと最大点指向モデルが小さい．一方，ループ面積が大きいD-Tri1とD-Tri3の応答は最も小さく，D-Tri2とD-Tri4がその中間の値を示している．以上から，履歴減衰が応答に大きな影響を与えていると言える．

ただ，本例でも，容易にわかることは，どのモデルの場合も，復元力が非線形であり，いず

146　第5章　時刻歴地震応答解析

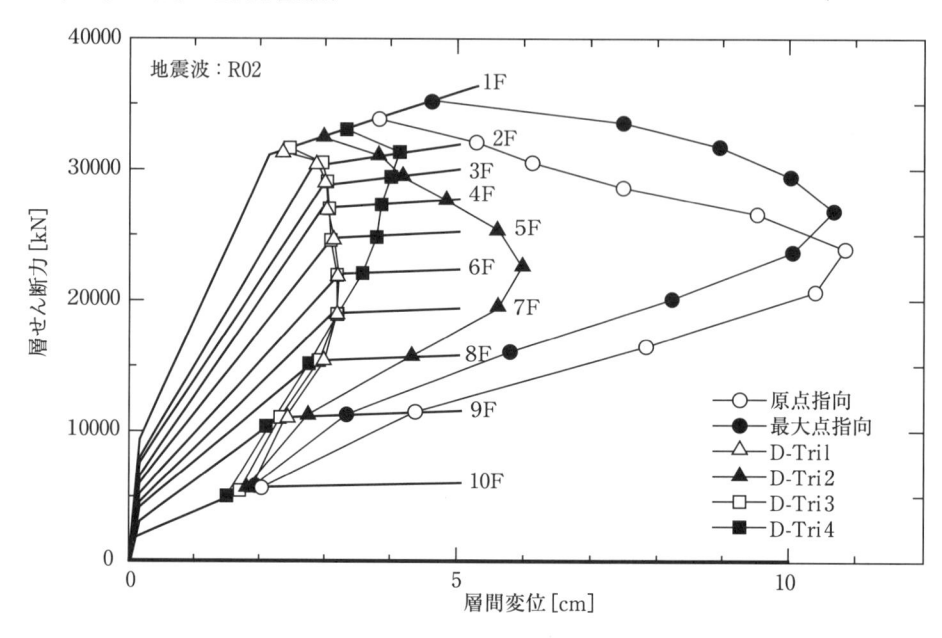

図5.31 いろいろの復元力モデルに対する1つの地震動による時刻歴応答結果

れのモデルもすべての階の変位が第2折れ点に接近しているか多くは超えていることから，各層の層せん断力，ベースシアは，変位に比べてその差はあまり大きくないことは，図5.30の場合と同じである．

ちなみに，地震動を地盤の非線形性を考慮して作成した図5.8の入力地震動を使用して6つのモデルに対して，同様の検討した結果を図5.32に示した．

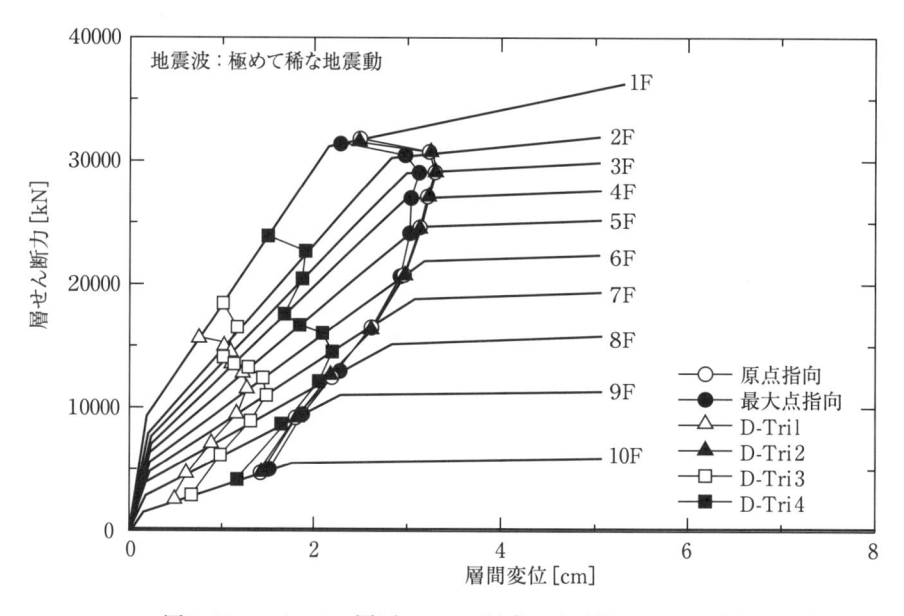

図5.32 いろいろの履歴モデルに対する地震動R02による時刻歴応答結果

応答値が全体に小さく，第2折れ点に達したモデルは2つだけで，4つのモデルは遠く及ばない小さな変形領域にある．

5.1節で地盤非線形を考慮して作成した地震動のスペクトルは，図 5.28 の 8 波に対応するスペクトルに比べ，1.2 s より長い周期領域で，大きく下回っている（図 5.11）．これが，応答値が小さい原因かと推測される．

5.4 ま と め

5.1, 5.2 節では時刻歴応答計算の流れを示すために，地震動は工学的基盤に告示の基準スペクトルに適合した波形を入力し，表層地盤の非線形性を考慮して地震動を作成し，1つの地震動，1つの復元力モデルで例示した．そしてその結果を 3.1 節の限界耐力計算の結果と比較できるように整理する方法を示した．

しかしながら，時刻歴応答解析は，大きくばらつくことを常に念頭に置く必要がある．5.1, 5.2 節は時刻歴地震応答解析の手順を理解するために述べたものである．したがって，1つの時刻歴応答解析は，まさに1つの解に過ぎないことを意識して，地震動の選定，復元力を決定する必要がある．

その上で，系統的な複数の計算を行い，1つ1つの結果を吟味しながら，設計に用いることが大事であることを 5.2 節で述べた．

5.3 節では，通常は使われないものの 3.1 節の限界耐力計算と比べるために，3.1 節の地表面での略算法で求めた要求スペクトルと全く同じスペクトル特性を持つ 8 波の地震動を作成し，6つの復元力モデルと組み合わせて検討した．5.2 節の図 5.23 などと 5.3 節の図 5.30，図 5.31 を比べることで，限界耐力計算と時刻歴応答解析の類似性，相違を知ることができたであろう．

限界耐力計算は，応答スペクトルを用いる周波数領域での応答計算であり，基準スペクトルが妥当なものであり，建設敷地の地盤物性がよくわかっており，減衰の評価や低減係数が適切に評価できるという前提に立てば，極めて優れた設計法であることが実感できる．

一方，時刻歴応答解析は時間領域での応答計算である．入力地震動や復元力モデル，減衰の評価などで応答値が変動することから，建築物の地震時の挙動を多面的に検討できる．

設計者は，双方の計算になじみ，建築物の振動の挙動を把握する技術的な経験と感覚を養うことが重要と思われる．

参 考 文 献

[1] 日本建築学会編『最新の地盤震動研究を活かした強震波形の作成法』2009 年 3 月．
[2] 建設省建築研究所，財団法人日本建築センター『設計用入力地震動作成技術指針（案）』1992

年3月，http://www.bcj.or.jp/src/download/wave_guide.pdf
〔3〕 Jennings, P.C., Housner, G.W. and Tsai, N.C. : Simulated earthquake motions, E.E.R.I., Pasadena, 1968.
〔4〕 Schnabel, P.B., Lysmer, J. and Seed, H.B.（1972）: SHAKE A Computer Program for Earthquake Response Analysis of Horizontally Layered Sites, Report No. EERC72-12, University of California, Berkeley.
〔5〕 大崎順彦『新・地震動のスペクトル解析入門』鹿島出版会.

第6章 限界耐力計算のための表層地盤の増幅特性

6.1 2層地盤のS波の波動伝播

　地震波は実体波であるP波とS波および表面波であるレーレ波とラブ波で構成されている．P波のことを縦波，S波のことを横波と呼ぶことがある．P波のPは英語のPrimaryの頭文字であり，この単語の意味は"最初に"である．またS波のSは英語のSecondaryの頭文字であり，"第2の"あるいは"次の"の意味がある．地震時の地表面の揺れ（地震動）の波形を観ると，最初に①周期の短い揺れ，次に②振幅の少し長い大きな揺れ，そして後半に③周期の長い揺れ，があることが分かる．①の部分がP波，②の部分がS波，③の部分が表面波により生じた揺れである．特に，②のS波による部分を主要動と呼ぶ．周期の非常に長い超高層建築物や免震建築物を除いた普通の建築物では主要動に対して耐震設計がなされる．一般に地表面に近い地層ほど軟らかく波の伝播速度は小さくなることから，スネルの法則により地震波の伝播経路（波線）は地表面に対してほぼ直角となる．この時，P波は上下動，S波は水平動を引き起こす．建築物の耐震設計で使う地震動はS波が鉛直入射する条件で主に検討される．

　地盤は物理定数が互いに異なる多くの地層により構成されている．これらの地層をおおまかに見ると，地表面近くの軟らかい地層と，その下にある比較的硬い地層の2つの地層に層別することができる．地表面近くの軟らかい地層をまとめて表層地盤，その下にある硬い地層をまとめて工学的基盤と呼んでいる．複雑な地層構成の地盤内のS波の伝播特性は，表層地盤と工学的基盤の2層地盤系の伝播特性として近似的に考えることができる．6.1節では2層地盤のS波の伝播について考える．

6.1.1 波動伝播方程式の誘導とその解

　地盤内を伝播するS波は図6.1に示す単位断面積のせん断土柱のS波の伝播と同一である．下向きが正のz軸を設けると，微小要素ABCDはS波が伝播中にはせん断変形して平行四辺形A'B'C'D'となる．上面CDの変位を$u-(1/2)\cdot(\partial u/\partial z)dz$とすると微小深さ$dz$だけ下の面ABの変位は$u+(1/2)\cdot(\partial u/\partial z)dz$となる．このせん断変形に伴うせん断変形角$\gamma$は(6.1)式で与えられる．

注）　本章で用いる用語等の理解のために，楠木・規矩編著『建築と土木の耐震設計・基礎編』（関東学院大学出版会）の第1章，第3章を併せて読まれることをすすめる．

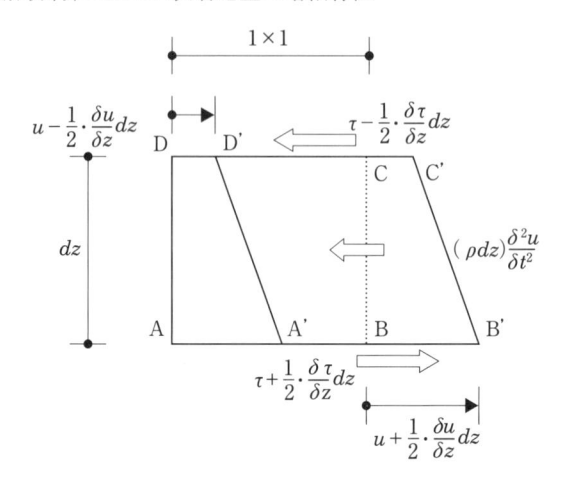

図 6.1 せん断土柱の変形

$$\gamma = \frac{\{u+(1/2)\cdot(\partial u/\partial z)dz\}-\{u-(1/2)\cdot(\partial u/\partial z)dz\}}{dz} = \frac{\partial u}{\partial z} \tag{6.1}$$

上面 C'D' にはせん断応力 $\tau-(1/2)\cdot(\partial\tau/\partial z)dz$ また下面 A'B' にはせん断応力 $\tau+(1/2)\cdot(\partial\tau/\partial z)dz$ が生じる．微小要素 ABCD の体積は $1\times1\times dz=dz$，重心の加速度は $\partial^2 u/\partial t^2$ であることから，土の単位体積質量を ρ とすると慣性力は $(\rho dz)(\partial^2 u/\partial t^2)$ となる．

これらの力の釣合いは(6.2)式となる．ただし，断面積が1であるので，この式では省略してある．

$$-(\rho dz)\cdot\frac{\partial^2 u}{\partial t^2}+\left(\tau+\frac{1}{2}\cdot\frac{\partial\tau}{\partial z}dz\right)-\left(\tau-\frac{1}{2}\cdot\frac{\partial\tau}{\partial z}dz\right)=0 \tag{6.2}$$

この式を整理すると(6.3)式が求まる．

$$\rho\frac{\partial^2 u}{\partial t^2}=\frac{\partial\tau}{\partial z} \tag{6.3}$$

せん断応力 τ は，せん断弾性係数 G と(6.1)式のせん断ひずみ γ を用いて(6.4)式で表される．

$$\tau=G\cdot\gamma=G\frac{\partial u}{\partial z} \tag{6.4}$$

(6.4)式を(6.3)式に代入すると(6.5)式の偏微分方程式が求まる．

$$\rho\frac{\partial^2 u}{\partial t^2}=G\frac{\partial^2 u}{\partial z^2} \tag{6.5}$$

(6.5)式をS波の波動伝播方程式と呼ぶ．

6.1.2 波動方程式の解

S波の伝播速度 V は土の単位体積質量 ρ とせん断弾性係数 G を用いて次式で与えられる．

$$V=\sqrt{\frac{G}{\rho}} \tag{6.6}$$

(6.5)式を伝播速度 V を用いて表すと(6.7)式となる.

$$\frac{\partial^2 u}{\partial t^2} = V^2 \frac{\partial^2 u}{\partial z^2} \tag{6.7}$$

この(6.7)式の解は次式で与えることができる[付録1].

$$u(z, t) = E\left(t + \frac{z}{V}\right) + F\left(t - \frac{z}{V}\right) \tag{6.8}$$

ここに,$E\left(t+\frac{z}{V}\right)$ と $F\left(t-\frac{z}{V}\right)$ は任意の関数であり,$E\left(t+\frac{z}{V}\right)$ は z の負の方向に伝播する波(後退波),また $F\left(t-\frac{z}{V}\right)$ は逆に z の正方向に伝播する波(進行波)に相当する.ここで,$E\left(t+\frac{z}{V}\right)$ と $F\left(t-\frac{z}{V}\right)$ が任意の関数であることは,どのような形の地震波でも解になり得る,すなわち地盤中を伝播することができることを意味する.ただし,この任意の関数の変数部分が,$\left(t+\frac{z}{V}\right)$ および $\left(t-\frac{z}{V}\right)$ の形になっている必要がある.時間 t と位置座標 z とがプラス符号で結ばれた関数が z の負方向に,逆にマイナス符号で結ばれた関数が z の正方向に伝播する波動と理解しておくと役立つ.図6.2は後退波 $E\left(t+\frac{z}{V}\right)$ と進行波 $F\left(t-\frac{z}{V}\right)$ の伝播の様子

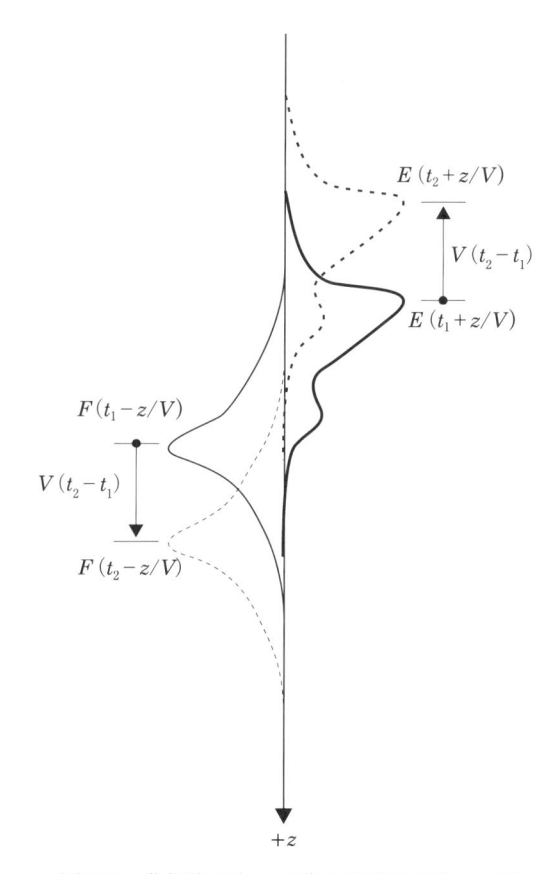

図 6.2 進行波 $F(t-z/V)$ と後退波 $E(t+z/V)$

152　第6章　限界耐力計算のための表層地盤の増幅特性

を模式的に描いたものである．時刻 $t=t_1$ である深さにあった波動 $E(t_1+z/V)$ と $F(t_1-z/V)$ は，(t_2-t_1) 後の $t=t_2$ では $E(t_1+z/V)$ は $V(t_2-t_1)$ だけ z 軸の負方向に移動（伝播）して $E(t_2+z/V)$ となり，また $F(t_1-z/V)$ は $V(t_2-t_1)$ だけ z 軸の正方向に伝播して $F(t_2-z/V)$ となる．

(6.8)式において，

$$\varsigma = t + \frac{z}{V}, \quad \eta = t - \frac{z}{V} \tag{6.9}$$

とおくと，(6.8)式は次式となる．

$$u(z,t) = E(\varsigma) + F(\eta) \tag{6.10}$$

せん断応力 τ は(6.4)式に(6.8)式を代入することにより，

$$\begin{aligned}
\tau(z,t) &= G\frac{\partial u(z,t)}{\partial z} = G\left\{\frac{\partial E(t+z/V)}{\partial z} + \frac{\partial F(t-z/V)}{\partial z}\right\} \\
&= G\left\{\frac{\partial E(\varsigma)}{\partial \varsigma}\cdot\frac{\partial \varsigma}{\partial z} + \frac{\partial F(\eta)}{\partial \eta}\cdot\frac{\partial \eta}{\partial z}\right\} = G\left\{\frac{\partial E(\varsigma)}{\partial \varsigma}\cdot\frac{1}{V} + \frac{\partial F(\eta)}{\partial \eta}\cdot\left(-\frac{1}{V}\right)\right\} \\
&= \frac{G}{V}\left\{\frac{\partial E(\varsigma)}{\partial \varsigma} - \frac{\partial F(\eta)}{\partial \eta}\right\}
\end{aligned} \tag{6.11}$$

となる．上式の係数 G/V は(6.6)式より，

$$\frac{G}{V} = \frac{\rho V^2}{V} = \rho V \tag{6.12}$$

となる．この ρV を波動インピーダンスと呼ぶ．この波動インピーダンス ρV を用いて(6.11)式のせん断応力を表すと(6.13)式となる．

$$\tau(z,t) = \rho V\left\{\frac{\partial E(\varsigma)}{\partial \varsigma} - \frac{\partial F(\eta)}{\partial \eta}\right\} \tag{6.13}$$

6.1.3　透過と反射

波動インピーダンス ρV の互いに異なる地層が図6.3のように接している場合の波動伝播について考える．地層1は上側に，また地層2は下側に無限に広がっているものとする．以後の式展開では，地層1と地層2に関する物理量であることを示すために添字1と2を使う．座標

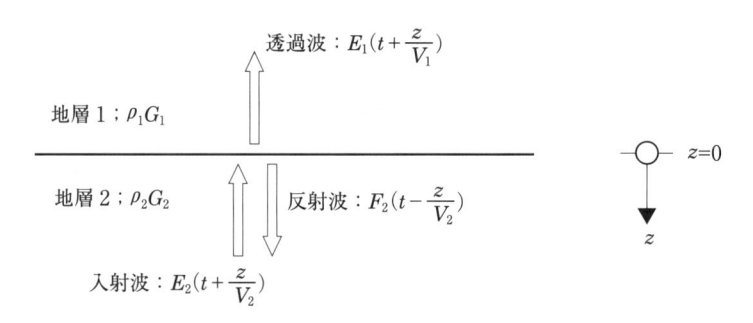

図6.3　反射波と透過波

は地層 1 と地層 2 の境界位置を原点とする下向きが正の z 座標を設定する.

地層 2 において $E_2(t+z/V_2)$ が下方より上向きに伝播してくるときの波動伝播について考える. この $E_2(t+z/V_2)$ を入射波と呼ぶ. この入射波が地層境界 $z=0$ に伝播すると, この入射波は透過波 $E_1(t+z/V_1)$ と反射波 $F_2(t-z/V_2)$ に分かれる. この時の各地層の変位とせん断応力は次のようになる.

地層 1 について,

$$u_1(z,t) = E_1(t+z/V_1) = E_1(\varsigma_1) \tag{6.14}$$

$$\tau_1(z,t) = G_1 \frac{\partial u_1(z,t)}{\partial z} = G_1 \frac{\partial E_1(\varsigma_1)}{\partial \varsigma_1} \frac{\partial \varsigma_1}{\partial z} = \frac{G_1}{V_1} \frac{\partial E_1(\varsigma_1)}{\partial \varsigma_1}$$

$$= \frac{\rho_1 V_1^2}{V_1} \frac{\partial E_1(\varsigma_1)}{\partial \varsigma_1} = \rho_1 V_1 \frac{\partial E_1(\varsigma_1)}{\partial \varsigma_1} \tag{6.15}$$

ただし, $\varsigma_1 = t + z/V_1$ (6.16)

また, 地層 2 について,

$$u_2(z,t) = E_2(t+z/V_2) + F_2(t-z/V_2) = E_2(\varsigma_2) + F_2(\eta_2) \tag{6.17}$$

$$\tau_2(z,t) = \rho_2 V_2 \left\{ \frac{\partial E_2(\varsigma_2)}{\partial \varsigma_2} - \frac{\partial F_2(\eta_2)}{\partial \eta_2} \right\} \tag{6.18}$$

ただし, $\varsigma_2 = t + z/V_2$ (6.19)

$\eta_2 = t - z/V_2$ (6.20)

地層境界 $z=0$ で地層 1 と地層 2 が密着しているとすると, この境界で変位とせん断応力に関する連続条件が成り立つ. すなわち,

$$u_1(z=0,t) = u_2(z=0,t) \tag{6.21}$$

$$\tau_1(z=0,t) = \tau_2(z=0,t) \tag{6.22}$$

(6.14)式と(6.17)式を(6.21)に代入すると次式,

$$E_1(t) = E_2(t) + F_2(t) \tag{6.23}$$

同様に, (6.15)式と(6.18)式を(6.22)式に代入すると次式が求まる.

$$\rho_1 V_1 \left[\frac{\partial E_1(\varsigma_1)}{\partial \varsigma_1} \right]_{z=0} = \rho_2 V_2 \left[\frac{\partial E_2(\varsigma_2)}{\partial \varsigma_2} - \frac{\partial F_2(\eta_2)}{\partial \eta_2} \right]_{z=0} \tag{6.24}$$

したがって,

$$\rho_1 V_1 \frac{\partial E_1(t)}{\partial t} = \rho_2 V_2 \left\{ \frac{\partial E_2(t)}{\partial t} - \frac{\partial F_2(t)}{\partial t} \right\} \tag{6.25}$$

(6.12)式で定義した波動インピーダンス ρV の地層 1 と地層 2 の比, すなわち(6.26)式を波動インピーダンス比 α と呼ぶ.

$$\alpha = \frac{\rho_1 V_1}{\rho_2 V_2} \tag{6.26}$$

この α を用いると(6.25)式は次式,

$$\alpha \frac{\partial E_1(t)}{\partial t} = \frac{\partial E_2(t)}{\partial t} - \frac{\partial F_2(t)}{\partial t} \tag{6.27}$$

となり, この式を積分すると(6.28)式が求まる.

(6.23)式と(6.28)式より,

$$\alpha E_1(t) = E_2(t) - F_2(t) \tag{6.28}$$

$$(1+\alpha) E_1(t) = 2E_2(t) \tag{6.29}$$

したがって,

$$E_1(t) = \frac{2}{1+\alpha} E_2(t) \tag{6.30}$$

さらに,(6.30)式を(6.28)式に代入すると,

$$F_2(t) = E_2(t) - \alpha E_1(t) = \left(1 - \frac{2\alpha}{1+\alpha}\right) E_2(t) = \frac{1-\alpha}{1+\alpha} E_2(t) \tag{6.31}$$

となる.(6.30)式と(6.31)式の右辺の係数をそれぞれ透過係数 $T(\alpha)$ と反射係数 $R(\alpha)$ と呼ぶ.すなわち,

$$T(\alpha) = \frac{2}{1+\alpha} \tag{6.32}$$

$$R(\alpha) = \frac{1-\alpha}{1+\alpha} \tag{6.33}$$

透過係数 $T(\alpha)$ と反射係数 $R(\alpha)$ を用いると透過波 $E_1(t+z/V_1)$ と反射波 $F_2(t-z/V_2)$ は次式で表される.

$$E_1(t+z/V_1) = T(\alpha) E_2(t+z/V_2) \tag{6.34}$$

$$F_2(t-z/V_2) = R(\alpha) E_2(t+z/V_2) \tag{6.35}$$

図6.4は波動インピーダンス比 α と透過係数 $T(\alpha)$ および反射係数 $R(\alpha)$ の関係を示す.土質の違いにより,単位体積質量 ρ は若干変わる程度で大きな差異はないが,S波の伝播速度 V は大きく変化する.したがって,波動インピーダンス比 α はS波の伝播速度の比 (V_1/V_2) と近似的に考えることができる.地盤が硬質になるほど伝播速度 V は大きくなる.図6.4において,横軸が $0<\alpha<1$ の範囲は地盤1が地盤2に比べて軟質な場合,また $1<\alpha<2$ の範囲は逆に地盤1が地盤2に比べて硬質な場合に相当する.この図より次のことが分かる.

① $\alpha=1$ のとき $T(1)=1$,$R(1)=0$ となり,地層境界において入射波はそのまま透過波となり,反射波は生じない.
② $0<\alpha<1$ の範囲では,$2>T(\alpha)>1$ となり透過波は入射波より同符号で振幅が大きくなり,また $1>R(\alpha)>0$ となり入射波より振幅の小さい同符号の反射波が生じる.
③ $1<\alpha<2$ の範囲では,$1>T(\alpha)$ となり透過波は入射波より同符号で振幅が小さく,また $0>R(\alpha)$ となり入射波より振幅の小さい逆符号の反射波が生じる.
④ $\alpha=0$,これは地盤1がない場合,すなわち地盤2の上面が地表面の場合に相当する.したがって,$T(0)=2$ は意味を有さない.$R(0)=1$ は地表面 $z=0$ での反射係数が1であることから,地表面に入射した波 $E_2(t)$ と同じ波が反射波 $F_2(t)=E_2(t)$ となる.このときの地表面の変位は(6.17)式より,

$$u_2(z=0, t) = E_2(t) + E_2(t) = 2E_2(t) \tag{6.36}$$

となる.このことは,地表面の変位は入射波の変位の2倍になることを意味している.

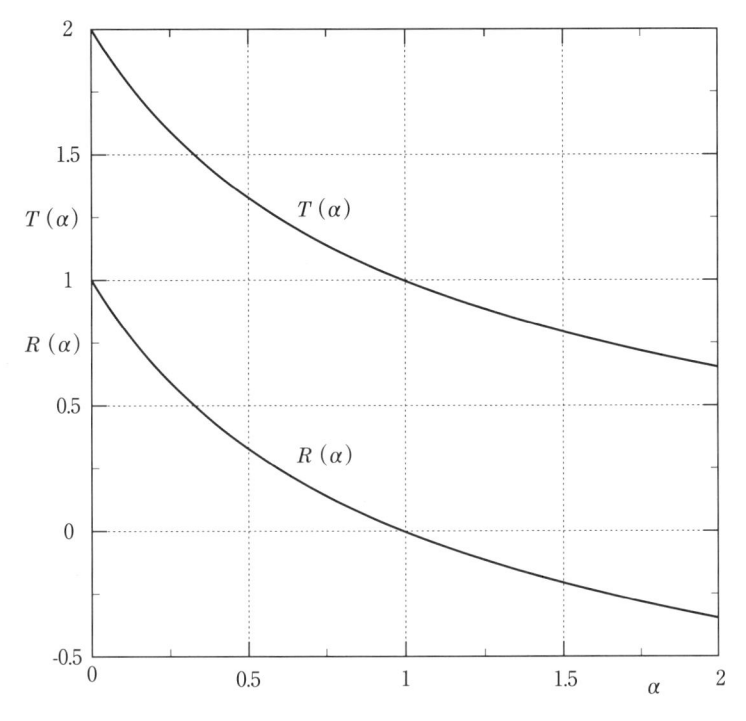

図6.4 透過係数$T(\alpha)$，反射係数$R(\alpha)$

6.1.4 2層地盤の振動特性

先に示したS波の伝播方程式(6.7)式，すなわち次式：

$$\frac{\partial^2 u}{\partial t^2} = V^2 \frac{\partial^2 u}{\partial z^2} \tag{6.37}$$

において，円振動数 ω [rad/s] の調和振動の波動伝播について考える．このとき変位 $u(z,t)$ は変位振幅 $U(z)$ と時間項 $e^{i\omega t}(=\cos\omega t + i\cdot\sin\omega t)$ を用いて(6.38)式のように表すことができる．ただし，$i\,(=\sqrt{-1}\,)$ は虚数単位である．

$$u(z,t) = U(z)\,e^{i\omega t} \tag{6.38}$$

(6.38)式を(6.37)式に代入すると次式が求まる．

$$\frac{d^2 U(z)}{dz^2} + \left(\frac{\omega}{V}\right)^2 U(z) = \frac{d^2 U(z)}{dz^2} + \kappa^2 U(z) = 0 \tag{6.39}$$

ここに，κ は(6.40)式で定義される波数である．

$$\kappa = \frac{\omega}{V} \tag{6.40}$$

(6.39)式の一般解は(6.41)式となる．

$$U(z) = E\cdot e^{i\kappa z} + F\cdot e^{-i\kappa z} \tag{6.41}$$

ここに，E と F は任意の定数である．

(6.41)式を(6.38)式に代入すると,

$$u(z,t) = E \cdot e^{i(\omega t + \kappa z)} + F \cdot e^{i(\omega t - \kappa z)} \tag{6.42}$$

となる．右辺の第1項は t の項と z の項がプラス符号で結ばれているので振幅 E で z の負方向に，また第2項はマイナス符号で結ばれているので振幅 F で z の正方向に伝播する波動である．以後の式展開では時間項 $e^{i\omega t}$ は共通に現れるので省略する．

せん断応力 $\tau(z,t) = T(z)e^{i\omega t}$ の振幅 $T(z)$ は，

$$T(z) = G\frac{dU(z)}{dz} = G \cdot i\kappa(E \cdot e^{i\kappa z} - F \cdot e^{-i\kappa z}) \tag{6.43}$$

となる．ここで，

$$G\kappa = \rho V^2 \frac{\omega}{V} = (\rho V)\omega \tag{6.44}$$

であることから，せん断応力振幅は次式となる．

$$T(z) = i(\rho V)\omega(E \cdot e^{i\kappa z} - F \cdot e^{-i\kappa z}) \tag{6.45}$$

ここで図6.5に示す表層地盤と工学的基盤からなる2層地盤系に下方より振幅 E_o のS波が入射するときの波動伝播について考える．添字1と添字2をそれぞれ表層地盤と工学的基盤に関する物理量であることを示すために使う．

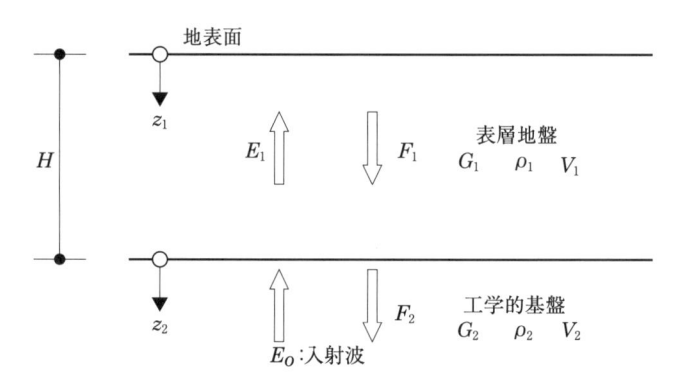

図6.5 2層地盤

表層地盤と工学的基盤に関する変位振幅 $U(z)$ とせん断応力振幅 $T(z)$ は次のように表される．

表層地盤について，

$$U_1(z_1) = E_1 \cdot e^{i\kappa_1 z_1} + F_1 \cdot e^{-i\kappa_1 z_1} \tag{6.46}$$

$$T_1(z_1) = i(\rho_1 V_1)\omega(E_1 \cdot e^{i\kappa_1 z_1} - F_1 \cdot e^{-i\kappa_1 z_1}) \tag{6.47}$$

工学的基盤について，

$$U_2(z_2) = E_o \cdot e^{i\kappa_2 z_2} + F_2 \cdot e^{-i\kappa_2 z_2} \tag{6.48}$$

$$T_2(z_2) = i(\rho_2 V_2)\omega(E_o \cdot e^{i\kappa_2 z_2} - F_2 \cdot e^{-i\kappa_2 z_2}) \tag{6.49}$$

地表面（$z_1 = 0$）のせん断応力がゼロ，すなわち振幅 $T_1(0)$ がゼロとなることから，

$$T_1(0) = i(\rho_1 V_1)\omega(E_1 - F_1) = 0 \tag{6.50}$$

となり，
$$E_1 = F_1 \tag{6.51}$$
となる．この関係を用いると表層地盤の変位およびせん断応力の振幅は次式となる．
$$U_1(z_1) = E_1(e^{i\kappa_1 z_1} + e^{-i\kappa_1 z_1}) \tag{6.52}$$
$$T_1(z_1) = i(\rho_1 V_1)\omega E_1(e^{i\kappa_1 z_1} - e^{-i\kappa_1 z_1}) \tag{6.53}$$
表層地盤と工学的基盤の境界（$z_1=H$, $z_2=0$）では変位とせん断応力が連続することから，
$$U_2(0) = U_1(H) \tag{6.54}$$
$$T_2(0) = T_1(H) \tag{6.55}$$
(6.48)式と(6.52)式を(6.54)式に代入すると，
$$E_o + F_2 = E_1(e^{i\kappa_1 H} + e^{-i\kappa_1 H}) \tag{6.56}$$
(6.49)式と(6.53)式を(6.55)式に代入すると，
$$i(\rho_2 V_2)\omega(E_o - F_2) = i(\rho_1 V_1)\omega E_1(e^{i\kappa_1 H} - e^{-i\kappa_1 H}) \tag{6.57}$$
したがって，
$$E_o - F_2 = \frac{\rho_1 V_1}{\rho_2 V_2} E_1(e^{i\kappa_1 H} - e^{-i\kappa_1 H}) = \alpha E_1(e^{i\kappa_1 H} - e^{-i\kappa_1 H}) \tag{6.58}$$
となる．ここで，α は既に(6.26)式で定義した次式の波動インピーダンス比である．
$$\alpha = \frac{\rho_1 V_1}{\rho_2 V_2} \tag{6.59}$$
(6.56)式と(6.58)式より，
$$2E_o = E_1\{(1+\alpha)e^{i\kappa_1 H} + (1-\alpha)e^{-i\kappa_1 H}\} \tag{6.60}$$
となり，次式が求まる．
$$E_1 = \frac{2E_o}{(1+\alpha)e^{i\kappa_1 H} + (1-\alpha)e^{-i\kappa_1 H}} \tag{6.61}$$
(6.56)式より，
$$\begin{aligned}F_2 &= E_1(e^{i\kappa_1 H} + e^{-i\kappa_1 H}) - E_o = \frac{2E_o(e^{i\kappa_1 H} + e^{-i\kappa_1 H})}{(1+\alpha)e^{i\kappa_1 H} + (1-\alpha)e^{-i\kappa_1 H}} - E_o \\ &= \frac{E_o\{2(e^{i\kappa_1 H} + e^{-i\kappa_1 H}) - (1+\alpha)e^{i\kappa_1 H} - (1-\alpha)e^{-i\kappa_1 H}\}}{(1+\alpha)e^{i\kappa_1 H} + (1-\alpha)e^{-i\kappa_1 H}} \\ &= \frac{E_o\{(1-\alpha)e^{i\kappa_1 H} + (1+\alpha)e^{-i\kappa_1 H}\}}{(1+\alpha)e^{i\kappa_1 H} + (1-\alpha)e^{-i\kappa_1 H}}\end{aligned} \tag{6.62}$$
地表面の変位振幅 U_S は，
$$\begin{aligned}U_S = U_1(0) &= 2E_1 \\ &= \frac{4E_o}{(1+\alpha)e^{i\kappa_1 H} + (1-\alpha)e^{-i\kappa_1 H}} = \frac{4E_o}{(e^{i\kappa_1 H} + e^{-i\kappa_1 H}) + \alpha(e^{i\kappa_1 H} - e^{-i\kappa_1 H})} \\ &= \frac{4E_o}{2\cos(\kappa_1 H) + i2\alpha\sin(\kappa_1 H)} = \frac{2E_o}{\cos(\kappa_1 H) + i\alpha\sin(\kappa_1 H)}\end{aligned} \tag{6.63}$$
したがって，
$$\frac{U_S}{2E_o} = \frac{1}{\cos(\kappa_1 H) + i\alpha\sin(\kappa_1 H)} \tag{6.64}$$

ここで，$U_S = 2E_1$ は地表面の変位振幅は地表面へ入射する波の振幅の 2 倍となることを意味する．同様に，もし表層地盤を取り除いた地盤，すなわち工学的基盤が露頭しているとした地盤（これを解放工学的基盤と呼ぶ．）の表面の変位振幅はこの表面に入射する波の振幅 E_o の 2 倍の $2E_o$ となる．

$U_S/(2E_o)$ の絶対値は，

$$\left|\frac{U_S}{2E_o}\right| = \frac{1}{\sqrt{\cos^2(\kappa_1 H) + \alpha^2 \sin^2(\kappa_1 H)}} = \frac{1}{\sqrt{\cos^2\left(\frac{\omega H}{V_1}\right) + \alpha^2 \sin^2\left(\frac{\omega H}{V_1}\right)}} \qquad (6.65)$$

同様に，下部境界の変位振幅 U_B は次式となる．

$$U_B = U_2(z_2=0) = E_o + F_2 = \frac{2E_o \cos(\kappa_1 H)}{\cos(\kappa_1 H) + i\alpha \sin(\kappa_1 H)} = \frac{2E_o}{1 + i\alpha \tan(\kappa_1 H)} \qquad (6.66)$$

$$\left|\frac{U_B}{2E_o}\right| = \frac{1}{\sqrt{1 + \alpha^2 \tan^2(\kappa_1 H)}} = \frac{1}{\sqrt{1 + \alpha^2 \tan^2\left(\frac{\omega H}{V_1}\right)}} \qquad (6.67)$$

U_S と U_B の比は，

$$\frac{U_S}{U_B} = \frac{1 + i\alpha \tan(\kappa_1 H)}{\cos(\kappa_1 H) + i\alpha \sin(\kappa_1 H)} \qquad (6.68)$$

その絶対値は，

$$\left|\frac{U_S}{U_B}\right| = \sqrt{\frac{1 + \alpha^2 \tan^2(\kappa_1 H)}{\cos^2(\kappa_1 H) + \alpha^2 \sin^2(\kappa_1 H)}}$$

$$= \sqrt{\frac{1 + \alpha^2 \tan^2\left(\frac{\omega H}{V_1}\right)}{\cos^2\left(\frac{\omega H}{V_1}\right) + \alpha^2 \sin^2\left(\frac{\omega H}{V_1}\right)}} \qquad (6.69)$$

となる．

(6.65)式，(6.67)式，(6.69)式の振幅の関係を図 6.6 に示す．

(6.65)式と(6.67)式は解放工学的基盤の表面の変位振幅 $2E_o$ に対する地表面 U_S および下部境界 U_B の変位振幅の比であり，$2E_o$ に対していくら増幅するかを示す値であることから増幅率と呼ぶ．これらを図示したのが図 6.7 であり，この曲線のことを共振曲線と呼ぶ．

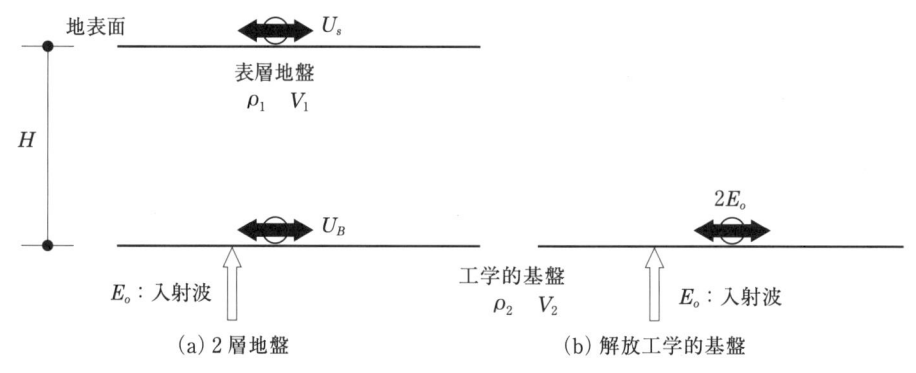

図 6.6 振幅の関係

図6.7 共振曲線

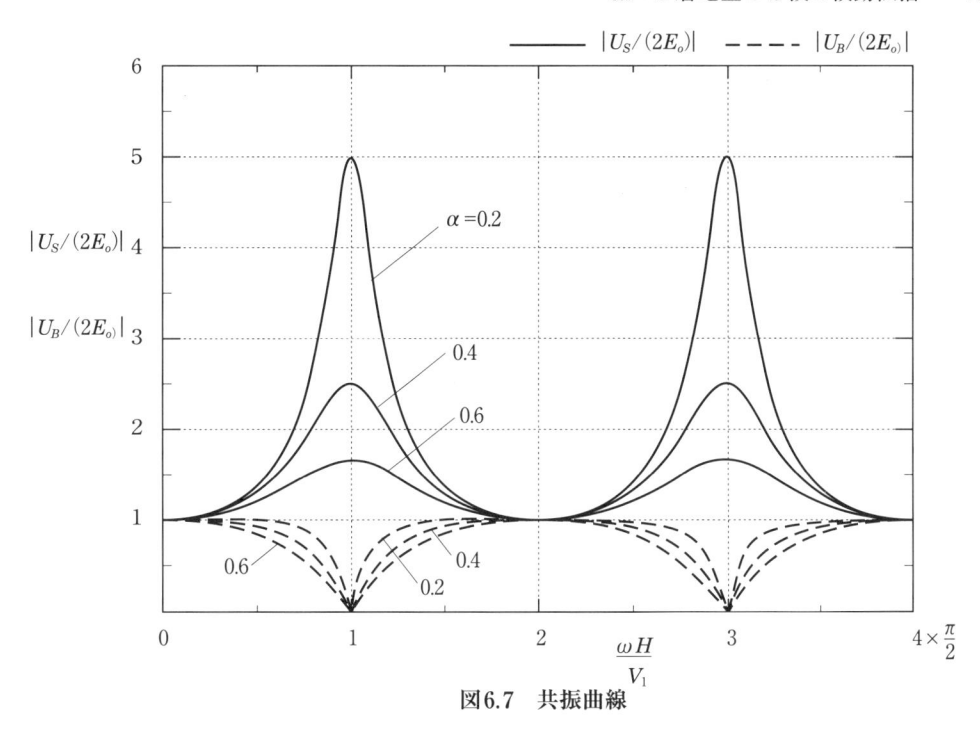

この図より次のことが分かる．

① $|U_S/(2E_o)|$ は $\omega H/V_1$ が $\pi/2$ と $3\pi/2$ のときに極大となり，逆に $|U_B/(2E_o)|$ は極小となる．$|U_S/(2E_o)|$ が極大となる円振動数 ω を小さい方から表層地盤の1次固有円振動数 ω_1，2次固有円振動数 ω_2 と呼び次式となる．

$$\omega_1 = \frac{\pi}{2} \cdot \frac{V_1}{H} \tag{6.70}$$

$$\omega_2 = 3\omega_1 = 3 \cdot \frac{\pi}{2} \cdot \frac{V_1}{H} \tag{6.71}$$

これらの対応する周期を表層地盤の1次固有周期 T_1，2次固有周期 T_2 と呼び次式となる．

$$T_1 = \frac{2\pi}{\omega_1} = 2\pi \cdot \frac{2H}{\pi V_1} = \frac{4H}{V_1} \tag{6.72}$$

$$T_2 = \frac{2\pi}{\omega_2} = \frac{2\pi}{3\omega_1} = \frac{1}{3}T_1 \tag{6.73}$$

② 表層地盤の固有周期のところで増幅率が大きくなるが，これを共振と呼ぶ．
この時の増幅率は(6.65)式より，

$$\left|\frac{U_S}{2E_o}\right|_{\omega=\omega_1,\omega_2} = \frac{1}{\alpha} \tag{6.74}$$

となる．波動インピーダンス α が小さくなる，すなわち工学的基盤に比べて表層地盤のS波速度が小さくなると，共振時の増幅率は大きくなる．

6.2 地盤の非線形性を考慮した多層地盤のS波の伝播特性

通常の表層地盤は互いに物理定数の異なる多くの地層から構成されており，これらをまとめて多層地盤と呼ぶ．6.2節では地盤の非線形性を考慮した多層地盤のS波の伝播について考える．なお，ここで示す地盤の非線形応答解析は時刻歴非線形応答解析ではなく，等価線形解析による非線形応答解析である．この地盤の等価線形応答解析は実務設計で多用されている方法であり，有名なプログラム名としてSHAKEがある．

6.2.1 複素せん断弾性係数 G^* と波動伝播方程式

土はせん断ひずみ γ に対応してせん断弾性係数 G と減衰定数 h が変化する．ここでは，せん断ひずみに対応したせん断弾性係数 G と減衰定数 h を組み合わせた(6.75)式の複素せん断弾性係数 G^* により減衰の影響を考慮したせん断弾性係数を用いる．

$$G^* = G(1+i2h) \tag{6.75}$$

ここに，G はせん断弾性係数，h は減衰定数，$i\,(=\sqrt{-1})$ は虚数単位である．この複素せん断弾性係数 G^* を用いたときのせん断応力 τ は，(6.4)式において G を G^* に置き換えればよい．すなわち，

$$\tau = G^* \frac{\partial u}{\partial z} \tag{6.76}$$

同様に，(6.5)式のS波の波動伝播方程式は次式となる．

$$\rho \frac{\partial^2 u}{\partial t^2} = G^* \frac{\partial^2 u}{\partial z^2} \tag{6.77}$$

複素せん断弾性係数 G^* と単位体積質量 ρ の比は，

$$\frac{G^*}{\rho} = \frac{G(1+i2h)}{\rho} = \frac{G}{\rho}(1+i2h) \tag{6.78}$$

となる．ここで，(6.6)式よりS波の伝播速度 V は，

$$V = \sqrt{\frac{G}{\rho}} \tag{6.79}$$

であることから，(6.78)式は次式となる．

$$\frac{G^*}{\rho} = \frac{G}{\rho}(1+i2h) = V^2(1+i2h) \tag{6.80}$$

この(6.80)式より(6.77)式は，

$$\frac{\partial^2 u}{\partial t^2} = V^2(1+i2h)\frac{\partial^2 u}{\partial z^2} \tag{6.81}$$

となる．

円振動数が ω で変位振幅が $U(z)$ の波動を考えると,任意深さ z の変位 $u(z,t)$ は次式で表すことができる.

$$u(z,t) = U(z)e^{i\omega t} \tag{6.82}$$

(6.82)式を(6.81)式に代入すると次式が求まる.

$$\frac{d^2U(z)}{dz^2} + \frac{\omega^2}{V^2(1+i2h)}U(z) = 0 \tag{6.83}$$

ここで,簡単のために,

$$\varsigma = \sqrt{1+i2h} \tag{6.84}$$

とおくと,(6.75)式で定義した複素せん断弾性係数 G^* は,

$$G^* = G(1+i2h) = G\varsigma^2 = \rho V^2 \varsigma^2 \tag{6.85}$$

となり,複素数の波数 κ を新たに次式で定義する.

$$\kappa = \frac{\omega}{V}\frac{1}{\sqrt{1+i2h}} = \frac{\omega}{V\varsigma} \tag{6.86}$$

(6.86)式を用いると(6.83)式は,

$$\frac{d^2U(z)}{dz^2} + \kappa^2 U(z) = 0 \tag{6.87}$$

となり,その解は,

$$U(Z) = E\,e^{i\kappa z} + F\,e^{-i\kappa z} \tag{6.88}$$

となる.ここで,E と F は任意の定数である.

(6.84)式の複素数 $1+i2h$ の平方根である $\varsigma = \sqrt{1+i2h}$ は分岐して4つの解(根)があり,これに伴って複素数の波数 κ も4つの値がある.ここでは,κ の実部 $\kappa^{(R)}$ が正で,虚部 $\kappa^{(I)}$ が負のものを採用する[付録2].

せん断応力振幅 $T(z)$ は次式となる.

$$T(z) = G^*\frac{dU(z)}{dz} = iG^*\kappa(E\,e^{i\kappa z} - F\,e^{-i\kappa z}) \tag{6.89}$$

(6.88)式を(6.82)式に代入すると

$$u(z,t) = U(z)e^{i\omega t} = Ee^{i(\omega t + \kappa z)} + Fe^{i(\omega t - \kappa z)} \tag{6.90}$$

となり,E は z 軸の負方向に,逆に F は z 軸の正方向に伝播する波動の振幅であることが分かる.

6.2.2 地層内の波動伝播

図6.8に示す多層地盤中の上から i 番目の地層 i における波動伝播について考える.

地層 i は上部の地層 $i-1$ と下部の地層 $i+1$ で挟まれた厚さ d_i の地層である.地層 $i-1$ との境界を境界 $i-1$,また地層 $i+1$ との境界を境界 i と呼ぶ.地層 i に関する物理量であることを示すために添字 i を用いる.座標は境界 $i-1$ を原点とする z_i 座標を下向きに正として設定すると境界 $i-1$ の座標値は $z_i=0$,$z_{i-1}=d_{i-1}$,また境界 i の座標値は $z_i=d_i$,$z_{i+1}=0$ となる.

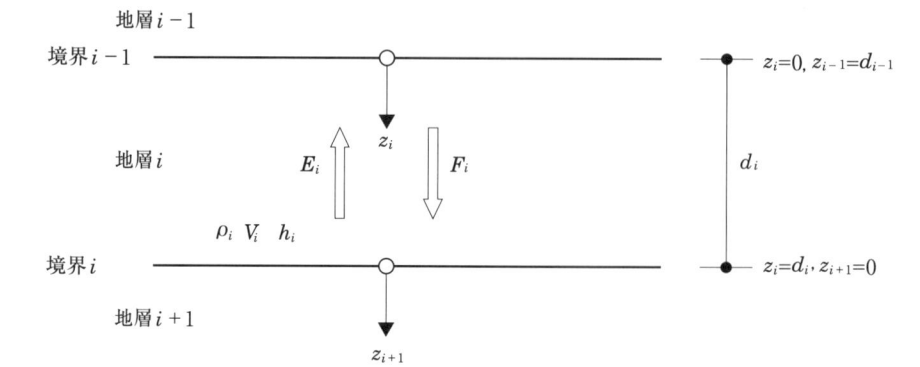

図6.8 地層iの諸元

各境界において変位とせん断応力に関する連続条件が成り立つ．境界iでの変位の連続条件は，この境界で変位振幅が等しい条件：

$$U_{i+1}(0) = U_i(d_i) \tag{6.91}$$

となり，これに(6.88)式を代入すると，

$$E_{i+1} + F_{i+1} = E_i e^{i\kappa_i d_i} + F_i e^{-i\kappa_i d_i} \tag{6.92}$$

が求まる．

同様に，せん断応力の連続条件は，この境界でせん断応力振幅が等しい条件：

$$T_{i+1}(0) = T_i(d_i) \tag{6.93}$$

となり，これに(6.89)式を代入すると，

$$E_{i+1} - F_{i+1} = \frac{G_i^* \kappa_i}{G_{i+1}^* \kappa_{i+1}} (E_i e^{i\kappa_i d_i} - F_i e^{-i\kappa_i d_i}) \tag{6.94}$$

が求まる．

ここで，複素数の波動インピーダンス比α_i^*を次式で定義すると，

$$\alpha_i^* = \frac{G_i^* \kappa_i}{G_{i+1}^* \kappa_{i+1}} = \frac{\rho_i V_i^2 \varsigma_i^2}{\rho_{i+1} V_{i+1}^2 \varsigma_{i+1}^2} \cdot \frac{\dfrac{\omega}{V_i \varsigma_i}}{\dfrac{\omega}{V_{i+1} \varsigma_{i+1}}} = \frac{\rho_i V_i}{\rho_{i+1} V_{i+1}} \cdot \frac{\varsigma_i}{\varsigma_{i+1}} \tag{6.95}$$

(6.94)式は次式となる．

$$E_{i+1} - F_{i+1} = \alpha_i^* (E_i e^{i\kappa_i d_i} - F_i e^{-i\kappa_i d_i}) \tag{6.96}$$

(6.92)式と(6.96)をたすと，

$$2E_{i+1} = (1+\alpha_i^*) e^{i\kappa_i d_i} E_i + (1-\alpha_i^*) e^{-i\kappa_i d_i} F_i \tag{6.97}$$

また，(6.92)式から(6.96)式をひくと，

$$2F_{i+1} = (1-\alpha_i^*) e^{i\kappa_i d_i} E_i + (1+\alpha_i^*) e^{-i\kappa_i d_i} F_i \tag{6.98}$$

が求まる．ここで，簡略化のために(6.97)式と(6.98)式を合わせてマトリックス・ベクトル表示すると，

$$\begin{Bmatrix} E_{i+1} \\ F_{i+1} \end{Bmatrix} = [A_i] \begin{Bmatrix} E_i \\ F_i \end{Bmatrix} \tag{6.99}$$

ここに，

$$[A_i] = (1/2) \begin{bmatrix} (1+\alpha_i^*)e^{i\kappa_i d_i} & (1-\alpha_i^*)e^{-i\kappa_i d_i} \\ (1-\alpha_i^*)e^{i\kappa_i d_i} & (1+\alpha_i^*)e^{-i\kappa_i d_i} \end{bmatrix} \tag{6.100}$$

であり，さらに，

$$\{C_i\} = \begin{Bmatrix} E_i \\ F_i \end{Bmatrix} \tag{6.101}$$

とおくと，(6.99)式は次式となる．

$$\{C_{i+1}\} = [A_i]\{C_i\} \tag{6.102}$$

境界 i の変位振幅 $\bar{U}_i$ は，

$$\bar{U}_i = U_{i+1}(0) = U_i(d_i) \tag{6.103}$$

で与えられるが，ここでは次式を用いる．

$$\bar{U}_i = U_{i+1}(0) = E_{i+1} + F_{i+1} \tag{6.104}$$

せん断ひずみ振幅 $\bar{\Gamma}_i$ を層の中央位置 ($z_i = d_i/2$) で評価すると，

$$\bar{\Gamma}_i = \left[\frac{dU_i(z_i)}{dz_j}\right]_{z_i = d_i/2} = i\kappa_i \{E_i e^{i(\kappa_i d_i/2)} - F_i e^{-i(\kappa_i d_i/2)}\} \tag{6.105}$$

となる．

6.2.3 多層地盤中の波動伝播

図 6.9 は工学的基盤上の n 層から成る表層地盤を示す．この地盤系に工学的基盤の下方から振幅 E_{n+1} の S 波が入射するときの波動伝播について考える．E_{n+1} は工学的基盤における入射波の振幅という特別な意味を持つので，これを $E_o(=E_{n+1})$ で表しておく．

(6.102)式において，$i=n$ とおくと，

$$\{C_{n+1}\} = [A_n]\{C_n\} \tag{6.106}$$

また，$i=n-1$ とおくと，

$$\{C_n\} = [A_{n-1}]\{C_{n-1}\} \tag{6.107}$$

となる．(6.107)式を(6.106)式に代入すると，

$$\{C_{n+1}\} = [A_n][A_{n-1}]\{C_{n-1}\} \tag{6.108}$$

となる．このような計算を順次繰り返すと次のようになる．

$$\{C_{n+1}\} = [A_n]\{C_n\} = [A_n][A_{n-1}]\{C_{n-1}\} = [A_n][A_{n-1}][A_{n-2}]\{C_{n-2}\}$$
$$= \cdots = [A_n][A_{n-1}][A_{n-2}]\cdots[A_2][A_1]\{C_1\} \tag{6.109}$$

ここで，

$$[B] = [A_n][A_{n-1}][A_{n-2}]\cdots[A_2][A_1] \tag{6.110}$$

とおくと，(6.109)式は次式で表される．

$$\{C_{n+1}\} = [B]\{C_1\} \tag{6.111}$$

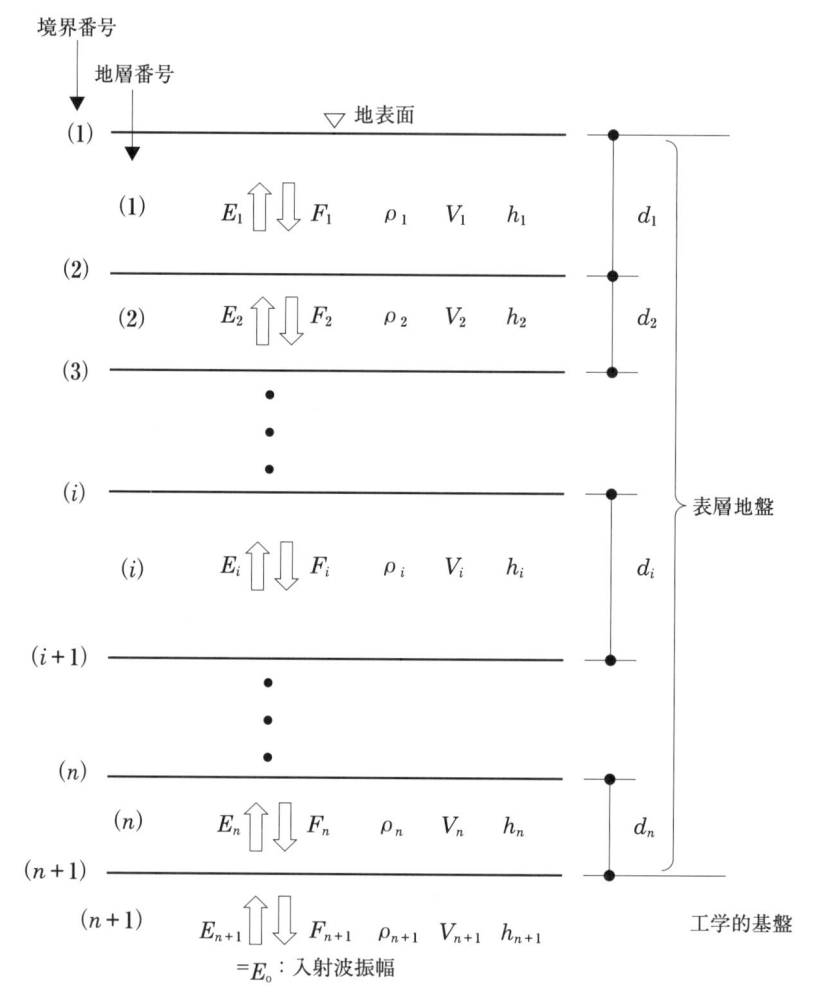

164　第6章　限界耐力計算のための表層地盤の増幅特性

図 6.9　多層表層地盤と工学的基盤

さらに，この(6.111)式を要素で表すと，

$$\begin{Bmatrix} E_{n+1} = E_o \\ F_{n+1} \end{Bmatrix} = \begin{bmatrix} b_{11} & b_{12} \\ b_{21} & b_{22} \end{bmatrix} \begin{Bmatrix} E_1 \\ F_1 \end{Bmatrix} \tag{6.112}$$

となる．ただし，

$$[B] = \begin{bmatrix} b_{11} & b_{12} \\ b_{21} & b_{22} \end{bmatrix} \tag{6.113}$$

地表面 $z_1 = 0$ でせん断応力 τ_1 がゼロとなることから，この位置でせん断応力振幅はゼロとなる．すなわち，(6.89)式において，

$$T_1(0) = i\kappa_1 G_1^* (E_1 - F_1) = 0 \tag{6.114}$$

が成り立ち，これから次式が導かれる．

$$E_1 = F_1 \tag{6.115}$$

このことから，(6.112)式は

6.2 地盤の非線形性を考慮した多層地盤のS波の伝播特性　165

$$\begin{Bmatrix} E_o \\ F_{n+1} \end{Bmatrix} = \begin{bmatrix} b_{11} & b_{12} \\ b_{21} & b_{22} \end{bmatrix} \begin{Bmatrix} E_1 \\ E_1 \end{Bmatrix} \quad (6.116)$$

となり，この式から，

$$E_o = (b_{11} + b_{12})E_1 \quad (6.117)$$

が求まり，さらに，

$$E_1 = \{1/(b_{11} + b_{12})\}E_o \quad (6.118)$$

となる．

(3.117)式より，$\{C_1\}$ は次式となる．

$$\{C_1\} = \begin{Bmatrix} E_1 \\ F_1 \end{Bmatrix} = \begin{Bmatrix} E_1 \\ E_1 \end{Bmatrix} = \begin{Bmatrix} 1/(b_{11}+b_{12}) \\ 1/(b_{11}+b_{12}) \end{Bmatrix} E_o = \begin{Bmatrix} 0.5/(b_{11}+b_{12}) \\ 0.5/(b_{11}+b_{12}) \end{Bmatrix} (2E_o)$$

$$= \{\widetilde{C}_1\}(2E_o) \quad (6.119)$$

ここに，

$$\{\widetilde{C}_1\} = \begin{Bmatrix} \widetilde{C}_1(1) \\ \widetilde{C}_1(2) \end{Bmatrix} = \begin{Bmatrix} 0.5/(b_{11}+b_{12}) \\ 0.5/(b_{11}+b_{12}) \end{Bmatrix} \quad (6.120)$$

同様に，

$$\{C_2\} = [A_1]\{C_1\} = [A_1]\{\widetilde{C}_1\}(2E_o) = \{\widetilde{C}_2\}(2E_o) \quad (6.121)$$

ここで，

$$\{\widetilde{C}_2\} = [A_1]\{\widetilde{C}_1\} \quad (6.122)$$

となり，地層 $i+1$ では次式が成り立つ．

$$\{C_{i+1}\} = \{\widetilde{C}_{i+1}\}(2E_o) \quad (6.123)$$

$$\{\widetilde{C}_{i+1}\} = [A_i]\{\widetilde{C}_i\} \quad (6.124)$$

境界 i の変位振幅 $\overline{U}_i$ は次式となる．

$$\overline{U}_i = E_{i+1} + F_{i+1} = \{\widetilde{C}_{i+1}(1) + \widetilde{C}_{i+1}(2)\}(2E_o) = \widetilde{U}_i \cdot (2E_o) \quad (6.125)$$

ここで，

$$\widetilde{U}_i = \widetilde{C}_{i+1}(1) + \widetilde{C}_{i+1}(2) \; ; \; i = 0, 1, 2, 3 \cdots, n \quad (6.126)$$

また，地層中央 $z_i = 0.5d_i$ でのせん断ひずみ振幅 $\overline{\Gamma}_i$ は，

$$\overline{\Gamma}_i = i\kappa_i\{\widetilde{C}_i(1) \cdot e^{i\kappa_i d_i/2} - \widetilde{C}_i(2) \cdot e^{-i\kappa_i d_i/2}\}(2E_o)$$

$$= \widetilde{\Gamma}_i \cdot (2E_o) \quad (6.127)$$

となる．ここに，

$$\widetilde{\Gamma}_i = i\kappa_i\{\widetilde{C}_i(1) \cdot e^{i\kappa_i d_i/2} - \widetilde{C}_i(2) \cdot e^{-i\kappa_i d_i/2}\} \; ; \; i = 1, 2, 3 \cdots, n \quad (6.128)$$

(6.125)式と(6.127)式は地層境界の変位振幅 $\overline{U}_i$ と地層中央位置のせん断ひずみ振幅 $\overline{\Gamma}_i$ が入射波の変位振幅 E_o の2倍，すなわち $2E_o$ の関数として表されることを示している．

6.2.4　時刻歴応答

変位振幅 E_o で円振動数 ω の入射波，

166　第6章　限界耐力計算のための表層地盤の増幅特性

$$E_o e^{i\omega t} \tag{6.129}$$

に対する地層境界iの変位応答は(6.125)式より，

$$\widetilde{U}_i(\omega) \cdot 2E_o e^{i\omega t} \tag{6.130}$$

また，せん断ひずみ応答は(6.127)式より，

$$\widetilde{\Gamma}_i(\omega) \cdot 2E_o e^{i\omega t} \tag{6.131}$$

となる．(6.130)式と(6.131)式に共通に乗じられている $2E_o e^{i\omega t}$ は解放工学的基盤表面の変位応答である．

解放工学的基盤の表面で地震動が時刻歴加速度，

$$2\ddot{e}_o(t) \tag{6.132}$$

で与えられたとする．説明するまでもなく $\ddot{e}_o(t)$ は工学的基盤上面に入射する入射波の時刻歴加速度である．この $\ddot{e}_o(t)$ をフーリェ変換して求まるフーリェスペクトルを $A_o(\omega_s)$ とすると，(6.132)式は次式となる．

$$2\ddot{e}_o(t) = \sum_s 2A_o(\omega_s) e^{i\omega_s t} \tag{6.133}$$

この(6.133)式を時間 t に関して2回積分すると，変位の時刻歴 $2e_o(t)$ が求まる．すなわち，

$$2e_o(t) = \sum_s \frac{2A_o(\omega_s)}{(i\omega_s)^2} e^{i\omega_s t} = -\sum_s \frac{2A_o(\omega_s)}{\omega_s^2} e^{i\omega_s t} = \sum_s 2E_o(\omega_s) e^{i\omega_s t} \tag{6.134}$$

ここに，

$$2E_o(\omega_s) = -\frac{2A_o(\omega_s)}{\omega_s^2} \tag{6.135}$$

となる．

これらの関係を(6.130)式に適用すると境界 i の変位応答 $u_i(t)$ は次式となる．

$$u_i(t) = \sum_s \widetilde{U}_i(\omega_s) \cdot 2E_o(\omega_s) e^{i\omega_s t} \tag{6.136}$$

これを t で2回微分すると加速度応答 $a_i(t)$ が次式のように求まる．

$$a_i(t) = \frac{d^2 u_i(t)}{dt^2} = \sum_s \widetilde{U}_i(\omega_s) \cdot 2E_o(\omega_s) \cdot \frac{d^2 e^{i\omega_s t}}{dt^2}$$
$$= \sum_s \widetilde{U}_i(\omega_s) \cdot 2E_o(\omega_s) \cdot (-\omega_s^2) \cdot e^{i\omega_s t} = \sum_s \widetilde{U}_i(\omega_s) \cdot 2A_o(\omega_s) \cdot e^{i\omega_s t} \tag{6.137}$$

同様に，せん断ひずみの時刻歴 $\gamma_i(t)$ は(6.131)式より，

$$\gamma_i(t) = \sum_s \widetilde{\Gamma}_i(\omega_s) \cdot 2E_o(\omega_s) \cdot e^{i\omega_s t} = -\sum_s \widetilde{\Gamma}_i(\omega_s) \cdot \frac{2A_o(\omega_s)}{\omega_s^2} \cdot e^{i\omega_s t} \tag{6.138}$$

となる．

6.2.5　非線形応答解析

土質，特に軟弱な土質は小さなせん断ひずみから非線形性を呈し，せん断弾性係数 G は低減し，減衰定数 h は増える．この非線形性を解析に組み込むには時刻歴の非線形応答解析が望ましいが，計算時間などの問題から等価線形解析がよく適用される．この等価線形解析で

は，まず各地層で設定されたせん断弾性係数 G と減衰定数 h を用いて応答を計算して求まるせん断ひずみの最大値 $\max.\gamma_i(t)$ に 0.65 を乗じた値を等価ひずみ γ_{ei} としている[1]．すなわち，

$$\gamma_{ei} = 0.65 \max. \gamma_i(t) \tag{6.139}$$

各地層の等価ひずみに対応したせん断弾性係数 G と減衰定数 h を用いて再度応答計算を行い，この計算を結果が安定するまで繰り返す．この方法を等価線形解析と呼び，地盤の応答解析では適応性の高い方法である．

土の非線形特性は原位置で採取された土質試料を用いた室内土質試験で決めることができる．しかし，この試験には費用がかかり，試験結果を入手するまでに時間がかかる．古山田らは過去に実施された試験の結果を収集・分析して非線形特性を表す式を次のように提案している[2]．

$$\frac{G}{G_o} = \frac{1}{1+\dfrac{\gamma}{\gamma_{0.5}}} \tag{6.140}$$

$$h = h_{\max}\left(1 - \frac{G}{G_o}\right) \tag{6.141}$$

ここに，G_o はひずみが非常に小さいときのせん断弾性係数であり初期せん断弾性係数と呼ばれる．また，$\gamma_{0.5}$ は G/G_o が 0.5 となるときのせん断ひずみであり，基準化せん断ひずみと呼ばれ，$h_{\max}$ は減衰定数の最大値である．これら $\gamma_{0.5}$ と $h_{\max}$ は土質により異なり次のように与えられている．

　　粘土とシルト：$\gamma_{0.5}=0.18\%$　　$h_{\max}=17\%$
　　砂とレキ　　：$\gamma_{0.5}=0.10\%$　　$h_{\max}=21\%$

図 6.10 は土質の非線形特性を示す．この曲線のことを G/G_o, $h\sim\gamma$ 曲線と呼ぶ．

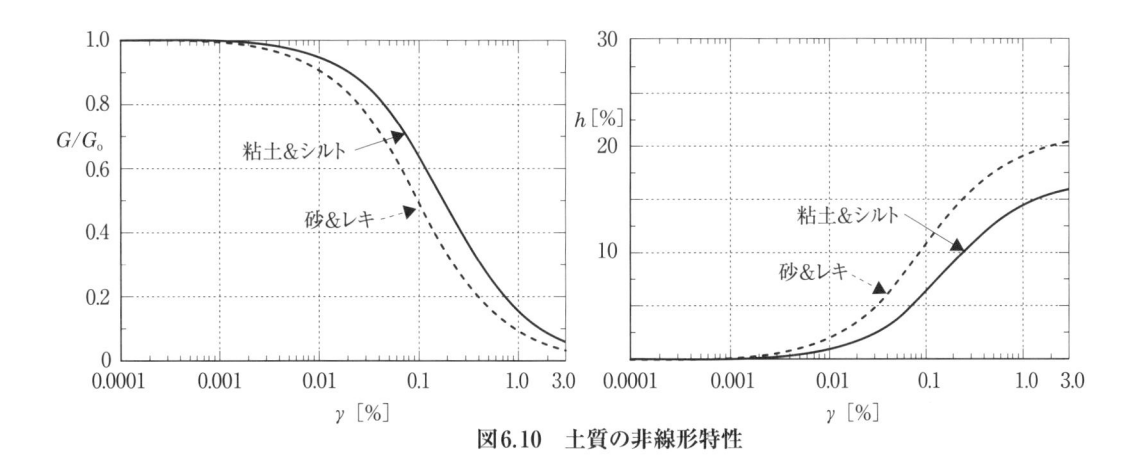

図 6.10　土質の非線形特性

6.2.6 解 析 例

(1) 解析条件

図 6.11 に示す 6 層の地層からなる表層地盤とその下部の工学的基盤から構成された地盤系における S 波の波動伝播特性を解析する．各地層の物理定数を表 6.1 に示す．工学的基盤になりえる地層はおおむね S 波速度が 400 m/s 以上の地層で相当な厚さのある地層である．(1)～(6) の地層に関しては図 6.10 に示した非線形特性を考慮する．表層地盤に減衰定数の初期値 h_o として 0.02，すなわち 2% の減衰定数を与えているが，この値は非線形解析により変化するのでどのような値の初期値を与えてもよい．計算に際しては，同一地層内でのせん断ひずみの変化を適切に考慮するために各地層を厚さ 1 m 以下の薄い層に分割する必要がある．

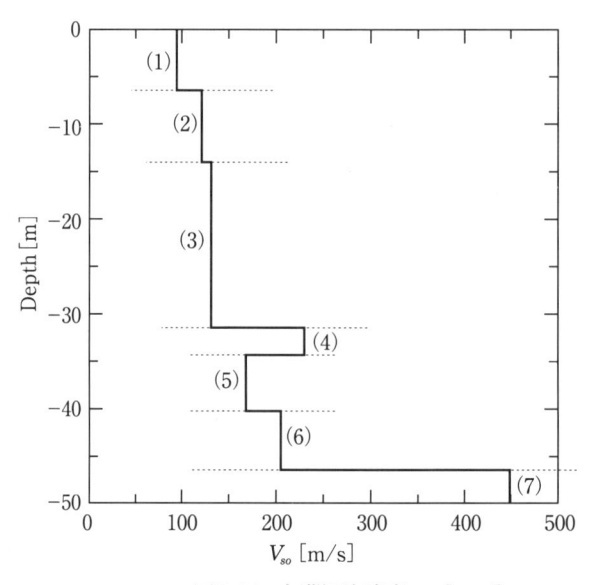

図6.11 初期S波速度 V_{so} [m/s]

表 6.1 地盤条件

地層 No.	層厚 [m]	V_{so} [m/s]	γ [kN/m^3]	h_o	土質種別
1	6.3	95	15.5	0.02	粘土
2	7.5	120	18.0	0.02	砂
3	17.6	130	15.5	0.02	粘土
4	3.3	230	18.0	0.02	砂
5	5.7	170	16.0	0.02	粘土
6	6.3	205	17.0	0.02	粘土
7	∞	450	18.5	0.00	レキ

V_{so}：初期 S 波速度，γ：単位体積重量，h_o：初期減衰定数

入力地震動は解放工学的基盤表面で図 6.12 に示す時刻歴加速度波形 $2\ddot{e}_o(t)$ とする．この $2\ddot{e}_o(t)$ は建築基準法・限界耐力計算で示されている解放工学的基盤での入力地震動の標準加速度応答スペクトル（安全限界）をターゲットとして作成した波形である．

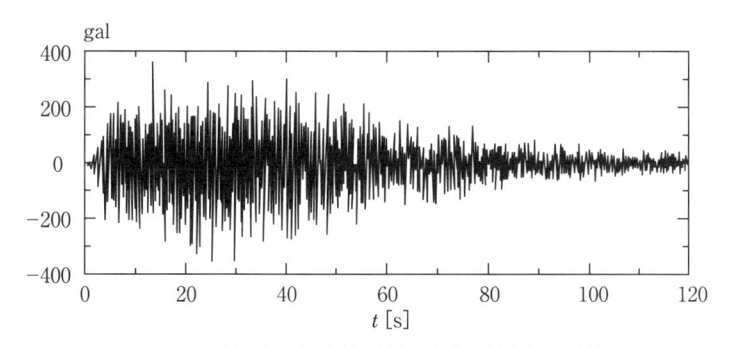

図 6.12　入力地震動の加速度時刻歴波形

(2) 解析結果

解析結果を図 6.13～図 6.21 に示す．

(3) 解析結果の考察

これらの解析結果から次のことが分かる．

① 非線形化が最も著しいのは第 2 層（GL-6.3 m～13.8 m）の砂層の GL-11.9 m 位置であり，等価せん断ひずみ γ_e が 0.0114（1.14%）となる．この非線形化に対応して，せん断剛性低下率 G/G_0 は 0.0807，減衰定数 h は 0.193（19.3%）となり，初期 S 波速度 V_{so} が 120 m/s であったこの位置の S 波速度 V_s は 34.1 m/s まで低減している．

② 図 6.15 の増幅率 $U_s/2E_o$ より，線形時の表層地盤の固有振動数は 1 次 0.84 Hz（1.19 s），2 次 2.41 Hz（0.415 s），3 次 3.60 Hz（0.277 s）であり，これらが非線形化によりそれぞれ 1 次 0.45 Hz（2.22 s），2 次 1.17 Hz（0.85 s），3 次 1.98 Hz（0.51 s）に低下している．非線形化により減衰定数が増大する影響で，固有振動数での増幅率は低下し，この傾向は高次の固有振動数におけるほど顕著である．

③ 地表面の応答加速度スペクトルには，表層地盤の固有周期 1 次 2.22 s と 2 次 0.415 s に対応した卓越周期帯域が生じている．

④ 最大応答加速度は，工学的基盤境界（GL−46.9 m）で 287 gal，地表面で 255 gal となる．地盤の非線形化により各地層の減衰定数が増大するため入力地震動に含まれていた高振動数成分が減衰されることから，地表面に比べて地中の方が最大応答加速度が小さくなる傾向が生じている．

⑤ 最大応答変位分布は工学的基盤境界から地表に向かって漸増する傾向にある．応答変位は低振動数域の応答が支配的であり，この解析例では表層地盤の 1 次固有振動形によく似た分布となっている．

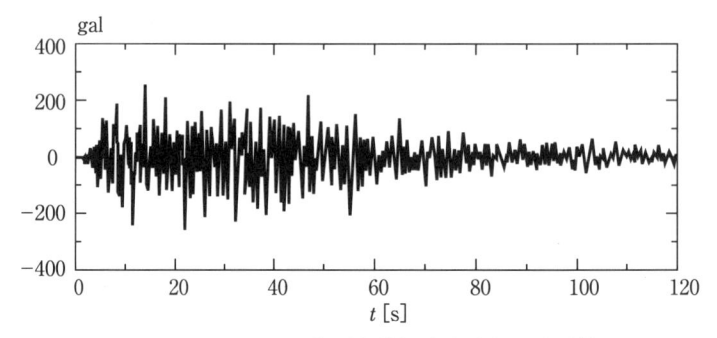

170　第6章　限界耐力計算のための表層地盤の増幅特性

図6.13　地表面応答加速度時刻歴波形 $\ddot{u}_s$ [t]

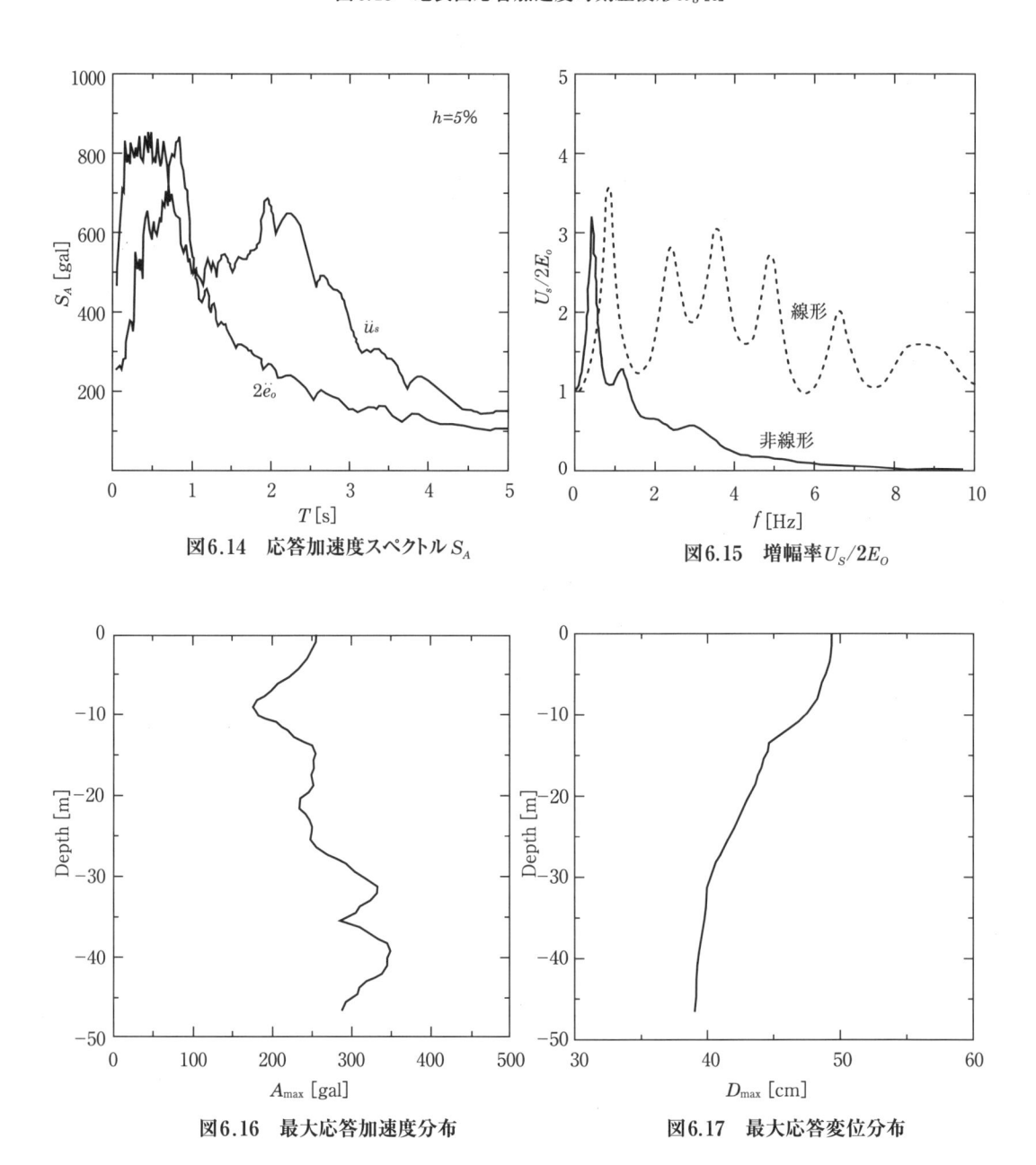

図6.14　応答加速度スペクトル S_A

図6.15　増幅率 $U_s/2E_O$

図6.16　最大応答加速度分布

図6.17　最大応答変位分布

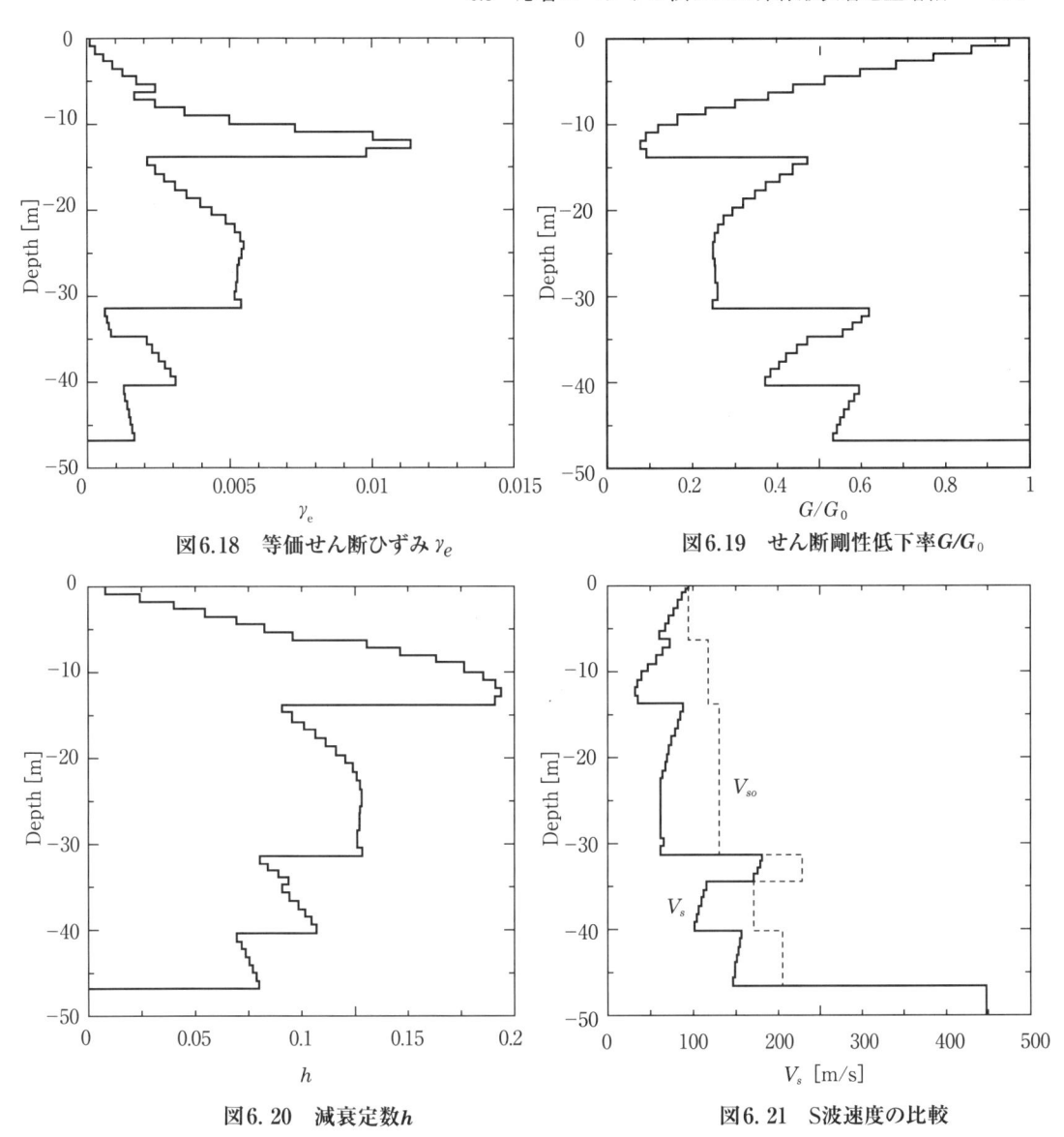

図6.18　等価せん断ひずみ γ_e

図6.19　せん断剛性低下率 G/G_0

図6.20　減衰定数 h

図6.21　S波速度の比較

6.3　応答スペクトル法による非線形表層地盤増幅

6.2節で示した等価線形解析法（SHAKE）により，解放工学的基盤表面で設定された時刻歴の入力地震動加速度 $2\ddot{e}_o(t)$ に対する表層地盤の非線形性を考慮した加速度応答波形が求まる．この方法は，超高層建築物や制震・免震建築物の耐震設計用の入力地震動の計算に多用されている．しかし，このSHAKEは時刻歴応答を求める解析であり，解析結果の妥当性を検討するには経験を要する．一方，構造物の地震時応答を応答スペクトル法で求める方法がある．

この方法では構造物の固有周期と減衰定数が決まると，入力地震動の応答スペクトルから構造物の最大応答値を決めることができ，実用性の非常に高い方法である．本項では，解放工学的基盤で入力地震動の減衰定数 $h=5\%$ の応答加速度スペクトル $S_{AT}(T, h=0.05)$ が設定されたときの，表層地盤の非線形性を組み込んだ地震時応答を解析する方法[3]を示す．この方法は応答スペクトル法であり限界耐力計算・表層地盤増幅率 G_S の解析法の基礎となる理論展開である．

6.3.1 解析手法

ここで示す応答スペクトル法による表層地盤非線形増幅率の解析は次の手順による．

(1) 入力地震動の加速度応答スペクトルの変換

加速度の水平方向入力地震動（$2\ddot{e}_o(t)$：入射波 $\ddot{e}_o(t)$）が解放工学的基盤表面位置で周期 T，減衰定数 $h=0.05$ の加速度応答スペクトル $S_{AT}(T, h=0.05)$ として設定されているとする．この加速度応答スペクトル $S_{AT}(T, h=0.05)$ をターゲットスペクトルとし，位相を種々変えた時刻歴加速度波形を10波程度作成し，各波の減衰定数 h の加速度応答スペクトルを求めて平均することにより，$S_{AT}(T, h=0.05)$ に対応する任意の減衰定数 h の加速度応答スペクトル $S_A(T, h)$ を求めることができる．

この $S_A(T, h)$ において，減衰定数 $h=0$ の $S_A(T, h=0)$ と入力地震動の速度応答スペクトル $S_V(T, h=0)$ および加速度フーリエスペクトル $F_A(T)$ は近似的に(6.142)式の関係にあり，これより入力加速度地震動の加速度フーリエスペクトル $F_A(T)$ を近似的に求めることができる．

$$F_A(T) \approx S_V(T, h=0) \approx (T/2\pi) S_A(T, h=0) \tag{6.142}$$

(2) 地盤の固有値解析

複数の地層で構成された表層地盤を単位面積のせん断棒とし，これを n 層に分割して，表層地盤を図6.22に示すごとく n 質点せん断型振動系でモデル化する．質点間せん断ばね k_i，減衰係数 c_i，質点質量 m_i および地盤の半無限性を考慮するために最下部の質点 n に取り付ける底面地盤ばね k_n は次式により求める．

$$k_i = \frac{G_i}{d_i}, \quad c_i = \frac{h_i^{(s)} G_i T_1}{\pi d_i} \tag{6.143}$$

$$m_i = 0.5(\rho_i d_i + \rho_{i-1} d_{i-1}), \quad k_n = \frac{8 G_n B}{2-\nu_n} \tag{6.144}$$

ここに，G_i，ρ_i，d_i，$h_i^{(s)}$ は地表面から i 番目の質点位置に対応する地層のせん断弾性係数，密度，層厚，減衰定数である．また，G_n，ν_n は工学的基盤のせん断弾性係数，ポアソン比である．B は地盤の単位面積の円半径であり，$B=0.564$ m $(=\sqrt{1/\pi})$ である．T_1 は表層地盤の1次固有周期であり，初期値には線形時の表層地盤の1次固有周期を与える．この n 質点せん断型振動系の固有値解析により，地盤の1次の固有周期 T_1，振動モード U_i $(i=1, 2, \cdots, n)$，モー

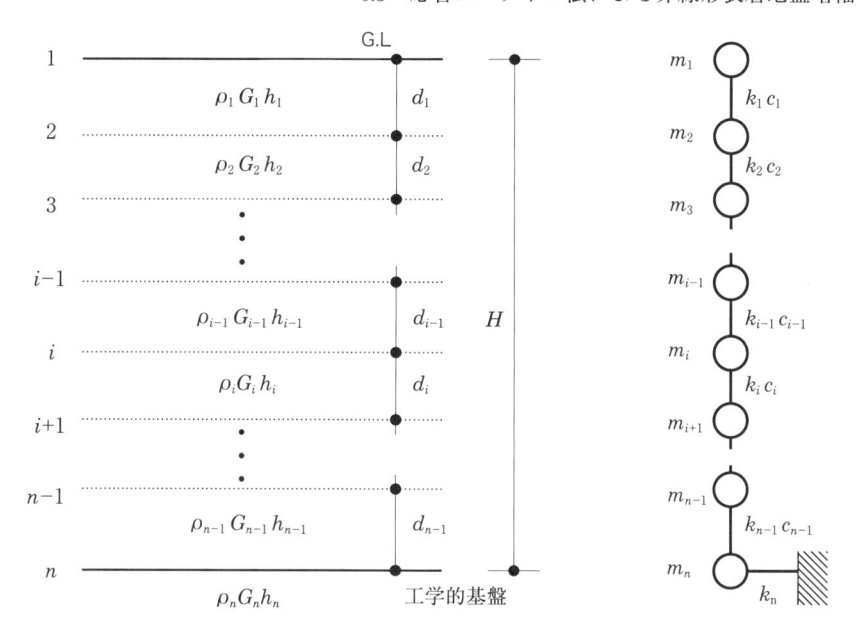

図6.22 解析モデル

ダル減衰定数 ζ_1 を求める．また，振動モードは地表面位置で $U_1=1$ となるように基準化する．

(3) 等価せん断波速度 Vs_e，波動インピーダンス比 α

多層表層地盤を次式で求まる等価なＳ波速度 Vs_e と密度 ρ_e および減衰定数としてモーダル減衰定数 ζ_1 を有する均質な１層地盤に置換する．

$$Vs_e=(1/H)\sum_{i=1}^{n-1} Vs_i d_i, \quad \rho_e=(1/H)\sum_{i=1}^{n-1} \rho_i d_i \tag{6.145}$$

ここに，$Vs_i=\sqrt{G_i/\rho_i}$ また H は表層地盤の層厚である．等価な１層地盤に置換した表層地盤と工学的基盤（Ｓ波速度 Vs_n，密度 ρ_n）間の波動インピーダンス比 α は次式となる．

$$\alpha=\frac{\rho_e Vs_e}{\rho_n Vs_n} \tag{6.146}$$

(4) 表層地盤の増幅率

均質な１層地盤に置換した表層地盤と工学的基盤からなる２層地盤の入力地震動の増幅率は，T/T_1 と ζ_1 および α の関数であり，Ｓ波の１次元波動伝播方程式を解くことにより容易に求まる．解放工学的基盤の入力地震動 $(2\ddot{e}_o(t))$ に対する表層地盤の１次 T_1 と２次 $T_2(=T_1/3)$ 固有周期における地表面の増幅率 $G_s(T_1,\zeta_1,\alpha)$ と $G_s(T_2,\zeta_1,\alpha)$ および１次固有周期 T_1 における下部境界（表層地盤と工学的基盤との境界）での増幅率 $G_b(T_1,\zeta_1,\alpha)$ は，ζ_1 と α の回帰式として(6.147)式のように算定される．図6.23に，(6.147)式で算定した地盤の増幅率を，波動論による解析結果と比較して示す．なお，ここでは２次固有周期での地表面の増幅率

174　第6章　限界耐力計算のための表層地盤の増幅特性

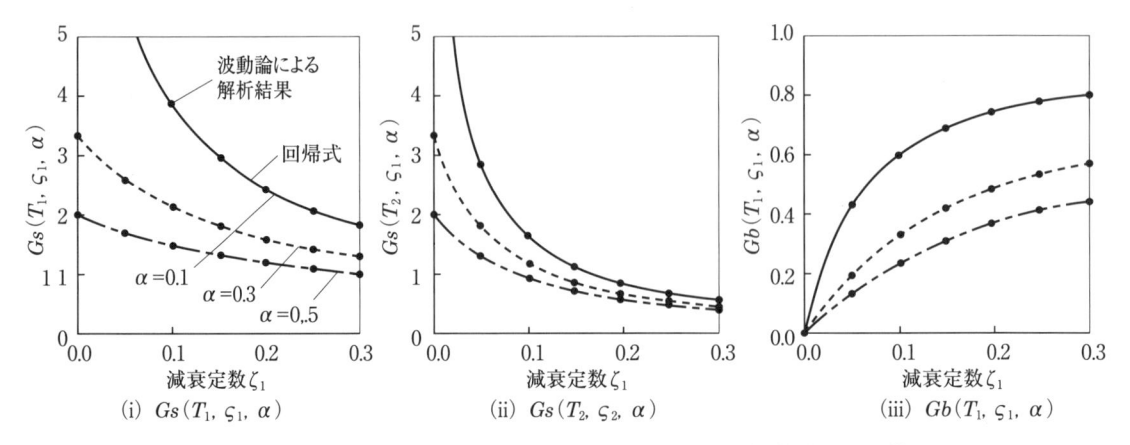

図6.23　回帰式による地盤の増幅率と波動論による解析結果の比較
(i) $G_s(T_1, \zeta_1, \alpha)$　(ii) $G_s(T_2, \zeta_1, \alpha)$　(iii) $G_b(T_1, \zeta_1, \alpha)$

を計算する際も，簡略化のために1次のモーダル減衰定数 ζ_1 を用いていることに留意する必要がある．

$$G_s(T_1, \zeta_1, \alpha) = \frac{1}{\alpha(a_{s1}\zeta_1^2 + b_{s1}\zeta_1 + 1)} \tag{6.147-1}$$

$$G_s(T_2, \zeta_1, \alpha) = \frac{1}{\alpha(a_{s2}\zeta_1^2 + b_{s2}\zeta_1 + 1)} \tag{6.147-2}$$

$$G_b(T_1, \zeta_1, \alpha) = 1 - \frac{1}{\alpha(a_b\zeta_1^2 + b_b\zeta_1 + 1)} \tag{6.147-3}$$

ここに，

$$a_{s1} = 1 - \frac{1}{-0.24\alpha^2 + 1.27\alpha + 0.03} \tag{6.147-4}$$

$$b_{s1} = \frac{1}{-0.04\alpha^2 + 0.61\alpha} \tag{6.147-5}$$

$$a_{s2} = \frac{1}{-0.13\alpha^2 + 0.22\alpha + 0.03} \tag{6.147-6}$$

$$a_b = 1 - \frac{1}{-0.34\alpha^2 + 0.79\alpha + 0.03} \tag{6.147-7}$$

$$b_{s2} = \frac{1}{-0.02\alpha^2 + 0.21\alpha} \tag{6.147-8}$$

$$b_b = \frac{1}{0.61\alpha} \tag{6.147-9}$$

(5)　周期 T_1 での表層地盤の応答加速度，応答変位

広帯域の成分を有する入力地震動を，近似的に周期が T_1 で振幅が(6.142)式の加速度フーリエスペクトル $F_A(T_1)$ の調和振動と考える．この時の地表面と下部境界の応答加速度 $A_s(T_1)$ と $A_b(T_1)$ および応答変位 $D_s(T_1)$ と $D_b(T_1)$ は次式となる．

6.3 応答スペクトル法による非線形表層地盤増幅　175

$$A_s(T_1) = \frac{1}{T_1} G_S(T_1, \zeta_1, \alpha) F_A(T_1) \tag{6.148-1}$$

$$A_b(T_1) = \frac{1}{T_1} G_b(T_1, \zeta_1, \alpha) F_A(T_1) \tag{6.148-2}$$

$$D_S(T_1) = \left(\frac{T_1}{2\pi}\right)^2 A_S(T_1) \tag{6.148-3}$$

$$D_b(T_1) = \left(\frac{T_1}{2\pi}\right)^2 A_b(T_1) \tag{6.148-4}$$

(6)　表層地盤の非線形性

下部境界に対する i 質点位置の表層地盤の相対変位 u_i を次式で評価する.

$$u_i = \{D_S(T_1) - D_b(T_1)\} U_i : i = 1, 2, \cdots, n \tag{6.149}$$

この変位に対応した有効ひずみ γ_{ei} を次式で求める.

$$\gamma_{ei} = \frac{0.65(u_i - u_{i+1})}{d_i} \tag{6.150}$$

このひずみ γ_{ei} に対応する等価せん断弾性係数 G_{ei}, 減衰定数 $h_{ei}^{(s)}$ を各地層の $G\sim\gamma$, $h\sim\gamma$ 曲線より決める. (6.150)式中の 0.65 は (6.139)式で用いられる有効ひずみ換算係数である. なお, この方法の適用範囲は SHAKE と同様にひずみレベルで約 1% 以下とし, 液状化や側方流動など地盤が強非線形性を示す場合は適用外とする.

(7)　地盤定数の更新

細分割してモデル化した表層地盤の i 質点位置地層のせん断弾性係数 G_i と減衰定数 $h_i^{(s)}$ を G_{ei} と $h_{ei}^{(s)}$ に更新して, 前記(2)項に戻る.

(8)　収 束 判 定

前記手順の(2)から(7)項までの計算を地盤の 1 次固有周期 T_1 が安定するまで繰り返す. 収束計算が終了した段階で, 等価 S 波速度 V_{se}, 波動インピーダンス比 α, 地盤の 1 次固有周期 T_1 とモーダル減衰定数 ζ_1, 相対変位 $u_i : i = 1, 2, \cdots, n$ が収束値として求まる. このうち, 表層地盤の増幅率を計算するために必要な値は, 波動インピーダンス比 α, 地盤の 1 次固有周期 T_1 とモーダル減衰定数 ζ_1 である.

6.3.2　入力地震動の加速度応答スペクトル変換

一例として, 図 6.24 に示す入力地震動の加速度応答スペクトル $S_{AT}(T, h=0.05)$ が設定されたとする. 位相特性を種々変えて, この $S_{AT}(T, h=0.05)$ をターゲットスペクトルとする時刻歴加速度波形を 10 波作成する. 減衰定数 h を変化させて, この加速度波形の加速度応答スペクトルを計算し, 各々の h に関する 10 波の平均加速度応答スペクトルより入力地震動の加速度応答スペクトル $S_A(T, h)$ の回帰式を求めると次式となる.

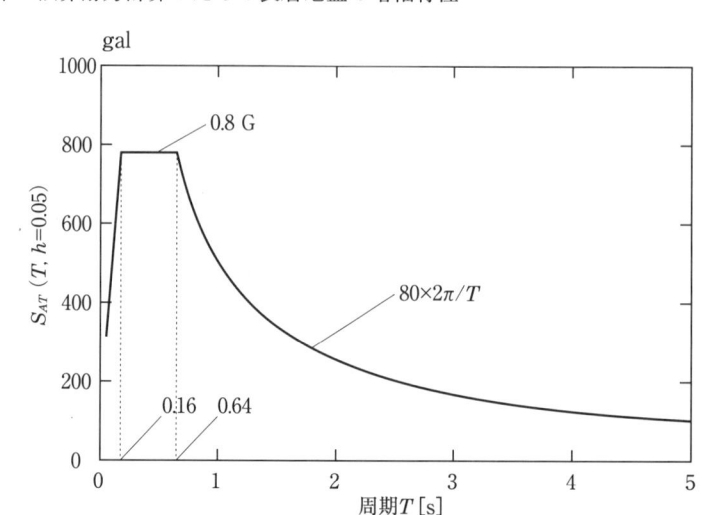

176　第6章　限界耐力計算のための表層地盤の増幅特性

図 6.24　入力地震動の加速度応答スペクトル　$S_{AT}(T, h=0.05)$

$$T \leq 0.04 : S_A(T, h) = 320 \tag{6.151-1}$$

$$0.04 < T \leq 0.16 : S_A(T, h) = 320 + 8.33(a - 320)(T - 0.04) \tag{6.151-2}$$

$$0.16 < T \leq 0.64 : S_A(T, h) = a \tag{6.151-3}$$

$$0.64 < T \leq 10 : S_A(T, h) = \frac{a}{cT^b} \tag{6.151-4}$$

ここで，

$$a = \frac{3851}{1 + 18.6h^{0.52}} \tag{6.152-1}$$

$$b = \frac{1.47}{1 + 0.69h^{0.14}} \tag{6.152-2}$$

$$c = \frac{1.92}{1 + 0.31h^{0.1}} \tag{6.152-3}$$

である．なお，上式中の数値は設定された入力地震動の応答スペクトルに依存しており，この応答スペクトルが変われば数値を算定し直す必要がある．(6.151)式において，$S_A(T, h=0.05)$ は設定された入力地震動の $S_{AT}(T, h=0.05)$ に相当する．

6.3.3　地表面での加速度応答スペクトルの近似

　建築物と地盤との動的相互作用系への入力動は基礎入力動であり，自由地盤の地震時応答そのものとは異なる．しかし，地下室などによる埋め込みが無い動的相互作用系における基礎入力動は近似的に自由地盤の地表面応答と考えることができる．すなわち，固有周期 T，減衰定数 h の動的相互作用系のへの入力地震動の加速度応答スペクトルは地表面加速度応答スペクトル $S_{AS}(T, h)$ となる．この $S_{AS}(T, h)$ は，変換した入力地震動の加速度応答スペクトル $S_A(T, h)$ と，地盤の 1 次 T_1，2 次 $T_2(=T_1/3)$ の固有周期での (6.147-1)式，(6.147-2)式の増幅率

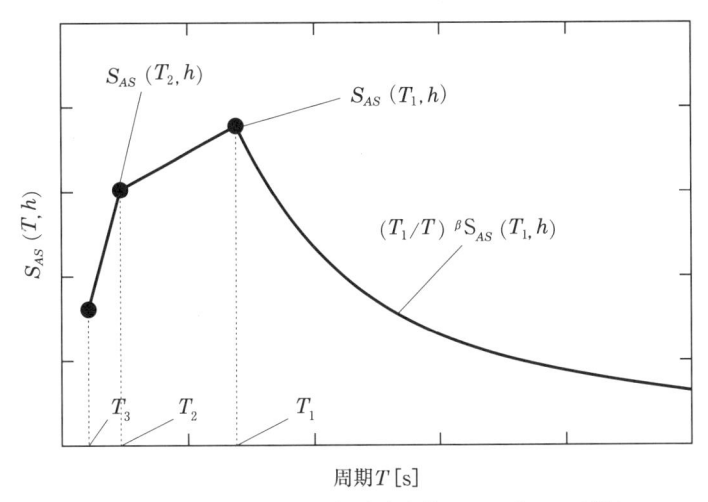

図6.25 地表面の加速度応答スペクトルの近似

$G_s(T_1, \zeta_1, \alpha)$, $G_s(T_2, \zeta_1, \alpha)$ を用いて次式で算定する（図6.25参照）．なお，次式は6.3.2項で示した入力地震動の応答スペクトルに依存しており，この応答スペクトルが変われば数値を算定し直す必要がある．

$$T_1 \leq T : S_{AS}(T, h) = \left(\frac{T_1}{T}\right)^\beta S_{AS}(T_1, h) \tag{6.153-1}$$

$T_2 \leq T < T_1 :$

$$S_{AS}(T, h) = S_{AS}(T_2, h) + \frac{T - T_2}{T_1 - T_2}\{S_{AS}(T_1, h) - S_{AS}(T_2, h)\} \tag{6.153-2}$$

$$T_3 \leq T < T_2 : S_{AS}(T, h) = \frac{T}{T_2} S_{AS}(T_2, h) \tag{6.153-3}$$

$$T < T_3 : S_{AS}(T, h) = 320 \tag{6.153-4}$$

ここで，

$$S_{AS}(T_1, h) = G_s(T_1, \zeta_1, \alpha) S_A(T_1, h) \tag{6.154-1}$$

$$S_{AS}(T_2, h) = G_s(T_2, \zeta_1, \alpha) S_A(T_2, h) \tag{6.154-2}$$

$$\beta = \frac{\log S_{AS}(T_1, h) - \log S_A(T=10, h)}{1 - \log T_1} \tag{6.154-3}$$

$$T_3 = \frac{320 \, T_2}{S_{AS}(T_2, h)} \tag{6.154-4}$$

である．

6.3.4 適用性の検討

(1) 解析条件

上記の応答スペクトル法の適用性を，SHAKEによる解析結果と比較して検討する．

SHAKE は設計実務において広く使われており，最も実用性が高い解析手法である．図 6.26 に示す 3 地点の地盤条件で検討する．初期 S 波速度が 400 m/s 相当の地層を工学的基盤とする．Site-A～C の工学的基盤表面の深度はそれぞれ G.L.-46.6 m，-27.5 m，-9.4 m である．入力地震動（$2\ddot{e}_o(t)$：入射波 $\ddot{e}_o(t)$）は解放工学的基盤表面で設定し，その加速度応答スペクトル $S_{AT}(T,h=0.05)$ は図 6.24 に示したものである．SHAKE の解析で必要となる入力地震動の加速度波形は，$S_{AT}(T,h=0.05)$ をターゲットスペクトルとして位相を変えて作成した 10 波の波形とする．各地層の非線形特性（G~γ，h~γ 曲線）は図 6.10 に示した非線形特性を用いる．

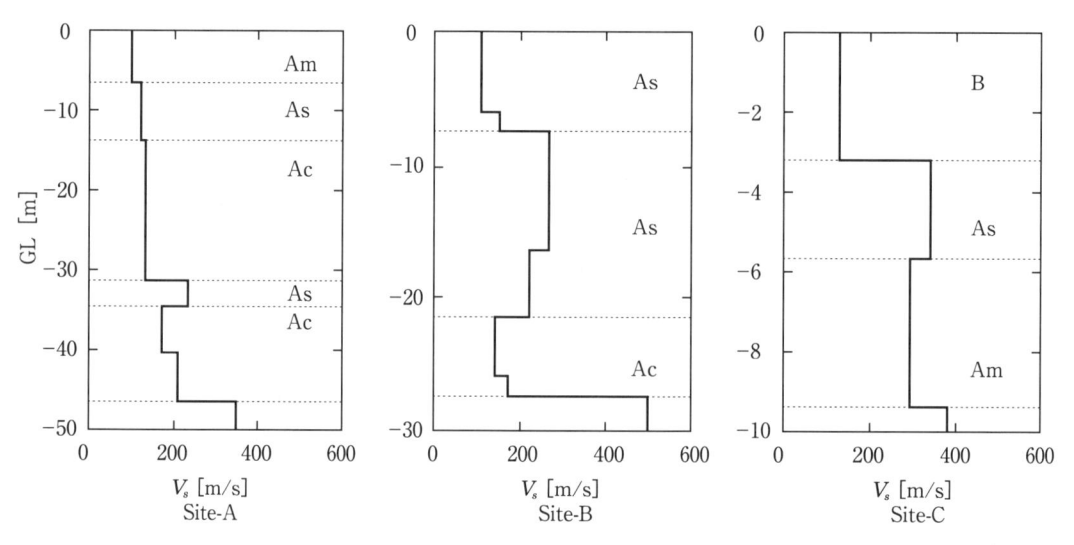

図 6.26 解析対象とする地盤の初期 S 波速度分布
（As：沖積砂，Ac：沖積粘土，Am：沖積シルト，B：埋土）

（2）解 析 結 果

図 6.27 に入力地震動に対する地表面応答の増幅率の比較を示す．同図には 10 波の加速度波形を入力地震動として SHAKE で解析した増幅率を点線で，表層地盤が線形時（各地層の減衰定数 $h_i^{(s)}=0.01$）の増幅率を 1 点鎖線で示す．また，地盤の 1 次固有周期を比較して表 6.2 に示す．表層地盤の非線形化により，固有周期が長くなり共振時増幅率が低減する非線形増幅特性が現れる．応答スペクトル法と SHAKE の非線形増幅特性は概ね対応している．

地震時の地盤の非線形性はひずみレベルに依存する．地盤の非線形増幅率の解析では，地震時の地盤のひずみレベルを定量的に把握する必要がある．図 6.28 に地盤の有効ひずみの深度分布を SHAKE の解析結果（10 波）と比較して示す．また建築物の地震時応答特性は，地盤との動的相互作用の影響を受ける．動的相互作用の解析には動的インピーダンスと基礎入力動が不可欠であり，それらの算定に用いる地盤定数は非線形性が考慮された等価地盤定数である．図 6.29 に地盤の等価 S 波速度分布を SHAKE による解析結果と比較して示す．応答スペクト

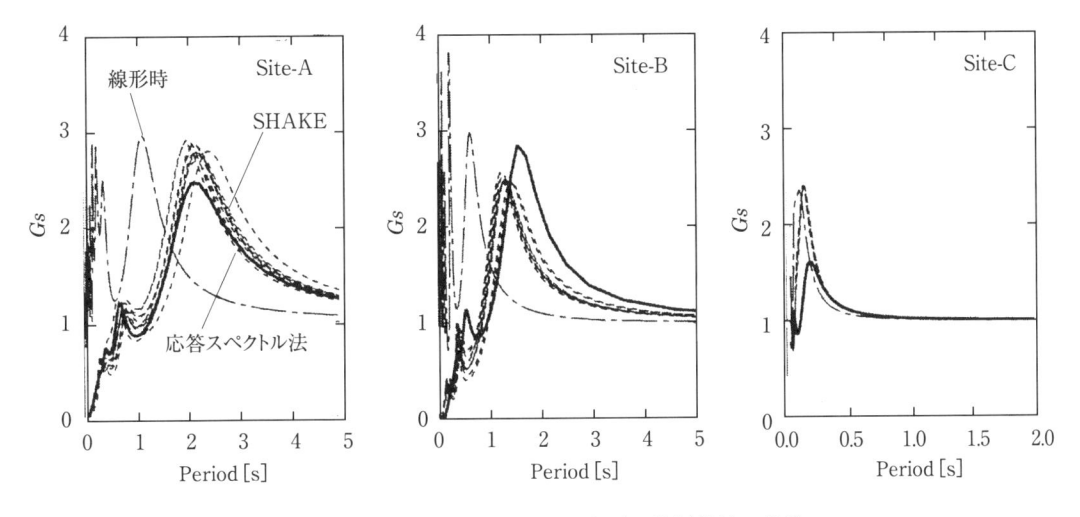

図6.27 入力地震動に対する地表面の増幅特性の比較

表6.2 地盤の1次固有周期（単位：s）

	線形時	応答スペクトル法	SHAKE
Site-A	1.21	2.15	2.22
Site-B	0.62	1.56	1.29
Site-C	0.15	0.18	0.15

ル法による有効ひずみと等価S波速度の解析結果はいずれもSHAKEによる解析結果と概ね対応しており，応答スペクトル法によって有効ひずみと等価S波速度を実用上支障のない精度で解析できることが分かる．

図6.30に，応答スペクトル法によって算定した地表面での減衰定数 $h=0.05$ の加速度応答スペクトルを示す．応答スペクトル法の結果は，SHAKEによる解析結果と概ね対応しているが，Site-Cの地盤では，応答スペクトル法の結果がSHAKEの結果を全周期帯で若干下回っている．これは，表層地盤の増幅率を計算する際に表層地盤を等価な1層地盤に置換しているためであり，Site-Cのように表層地盤内に波動インピーダンス比が大きく変化するような層を含む地盤条件に適用する際には十分留意する必要がある．

180　第6章　限界耐力計算のための表層地盤の増幅特性

図6.28　地盤の有効ひずみ分布の比較

図6.29　地盤の等価S波速度分布の比較

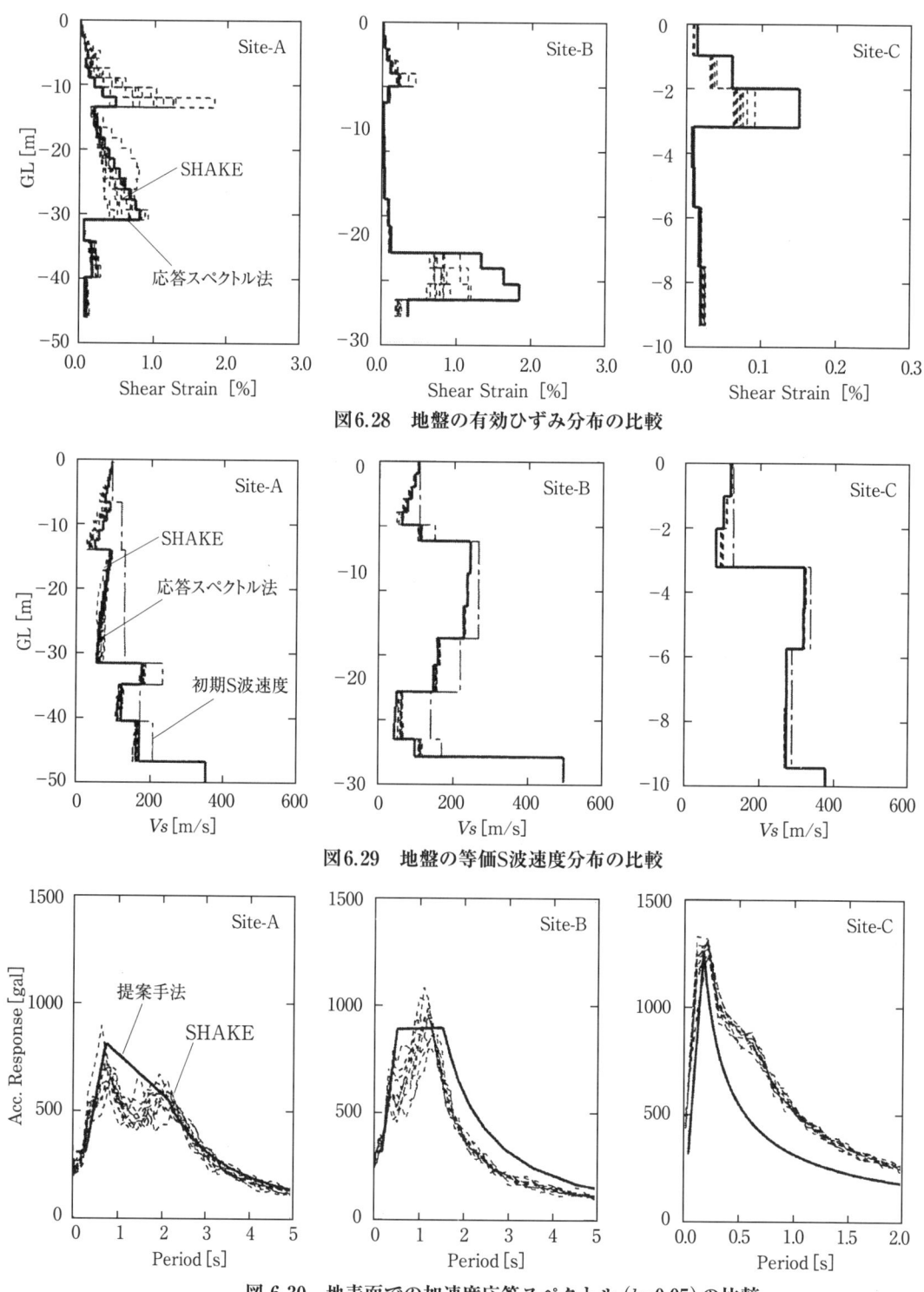

図6.30　地表面での加速度応答スペクトル($h=0.05$)の比較

参 考 文 献

〔1〕 Schnabel, P.B., Lysmer, J. and Seed, H.B.: 'SHAKE' A Computer Program for Earthquake Response Analysis of Horizontally Layered Sites, EERC 72-12, College of Eng., University of California Berkeley, California, 1972.
〔2〕 古山田耕司・宮本裕司・三浦賢治：多地点での原位置採取試料から評価した表層地盤の非線形特性，第38回地盤工学会研究発表会，pp. 2077-2078，2003.
〔3〕 三浦賢治・古山田耕司・飯場正紀：応答スペクトル法による表層地盤の非線形増幅特性の解析法，日本建築学会構造系論文集，第539号，2001年1月.

付録1)

(6.8)式が(6.7)式の解であることの証明：

$$\varsigma = t + \frac{z}{V}, \quad \eta = t - \frac{z}{V}$$

$$\frac{\partial u(z,t)}{\partial z} = \frac{\partial E(\varsigma)}{\partial \varsigma}\frac{\partial \varsigma}{\partial z} + \frac{\partial F(\eta)}{\partial \eta}\frac{\partial \eta}{\partial z} = \frac{1}{V}\left\{\frac{\partial E(\varsigma)}{\partial \varsigma} - \frac{\partial F(\eta)}{\partial \eta}\right\} \tag{A1.1}$$

$$\frac{\partial^2 u(z,t)}{\partial z^2} = \frac{1}{V}\left\{\frac{\partial^2 E(\varsigma)}{\partial \varsigma^2}\frac{\partial \varsigma}{\partial z} - \frac{\partial^2 F(\eta)}{\partial \eta^2}\frac{\partial \eta}{\partial z}\right\} = \frac{1}{V^2}\left\{\frac{\partial^2 E(\varsigma)}{\partial \varsigma^2} + \frac{\partial^2 F(\eta)}{\partial \eta^2}\right\} \tag{A1.2}$$

$$\frac{\partial u(z,t)}{\partial t} = \frac{\partial E(\varsigma)}{\partial \varsigma}\frac{\partial \varsigma}{\partial t} + \frac{\partial F(\eta)}{\partial \eta}\frac{\partial \eta}{\partial t} = \frac{\partial E(\varsigma)}{\partial \varsigma} + \frac{\partial F(\eta)}{\partial \eta} \tag{A1.3}$$

$$\frac{\partial^2 u(z,t)}{\partial t^2} = \frac{\partial^2 E(\varsigma)}{\partial \varsigma^2}\frac{\partial \varsigma}{\partial t} + \frac{\partial^2 F(\eta)}{\partial \eta^2}\frac{\partial \eta}{\partial t} = \frac{\partial^2 E(\varsigma)}{\partial \varsigma^2} + \frac{\partial^2 F(\eta)}{\partial \eta^2} \tag{A1.4}$$

(6.7)式に代入すると，

$$\frac{\partial^2 u}{\partial t^2} - V^2\frac{\partial^2 u}{\partial z^2} = \left[\frac{\partial^2 E(\varsigma)}{\partial \varsigma^2} + \frac{\partial^2 F(\eta)}{\partial \eta^2}\right] - \left[V^2\frac{1}{V^2}\left\{\frac{\partial^2 E(\varsigma)}{\partial \varsigma^2} + \frac{\partial^2 F(\eta)}{\partial \eta^2}\right\}\right] = 0 \tag{A1.5}$$

付録2)

(6.86)式で定義した複素数の波数 κ の実部を $\kappa^{(R)}$ また虚部を $\kappa^{(I)}$ とすると，κ は次式で表される．

$$\kappa = \frac{\omega}{V}\frac{1}{\sqrt{1+i2h}} = \frac{\omega}{V_\varsigma} = \kappa^{(R)} + i\,\kappa^{(I)} \tag{A2.1}$$

これを(6.90)式に代入すると，

$$u(z,t) = Ee^{i(\omega t + \kappa z)} + Fe^{i(\omega t - \kappa z)}$$
$$= E \cdot e^{i\{\omega t + (\kappa^{(R)} + i\kappa^{(I)})z\}} + F \cdot e^{i\{\omega t - (\kappa^{(R)} + i\kappa^{(I)})z\}}$$

$$= (E \cdot e^{-\kappa^{(I)}z}) \cdot e^{i(\omega t + \kappa^{(R)}z)} + (F \cdot e^{\kappa^{(I)}z}) \cdot e^{i(\omega t - \kappa^{(R)}z)} \tag{A2.2}$$

(A2.2)式の第1項がzの負方向また第2項がzの正方向に伝播する波に対応させるためには$\kappa^{(R)}>0$である必要があり，地盤の減衰定数hの影響で波動伝播に伴って振幅が減少することから$\kappa^{(I)}\leq 0$である必要がある．すなわち，

$$\kappa^{(R)} > 0 \tag{A2.3}$$

$$\kappa^{(I)} \leq 0 \tag{A2.4}$$

ここで，(6.84)式で定義したςの実部を$\varsigma^{(R)}$また虚部を$\varsigma^{(I)}$で表すと，

$$\varsigma = \varsigma^{(R)} + i \cdot \varsigma^{(I)} \tag{A2.5}$$

(A2.1)式は次式となる．

$$\kappa = \frac{\omega}{V}\frac{1}{\sqrt{1+i2h}} = \frac{\omega}{V\varsigma} = \frac{\omega}{V} \cdot \frac{1}{\varsigma^{(R)} + i\varsigma^{(I)}} = \frac{\omega}{V} \cdot \frac{\varsigma^{(R)} - i\varsigma^{(I)}}{\varsigma^{(R)2} + \varsigma^{(I)2}} \tag{A2.6}$$

したがって，κの実部$\kappa^{(R)}$と虚部を$\kappa^{(I)}$は次式となる．

$$\kappa^{(R)} = \frac{\omega}{V} \cdot \frac{\varsigma^{(R)}}{\varsigma^{(R)2} + \varsigma^{(I)2}} \tag{A2.7}$$

$$\kappa^{(I)} = -\frac{\omega}{V} \cdot \frac{\varsigma^{(I)}}{\varsigma^{(R)2} + \varsigma^{(I)2}} \tag{A2.8}$$

(A2.3)式と(A2.4)式の条件が成り立つためには，

$$\varsigma^{(R)} > 0 \tag{A2.9}$$

$$\varsigma^{(I)} \geq 0 \tag{A2.10}$$

が成り立つ必要がある．

ここで，複素数の平方根であるςについて考える．

$$\varsigma = \sqrt{1+i2h} = \varsigma^{(R)} + i\varsigma^{(I)} \tag{A2.11}$$

(A2.11)式を2乗すると，

$$\varsigma^2 = 1 + i2h = (\varsigma^{(R)} + i\varsigma^{(I)})^2 = \varsigma^{(R)2} - \varsigma^{(I)2} + i2\varsigma^{(R)}\varsigma^{(I)} \tag{A2.12}$$

となり，次式が成り立つ．

$$\varsigma^{(R)2} - \varsigma^{(I)2} = 1 \tag{A2.13}$$

$$\varsigma^{(R)}\varsigma^{(I)} = h \tag{A2.14}$$

(A2.14)式より，$\varsigma^{(I)} = h/\varsigma^{(R)}$となり，これを(A2.13)式に代入すると，

$$\varsigma^{(R)2} - \left(\frac{h}{\varsigma^{(R)}}\right)^2 = 1 \tag{A2.15}$$

したがって，

$$\varsigma^{(R)4} - \varsigma^{(R)2} - h^2 = 0 \tag{A2.16}$$

となる．(A2.16)式を$\varsigma^{(R)2}$に関する2次方程式とするとその解は次式で与えられる．

$$\varsigma^{(R)2} = \frac{1}{2}(1 \pm \sqrt{1+4h^2}) \tag{A2.17}$$

ここで，$\varsigma^{(R)2} > 0$であるので，(A2.17)式は次式となる．

$$\varsigma^{(R)2} = \frac{1}{2}(1 + \sqrt{1+4h^2}) \tag{A2.18}$$

したがって,
$$\varsigma^{(R)} = \pm\sqrt{\frac{1}{2}(1+\sqrt{1+4h^2})} \tag{A2.19}$$

(A2.19)式を(A2.13)式に代入すると,
$$\varsigma^{(I)2} = \varsigma^{(R)2} - 1 = \frac{1}{2}(1+\sqrt{1+4h^2}) - 1 = \frac{1}{2}(-1+\sqrt{1+4h^2}) \tag{A2.20}$$

となり, $\varsigma^{(I)2} \geq 0$ の条件は自動的に満たされている.
(A2.20)式より,
$$\varsigma^{(I)} = \pm\sqrt{\frac{1}{2}(-1+\sqrt{1+4h^2})} \tag{A2.21}$$

となる.

以上のことから, (A2.11)式の平方根には正負の実部と虚部を組合わせた4つの解（根）があるが, このうち(A2.9)式と(A2.10)式の条件を満たす平方根は次式となる.
$$\varsigma = \sqrt{\frac{1}{2}(1+\sqrt{1+4h^2})} + i\sqrt{\frac{1}{2}(-1+\sqrt{1+4h^2})} \tag{A2.22}$$

索　引

あ

安全限界　5, 101, 109
安全限界応答値　122
安全限界荷重　82
安全限界検証　96
安全限界固有周期　59, 68, 71, 89, 95, 108, 118
安全限界時　113, 119, 121
安全限界時の破壊形式　90
安全限界耐力
　　7, 69, 72, 75, 89, 102, 104, 112, 116, 117, 119, 138
安全限界点　96
安全限界の検証　87
安全限界破壊形式　69
安全限界変位　52, 82, 105
安全性　12, 13

位相　143, 178
1次元波動伝播方程式　173
1次固有周期　3, 4
一次設計　2, 11, 12, 35
1自由度振動系　107, 117
一貫構造計算ソフト　11, 17, 51, 109, 136
逸散減衰　12

Sa-Sd応答曲線　105
Sa-Sd関係図　75
Sa-Sd曲線　60
S波　149, 155, 160
S波速度　159, 178
エルセントロ　105, 106, 143
円振動数　155, 161, 165

応答加速度　110, 174
応答スペクトル　4, 6, 105, 176, 177
応答スペクトル解析　5
応答スペクトル特性　143
応答スペクトル法　171, 172, 178, 179
応答層せん断力　122
応答値　120

応答変位　110, 174

か

解放工学的基盤
　　113, 114, 115, 128, 158, 166, 169, 171, 173
外力分布　108
角形鋼管柱　78
荷重漸増　69, 102
荷重漸増解析　109
荷重増分　59, 68, 88
荷重増分解析　42
荷重増分量　59, 68
荷重変形曲線　60, 69
風荷重　16
加速度応答　166
加速度応答スペクトル
　　101, 126, 172, 175, 176
加速度応答波形　171
加速度スペクトル　114
加速度の増幅率　82, 115
加速度の低減率　59, 119
加速度の分布係数　52, 68, 82, 83
活断層分布　126
慣性力　150

擬似応答スペクトル　105, 128
擬似速度応答スペクトル　107, 129
基準化せん断ひずみ　167
基準スペクトル　113, 114, 115, 147
基礎入力動　176
吸収エネルギー　8
境界位置　153
共振曲線　158
共振時の増幅率　159
強非線形性　175
許容応力度　12, 65
許容応力度設計　2, 11, 12, 21, 25, 125
許容応力度設計法　99
許容応力度等計算　18
許容応力度等設計　100
記録地震動　143

極めて稀に発生する地震動　102

限界層間変位　102
限界耐力　49,102
限界耐力計算　2,18,65,87,99,125,133,138
限界耐力計算法　9
限界耐力設計　5,6
限界耐力の検証　104
限界変形塑性率　91,92
検証値　52
減衰　68
減衰エネルギー　8
減衰定数　101,160,167,175
減衰性　115
減衰特性　119
減衰補正係数　120
建築基準法　11
建築基準法施行令　23
建築物質量　138
建築物の減衰性を表す数値　82
原点指向型　145

工学的基盤
　　112,113,129,147,156,157,158,163,168,
　　173
剛床　33,42
剛心　41,42
剛性低下　119,136
剛性低下型　135
剛性率　27,32,35,40,41
構造計算適合性判定　18,21
構造特性係数　26
広帯域　174
後退波　151
神戸　143
告示波　126
骨格曲線　135,143
固定荷重　16,23,41,42
固有円振動数　159
固有周期　67,159
固有値　59,108
固有値解析　4,5,59,118,119,172

さ

載荷ステップ　111
再現期間　23
最大加速度応答値　137

最大層間変形角　111
最大点指向型　145
最大の層間変形角　68
サイト波　126
雑壁　40

SHAKE　131,178,179
軸組図　17
刺激関数　108,112,119,137
時刻歴応答　165
時刻歴応答解析　5,133
時刻歴加速度　166
時刻歴加速度波形　169
時刻歴地震応答　145
時刻歴地震応答解析　125,134,135
地震応答解析　131
地震活動　126
地震時安全限界の検証　65
地震層せん断力係数　4
地震地域係数　3
地震動　125,147
地震動継続時間　127
地震入力　99
地震波　139,149
地震力　2,16,112,113,117
質量　110
地盤増幅特性　7
地盤の増幅率　116
自由地盤　176
重心　41
重心の層間変形角　68
主要動　149
使用性　12,13
初期剛性勾配　136
初期値　168
進行波　151
新耐震設計法　1,8,18
振動解析　134
振動形　67
振動減衰性　99
振動特性係数　3
振動の減衰　59
震度法　125

推定崩壊荷重　109
スケルトン・カーブ　125,135,143
スペクトル　121,128

索　引　187

正弦波合成法　141
精算法　116
脆性破壊　67
静的弾塑性解析　109
性能指標　101
積載荷重　16, 23, 24, 41, 42
積雪荷重　16, 23
設計用速度応答スペクトル　129
設計用入力地震動　125, 131
絶対加速度　138
漸増荷重　108
漸増載荷　60, 83, 101, 104, 109, 117, 121, 136
全体崩壊形　12, 16
せん断応力　152, 156, 157, 162, 164
せん断応力振幅　162, 164
せん断弾性係数　150, 160, 166, 167
せん断波速度　131
せん断ひずみ応答　166
せん断ひずみ振幅　163, 165
せん断変形角　149

層間変位　137
層間変形角
　　2, 5, 12, 35, 40, 41, 60, 65, 122, 137
層間変形角曲線　89
層せん断力　3, 60, 89, 138, 139, 140
層せん断力係数　7, 137, 138, 140
増幅特性　149
増幅率　72, 114, 133, 158
塑性化　114
塑性ヒンジ　13, 29, 45, 69
塑性変形能力　12, 27
塑性率　91, 138
損傷位置　63
損傷限界　5, 83, 101, 109
損傷限界検証　65
損傷限界固有周期　52, 59, 82, 83, 108, 117
損傷限界時　65, 113, 114, 118
損傷限界条件　59
損傷限界耐力　6, 60, 83, 102, 104, 112, 117
損傷限界の検証　65, 86
損傷限界変位　52, 82, 104
損傷制御性　12, 13

た
ターゲットスペクトル（目標スペクトル）
　　172, 175, 178

耐震計算ルート　11, 16, 21
耐震性能　99
耐震性能設計　99
第2種地盤　51, 69, 141
代表変位　117, 118
耐力壁　31, 35
高さ方向の分布係数　112
多自由度振動系　107
単位体積質量　150
短期許容応力度　65, 83, 111
弾性剛性　33, 45
弾性振動エネルギー　8
断層破壊モデル　126
弾塑性応答解析　7
弾塑性解析　5, 7

地域係数　52, 128
地層境界　166
地層構造　114
地表面　154
地表面加速度応答スペクトル　176
重複反射計算　133
調和振動　155

低減率　120
鉄骨造　76
伝播速度　150, 154
伝播方程式　155

透過　152
等価1自由度系　104
等価S波速度　179
等価S波速度分布　178
透過係数　154
等価剛性　110
等価線形化　120
等価線形解析　160, 166
等価線形解析法　171
等価線形化手法　131
等価線形化法　99, 107, 116
等価せん断弾性係数　175
等価せん断波速度　173
等価粘性減衰　119
透過波　153
等価ひずみ　167
動的相互作用系　176
特性曲線　101

トリリニアモデル　137

な

二次設計　2,11,12,21
入射波　153,154,178
入力地震波　126
入力地震動　114,141,146,169,172,173,174,176
入力地震動加速度　171

ねじり剛性　42

は

八戸　143
波動インピーダンス　152,153,159
波動インピーダンス比　154,157,162,173,179
波動伝播　152,155,161,163
波動伝播特性　168
波動伝播方程式　149,160
波動方程式　150
梁部材塑性率　91
反射　152
反射係数　154
反射波　153,154

P波　149
ヒステリシス　143
非線形応答解析　160,166
非線形解析　168
非線形性　146,171
非線形特性　131,167
非線形表層地盤増幅　171
必要安全限界　101
必要安全限界時　52
必要安全限界耐力　69,72,75,104,112,117,121,122
必要安全限界点　96
必要層せん断力　62,63
必要層せん断力計算表　86
必要損傷限界　101
必要損傷限界時　52
必要損傷限界耐力　62,65,84,104,112,116
必要保有水平耐力　12,26,27,32,47
標準加速度応答スペクトル　169
標準せん断力係数　4

表層地盤　99,112,115,129,147,149,156,157,159,163,168,171,173,175
表層地盤簡易増幅率　71,95
表層地盤による加速度の増幅率　82
表層地盤の増幅率　62,84,112
表層地盤非線形増幅率　172
ヒンジ図　45,71

フーリエスペクトル　172
フーリエ変換　166
復元力　139
復元力モデル　143
複素数　161,162
複素数の波数　161
複素せん断弾性係数　160
部材降伏　136
部材終局耐力　88

ベースシア　60,72,75,110,146
変位振幅　155,156,157,158,161,162,163,165
変形能力　12,21
偏心率　27,32,41,42
偏微分方程式　150

崩壊メカニズム　12,13
包絡関数　127
保有水平耐力　9,13,21,27,42,45,47
保有水平耐力計算　2,18
保有水平耐力計算法　11
保有耐力設計　2,12,13,125
保有耐力設計法　99
保有累積塑性変形倍率　91

ま

マグニチュード　127
稀に発生する地震動　102

モーダル減衰定数　174
モード法　69
目標応答スペクトル　128
目標スペクトル（ターゲットスペクトル）　125,127

や

有限要素法　135

有効質量　110, 117, 118
有効質量比　110

要求スペクトル
　　62, 101, 107, 115, 119, 120, 133, 141, 147
余裕度　75, 96

ら

ランダム位相　145

履歴減衰　145
履歴ループ　143

連続条件　153, 162

わ

割増率　68

あ と が き

　本書の出版に至る経緯について述べる．

　近年，大学での構造教育と建築構造設計の現場との乖離がしばしば問題として取り上げられる．確かに，大学に勤務している著者らが，ほとんど設計を経験することなく構造教育を行っていることにいささかの不安を感じていた．
　2007年10月に『建築と土木の耐震設計・基礎編―性能設計に向けて―』（関東学院大学出版会）を出版以降，『基礎編』に続く『応用編』の出版を目標に，限界耐力計算による耐震設計を学部の卒業研究に取り組ませるなどしながら，自らも疑似体験ではあるが，設計に注目することを心がけてきた．
　具体的には，関東学院大学建築学科構造系において，不定期ながら3年間にわたる耐震設計に関する研究会をひらき，徐々に全体の骨格を組み立て，本書執筆の準備を行ってきた．
　この間，研究会に参加したメンバーは，卒業研究としての取り組みや指導，さまざまな討論を通して学習した．特に構造設計の設計現場にある高坂隆一氏から，限界耐力計算法施行直後から，限界耐力計算とこれからの学部の構造教育のあり方との関わりを含めた問題提起をいただいた．これが，本書執筆のきっかけともなった．

　以下に研究会の全参加者を記しておく．

関東学院大学　　建築耐震設計研究会メンバー
　　教　職　員　　楠木紀男，高島英幸，渡部　洋，江波戸和正，神尾俊久，佐野ゆかり
　　研　究　員　　中島康雅（関東学院大学工学総合研究所）
　　非常勤講師　　高坂隆一（株式会社梓設計，関東学院大学非常勤講師）
　　大 学 院 生　　牧野祐哉
　　学 部 学 生　　伊藤祐友，竹村仁士（2007年卒），佐藤健寿（2008年度卒），井出哲，丸山
　　　　　　　　　静香（2009年度卒），北岡萌（2010年度卒研生）

　以上の準備段階を経て，次のような執筆分担・執筆協力によって本書は完成できたものである．
　著者と執筆協力者
　　第1章　　高島英幸
　　第2章　　渡部　洋　　　　　　　　　執筆協力者・佐野ゆかり，神尾俊久

第 3 章
 3.1 楠木紀男   執筆協力者・神尾俊久，北岡萌
 3.2 江波戸和正   執筆協力者・鄭　聖珉
第 4 章 楠木紀男
第 5 章 楠木紀男，中島康雅，牧野祐哉
第 6 章 三浦賢治，古山田耕司

地盤震動については，特別に三浦賢治氏と古山田耕司氏にお願いした．

なお，ほかに高坂隆一氏には，全体にわたる貴重な意見によって，ご協力いただいた．

以上の経過で出版できたが，設計例など著者らにとって貴重な経験ではあったものの，洗練された設計例には程遠いものであるとの感は否めない．読者のご批判，ご意見等いただければ幸いである．

市販ソフトとして，ユニオンシステム(株)の一貫構造計算ソフト Super Build/SS3 を使用した．同社の原田浩史氏，品川　互氏には，たくさんの質問に答えていただき，懇切なアドバイスをいただいた．

また，本書は，関東学院大学出版会の四本陽一氏のご協力とご努力によって，書籍としてのかたちが整えられた．

以上の方々に，心から感謝します．

                     （編者記す）

なお，本書の刊行に際し，関東学院大学出版会並びに工学部工学会の出版助成をいただいた．茲に記して謝意を表します．

著者紹介

楠木　紀男（あべき・のりお）
1965 年	関東学院大学工学部第二部建設工学科建築学専修 卒業
1968 年	関東学院大学大学院工学研究科 建築学専攻 修士課程 修了
1974 年	東京都立大学大学院工学研究科 建築学専攻 博士課程 満期退学
1987 年	工学博士（早稲田大学）
1988 年	国立メキシコ自治大学工学研究所 客員研究員
現　在	関東学院大学工学部建築学科 教授・一級建築士

[主な著書]「新耐震設計法」（共著，オーム社，1982 年）
「建築と土木技術者のための地震工学・耐震工学入門」（共著，吉井書店，1997 年）
「建築を知る」（共著，鹿島出版会，2002 年）
「建築と土木の耐震設計・基礎編―性能設計に向けて―」（共編著，関東学院大学出版会，2007 年）

高島　英幸（たかしま・ひでゆき）
1985 年	豊橋技術科学大学建設工学課程 卒業
1987 年	豊橋技術科学大学大学院工学研究科 建設工学専攻 博士前期課程 修了
1990 年	豊橋技術科学大学大学院工学研究科 システム情報工学専攻 博士後期課程 修了　工学博士
1990 年	豊橋技術科学大学建設工学系 助手
1999 年	関東学院大学工学部建築学科 助教授
現　在	関東学院大学工学部建築学科 教授

[主な著書]「シェル・単層ラチス構造の振動解析―地震，風応答と動的安定―」（共著，日本建築学会，1992 年）
「建築を知る」（共著，鹿島出版会，2002 年）
「建築と土木の耐震設計・基礎編―性能設計に向けて―」（共著，関東学院大学出版会，2007 年）
「建築にはたらく力のしくみ―はじめての建築学-構造力学基礎編」（共著，鹿島出版会，2008 年）

渡部　洋（わたなべ・ひろし）
1998 年	関東学院大学工学部第一部建築学科 卒業
2000 年	関東学院大学大学院工学研究科 建築学専攻 博士前期課程 修了
2003 年	東京工業大学大学院総合理工学研究科 環境理工学創造専攻 博士後期課程 修了　博士（工学）
2003 年	東京工業大学応用セラミックス研究所 講師（中核的研究機関研究員）（～2004 年 3 月 31 日）
2004 年	長崎総合科学大学工学部建築学科 専任講師（～2007 年 3 月 31 日）
2005 年	長崎総合科学大学大学院工学研究科 生産技術学専攻 専任講師（～2007 年 3 月 31 日）
2006 年	長崎総合科学大学新技術創成研究所 研究員（～2007 年 3 月 31 日）
現　在	関東学院大学工学部建築学科 准教授

[主な著書]「建築にはたらく力のしくみ―はじめての建築学-構造力学基礎編」（共著，鹿島出版会，2008 年）

江波戸　和正（えばと・かずまさ）
1974 年	千葉大学工業短期大学部木材工芸科 卒業
1977 年	千葉大学工学部建築工学科 文部技官
1998 年	千葉大学工学部デザイン工学科建築系 技術専門職員
2005 年	千葉大学工学部都市環境システム学科 卒業
2006 年	千葉大学大学院自然科学研究科 博士後期課程 人間環境デザイン科学専攻 早期修了　博士（工学）
現　在	関東学院大学工学部建築学科 助教

著者紹介

中島　康雅（なかじま・やすまさ）
1987 年	関東学院大学工学部建築学科 卒業
1989 年	関東学院大学大学院工学研究科 建築学専攻 修士課程 修了
1991 年	鉄建建設株式会社技術本部建築研究開発部 研究員
1994 年	関東学院大学大学院工学研究科 博士後期課程 退学
1997 年	鉄建建設株式会社エンジニアリング本部技術研究所耐震構造研究室 研究員
2003 年	鉄建建設株式会社 退社
現　在	関東学院大学工学総合研究所 研究員
[主な著書]	「建築と土木の耐震設計・基礎編―性能設計に向けて―」（共著，関東学院大学出版会，2007 年）

三浦　賢治（みうら・けんじ）
1969 年	福井大学工学部建築学科 卒業
1971 年	東京都立大学大学院工学研究科 建築工学専攻 修士課程 修了
1973 年	東京都立大学大学院工学研究科 建築工学専攻 博士課程 中途退学
1973 年	東京都立大学工学部 助手
1977 年	工学博士（東京都立大学）
1981 年	鹿島建設技術研究所 研究員
1985 年	鹿島建設株式会社小堀研究室 主任研究員
1997 年	鹿島建設株式会社小堀研究室 地震地盤研究部長
2001 年	広島大学大学院工学研究科 教授
現　在	広島大学 名誉教授
	関東学院大学，東京理科大学 非常勤講師
	株式会社小堀鐸二研究所 技術顧問
[主な著書]	「入門・建物と地盤との動的相互作用」（共著，日本建築学会，1997 年）

古山田　耕司（こやまだ・こうじ）
1991 年	東京工業大学工学部建築学科 卒業
1993 年	東京工業大学大学院理工学研究科 建築学専攻 修士課程 修了
1993 年	鹿島建設株式会社小堀研究室 研究員
2001 年	鹿島建設株式会社小堀研究室 主任研究員
2005 年	博士（工学）（東京工業大学）
2009 年	鹿島建設株式会社小堀研究室 上席研究員
現　在	株式会社小堀鐸二研究所構造研究部 副部長
[主な著書]	「建物と地盤の動的相互作用を考慮した応答解析と耐震設計」（共著，日本建築学会，2006 年）

牧野　祐哉（まきの・ゆうや）
2009 年	関東学院大学工学部建築学科 卒業
現　在	関東学院大学大学院工学研究科 建築学専攻 博士前期課程 在学

執筆協力者紹介

高坂　隆一	株式会社梓設計・構造設計部		一級建築士
鄭　　聖珉	戸田建設株式会社・構造設計部		一級建築士
神尾　俊久	関東学院大学助手・技師		一級建築士
佐野　ゆかり	関東学院大学助手・技師		一級建築士
北岡　萌	関東学院大学工学部建築学科 在学		

建築の耐震設計

2011年2月10日　第1刷発行

編著者　　楠木　紀男
　　　　　高島　英幸

発行者　　関東学院大学出版会
　　　　　代表者　大野　功一

　　　　　236-8501　横浜市金沢区六浦東一丁目50番1号
　　　　　電話・(045)786-5906／FAX・(045)786-2932

発売所　　丸善出版株式会社
　　　　　140-0002　東京都品川区東品川四丁目13番14号
　　　　　電話・(03)6367-6038／FAX・(03)6367-6158

印刷／製本・三美印刷株式会社

©2011　Norio Abeki
　　　　Hideyuki Takashima
ISBN 978-4-901734-40-0 C3052　　　　　　　Printed in Japan